普通高等学校新闻传播学类专业
全媒型人才培养新形态教材

总顾问　石长顺　总主编　郭小平

视听传播

Audio-Visual Communication

主　编◎石永军
副主编◎黄　进　赫　爽

华中科技大学出版社
http://press.hust.edu.cn
中国·武汉

图书在版编目(CIP)数据

视听传播 / 石永军主编 . -- 武汉 : 华中科技大学出版社, 2025. 4. -- (普通高等学校新闻传播学类专业全媒型人才培养新形态教材). -- ISBN 978-7-5772-1703-1

Ⅰ. G206.2

中国国家版本馆 CIP 数据核字第 202538UM58 号

视听传播   石永军　主编

Shiting Chuanbo

策划编辑：周晓方　杨　玲　庹北麟

责任编辑：江旭玉

封面设计：原色设计

责任监印：曾　婷

出版发行：华中科技大学出版社（中国·武汉）　　电话：（027）81321913
　　　　　武汉市东湖新技术开发区华工科技园　　邮编：430223

录　　排：华中科技大学出版社美编室

印　　刷：武汉市洪林印务有限公司

开　　本：787mm×1092mm　1/16

印　　张：18.75

字　　数：430千字

版　　次：2025年4月第1版第1次印刷

定　　价：59.80元

▶ 内容提要

    《视听传播》以视听符号为基点，以互联网思维和用户思维为基本理念，详细探讨了视听传播涉及的相关领域，包括视听符号与视听产品、视听传播渠道、视听传播参与者、视听产品的创作与制作、视听场景的建构与作用、视听传播效果与评价方法、视听产业运营与发展、视听文化建构、视听传播伦理与规制九个方面，构建了一个较为完整和系统的视听传播理论与实践体系。该体系不仅吸收了传统广播、电视、电影理论与实践的精华，而且充分融入了视听传播领域的前沿发展态势，如短视频、微短剧、网络直播、元宇宙、人工智能等新兴议题，体现了视听传播鲜明的时代特色和创新性。此外，本书包含大量视听案例，包括短视频、新闻节目、综艺节目等，灵活设置了思考和讨论，在提升读者阅读体验的同时，也能够引导读者进一步思考。

◆▶ 作者简介

石永军 新闻学博士，中南财经政法大学新闻与文化传播学院教授。高级编辑，全国广播影视"十佳百优"理论人才。研究领域为媒体策划、融合传播。担任过记者、编辑、主持人、制片人等。策划制作的《提案追踪》荣获"全国电视百佳栏目"等国家级奖项，《经视直播》荣获第21届中国新闻奖新闻名专栏奖。《融合与突破：对广电业发展趋势的一种解读》《忠实电视观众网络视频使用调查——以湖北地区为例》两篇论文荣获全国广播影视学术论文一等奖，《论新兴媒体时代的公共传播》获湖北省社会科学优秀成果奖。

黄　进 中南财经政法大学新闻与文化传播学院新闻系讲师，本科、硕士毕业于武汉大学新闻与传播学院，中南财经政法大学法学院在读博士研究生。先后在《电视研究》《当代传播》《中国新闻评论》等专业刊物发表论文近30篇，主持中央高校基本科研业务费（青年教师创新）项目"媒介经营管理研究"（课题编号：31541110316）、湖北省委宣传部中南财经政法大学新闻与传播学院共建科创课题"全媒体虚拟仿真实验室设计及应用场景开发研究"（课题编号：2020-2-202）。

赫　爽 武汉大学新闻传播学国家级实验中心副主任，文学硕士，主要从事视听传播与广播电视实践教学，以及视听传播、新闻理论方向的研究。对短视频新闻的策划、采集与制作有着多年的理论研究与实践探索。

总序

Introduction

党的二十大报告提出，要加强全媒体传播体系建设，塑造主流舆论新格局。这是适应媒体市场形态变化、占领舆论引导高地、推进文化自信自强的必然选择和重要路径。近年来，媒介技术的快速变革，特别是生成式人工智能的涌现，给人们的生活和工作带来了巨大的变化，既推动了数字艺术、数字经济等新业态的蓬勃发展，也为报纸、电台、电视等传统媒体注入了新的活力，同时造就了更加丰富和复杂的舆论场。数字化、网络化、平台化技术的发展，使数字世界越来越深入地嵌入直观的物理世界，使新闻传播活动几乎渗透在虚拟和现实、宏观和微观等人类所有层次的实践关系之中。这要求新闻传播工作者熟练地掌握各种媒介传播技术，对特定领域有专业和深刻的理解，并能创造性地开展整合传播策划，即要成为高素质的全媒型、专家型人才。

同时，面对世界百年未有之大变局和中华民族伟大复兴新征程，新时代的新闻传播工作者还应用国际化语言和方式讲好中国故事，让世界更好地认识新时代的中国。这更离不开一大批具有家国情怀、国际视野的高素质的全媒型、专家型新闻传播人才的工作。而培养全媒型、专家型人才，必须在坚持马克思主义新闻观指导地位的前提下，高度关注中国实践和中国经验，积极推进学科交叉与融合、学界与业界协同，以开放的视野和务实的态度推进中国新闻传播学自主知识体系的构建，不断提高中国话语国际传播效能，实现开放式、特色化发展。

华中科技大学出版社于2023年秋发起筹备"普通高等学校新闻传播学类专业全媒型人才培养新形态教材",并长期面向全国高校征集优秀作者,以集体智慧打造一套适应全媒体传播体系、贴合传媒业态实际、融合多领域创新成果的新闻传播学教材。本套教材以实践性、应用性为根本导向,一方面,高度关注业界最新实践形态和方式,如网络直播、智能广告、虚拟演播、时尚传播等,使学生能够及时掌握传媒实践的前沿信息,更好地适应业界对人才的需求;另一方面,在教材编写过程中,充分尊重各地新闻传播学院的教情和学情,鼓励学界和业界联合编写教材,突出关键技能和素质的培养,力求做到叙述简明、体例实用、讲解科学。

本套教材具有以下特点。

一是重视总结行业经验和中国经验。教材内容不能停留在"本本主义"上,而是要与现实世界共同呼吸,否则教材就是没有生命的。本套教材在撰写过程中,力图突破传统教学体系的桎梏,更多面向行业真实实践梳理课程培养内容,及时捕捉行业实践中的有益经验,深刻总结传媒实践中国经验,从而为我们讲好中国故事、在新闻传播之路上行稳致远提供坚实的基石。

二是注重人文性与技术性的结合。高素质的全媒型人才需要熟练掌握不同媒介的操作方式和传播逻辑,同时要具有深刻的人文情怀。这需要我们在人才培养过程中更加关注技术和人文的关系,使学生既有技术硬实力,在实际操作中不掉链子,又能坚持正确的价值导向,在形象传播中不掉里子。本套教材注重实操经验的介绍和思政案例的融入,可以很好地将人文性和技术性结合起来。

三是强调教学素材的多样化呈现。教材出版由于存在一定的工作周期,相对于其欲呈现的对象来说,注定是一项有所"滞后"的事业。传播的智能化趋向使我们生活的世界处在剧烈的变革之中,也使我们的教材更容易落后于现实。为了突破这一局限,本套教材配有及时更新的教学资源,同时部分教材还配套开发了数字教材,可以为教师教学提供更具有针对性的解决方案。

教材要编好绝非易事,要用好也不容易。本套教材的出版凝聚了众多编者的心血,我们期待它能为培养全媒型、专家型人才提供一定的助力。当然,其中的差错讹误在所难免,我们希望广大教师能够不吝赐教,提出修订意见,我们对此表示由衷的感谢,也期待更多教师可以加入我们的编写队伍。

2024 年 8 月

在数字化媒介浪潮澎湃的当代，视听传播已然成为信息传递、文化交流与社会互动的新兴主流形态。《中国网络视听发展研究报告（2025）》显示，截至2024年12月，我国网络视听用户规模已达10.91亿人，同比增长1722万人，网民使用率达98.4%，网络视听已成为"数字空气"。快速发展的生成式人工智能也在重塑网络视听内容生产方式，近1/3的网民拥有利用人工智能制作图片、视频的经历。《视听传播》一书的出版适逢其会，准确地把握了视听传播的变革趋势与运行规律，从视听内容创作到视听产业生态，从广播电视平台到网络视听平台，从视听内容传播到视听效果评价，从视听文化到视听场景……对视听传播涉及的全流程、全领域进行了系统深刻的分析与解读。

本书以互联网思维和用户思维为底色，特别是对互联网思维下视听产品创新生产的剖析较为深入，捕捉到了用户需求的多样化与个性化趋势，强调了互动性、平民化、多元化等特征在当代视听传播中的重要价值。从视听产品的前期策划，到中期内容生产，再到后期多元传播，每一个环节都有用户深度介入的案例分析与操作指导，这些为视听内容创作者提供了可贵的理念指引与实践指南。

本书探讨了富有前瞻性的视听场景的建构与作用。随着技术的不断进步，视听场景不再局限于传统的影院、家庭客厅等物理空间，而是拓展到了AR、VR、XR、元宇宙等新兴视听场景。本书详细阐释了不同视听场景的特点与要素，分析了视听场景在增强感知理解、改善社交互动、强化情感联系等方面的重要作用。这些研究丰富了视听传播的理论，也为视听产业的创新发展提供了新的方法和路径。

本书详细阐述了视听传播行业在内容、平台、人才、渠道、管理、模式等方面发生的新变化，以及它们如何冲击和颠覆了行业的发展模式，进而使得视听传播参与主体的角色和作用也相应地发生了改变。这些阐述深刻洞察了传者、用户、监管者等多元主体在传播过程中的角色变化与互动模式，为读者理解当下复杂的视听传播格局提供了清晰的思路。

本书在视听传播效果与评价方法的阐述中，分别介绍了各种评价方法的优势与局限性，从市场评价、专业评价到复合评价，从传统的收视率、点击量指标到新兴的大数据、人工智能辅助评价技术等，并探讨了如何综合运用多种评价手段，以进行更准确、更全面的传播效果评价。这些内容对于视听传播从业者优化传播策略、提升传播效果具有重要的指导意义，也为相关监管部门制定政策规范提供了科学依据。

本书适应专业教学需要，在内容中插入适当的思考、讨论内容，以及拓展阅读等，有益于启发读者思考，引导读者培养批判性思维，进行知识性拓展和形象化解读。

总之，本书不仅搭建了合理的理论框架，而且引用了大量数据，同时结合鲜活的案例分析，使理论阐述具有很强的说服力，以此让读者能够快速领会视听传播的核心要点。

华中科技大学新闻与信息传播学院教授　石长顺

2025 年 4 月

序二

Introduction 2

在媒介技术迭代加速与媒介生态深度重构的当下，视听传播已突破传统研究范畴，演变为涵盖符号编码、内容生产、渠道变革、文化建构及伦理规制的复合研究领域。本书正是在这一时代语境下应运而生的，既是对传统广播电视理论的传承与超越，亦是对新兴视听现象的系统化知识整合。其理论建构突破传统定义的边界，将视听传播重新定义为研究动态视觉符号与听觉符号传播规律的学科，以技术维度为基底，深度融合文化、社会、认知等多重视角，通过"符号—产品—渠道—主体—场景—效果—产业—文化—伦理"的递进式阐释，构建起了完整的视听传播生态图谱。相较于传统教材对新媒体现象的碎片化描述，本书的体系化理论框架实现了从现象描述到规律探寻的跨越，为学科发展注入了新的活力。

在全球化与本土化交织的传播语境中，本书始终立足中国实践场域，以媒介演进的脉络梳理中国视听传播的实践图景。从传统电视时代《新闻联播》的权威叙事，到新媒体时代竖屏《主播说联播》的话语转型，再到智能媒体时代AI主播的技术赋能，本书既记录了媒介形态的嬗变轨迹，又提炼出了具有人民性、导向性、真实性、文化性、创新性特征的中国特色视听传播理论维度。这些维度既涵盖主流文化的价值坚守，亦观照亚文化的多元表达，形成了基于本土实践的理论体系。这种从实践反哺理论的探索，不仅为建构自主知识体系提供了鲜活的样本，而且为全球视听传播研究贡献了中国智慧与中国方案。

面对媒介技术的颠覆性变革，本书构建了"技术理性—人文价值"的双螺旋叙述逻辑。在技术维度，本书系统阐释4K/8K超高清、AI生成内容、VR/AR沉浸体验、大数据算法、区块链、物联网等前沿技术工具的应用逻辑；在人文维度，本书专门设立"视听文化建构""视听传播伦理与规制"等章节，培育学生"科技向善"的价值判断力。这种文理交融的教学设计，不仅破解了传统传媒教育中"技术工具论"与"人文精神论"割裂的困境，而且为新闻传播教育的数字化转型提供了可复制的解决方案。

在智能传播时代浪潮中，本书展现出了敏锐的学术预见性。通过解码算法推荐时代的注意力经济密码，诠释人机协同、数字人、元宇宙等前沿概念的实践逻辑，本书描摹出视听传播的未来图景，更以视听传播规制体系的建构回应现实治理难题。书中关于视听媒介法治建设的学理思考，既为当下传播乱象治理提供了理论工具，也为未来视听传播生态建设奠定了制度基础。这种将学术研究嵌入社会发展肌理的学术自觉，彰显了学者回应时代命题的责任与担当。

作为一部贯通理论与实践、融合传统与现代的作品，《视听传播》既是对学科体系的继承与发展，亦是对新兴传播形态的探索与开拓。它既为学界开辟了重构学科版图的思想资源，又为业界提供了创新实践的方法论启示，更赋予了学子开启智媒时代大门的钥匙。在媒介化社会的演进历程中，愿本书成为连接理论与实践、历史与未来、本土与世界的知识桥梁，为视听传播学科的发展持续注入创新动能。

武汉大学新闻与传播学院副院长、教授　洪杰文

2025 年 4 月

前言
Preface

"视听传播"概念溯源

2022年10月，在国际空间站执行任务的意大利女航天员萨曼萨·克里斯托福雷蒂（Samantha Cristoforetti）发布了一组太空摄影作品，并配上了中国著名书法家王羲之所著《兰亭集序》中一段描绘宇宙景观的文字："仰观宇宙之大，俯察品类之盛，所以游目骋怀，足以极视听之娱，信可乐也。"

2024年6月，由国家广播电视总局主办，广西广播电视局承办的2024年"视听中国"优秀短视频征集展示活动发布会在广西南宁举行。该活动旨在做大做强"视听中国"品牌，充分发挥短视频的优势，推出更多更好的短视频精品力作，实现主题主线宣传润物无声、高频推送，以及"登顶"和"破圈"。

何为"视听"？

《尚书·周书》提到"详乃视听"，这强调的是人的感官系统的作用，指看和听，或是看到的和听到的。《墨子·尚同》提到"夫唯能使人之耳目助己视听，使人之吻助己言谈"，强调通过他人的感官来增强自己的看与听的感知能力。《兰亭集序》中的"视听"也是指看和听。

随着汉语的演变，"视听"逐步引申出其他含义，如《三国志·诸葛恪传》有"恪更拜太傅。于是罢视听，息校官，原逋责，除关税，事崇恩泽，众莫不悦"，这里的"视听"指的是耳目；《史记·秦始皇本纪》有"皇帝明德，经理宇内，视听不怠"，这里的"视听"指警觉和关注；唐代苏鹗所著的《苏氏演义》中有"舜广开视听，求贤为辅，故作"，这里的"视听"指言论和舆论。

由上可知，"视听"不仅涵盖基本的视觉和听觉感知活动，而且包括人对看到与听到的事物进行思考，以及由此衍生的公共意见或舆论等。

何为"视听传播"？

有学者认为，视听传播泛指以视听媒介为载体，通过声像技术进行的传播。也有学者认为，视听传播已发展为一种社会机制，具有技术驱动、参与式生产和去中心化特征。还有学者认为，视听传播泛指以视听媒介为物质载体，通过声像技术对视听材料进行的传播。不少学者从媒介角度展开，分别将广播、电影、电视、视听新媒体作为视听传播发展的线索，串联起整部视听传播史。

由上可知，存在两种关于视听传播的定义：一是作为传播行为的视听传播，二是作为学科的视听传播。第一种定义的内容为，视听传播是以视听媒介为载体，以动态视觉符号和听觉符号作为传播内容的传播行为。第二种定义认为视听传播这个学科研究视听传播的特点和规律，研究内容具体包含视听内容、参与主体、视听渠道、视听生产、效果评价、视听场景、视听文化、伦理规制等环节和要素的内涵特征，以及它们相互之间的关系和作用。本书采用第二种定义。

应该说，视听传播定义的提出是为了适应大视听的发展趋势。2024年3月发布的《中国网络视听发展研究报告（2024）》显示，截至2023年12月，网络视听的用户规模超过即时通信，网络视听作为"第一大互联网应用"的地位愈加稳固。2023年，移动端视听应用人均单日使用时长超过3小时，短视频人均单日使用时长为151分钟。除了短视频以外，新闻节目、综艺节目、纪录片、网络直播、微短剧、播客、网络音乐的用户数量也相当可观。

传统的广播电视学主要研究的是传统广播和电视媒介的理论、历史、制作方法及其在新闻传播中的应用。视听传播不仅涵盖传统的广播、电视和电影，而且包括多种数字视听平台的视听产品传播理论、制作方法及其在新闻传播中的应用。融合媒体时代，视听传播的传播观念和传播实践正在重塑，其中的传播特征与规律正逐步显现。

以广播电视为主的传统视听传播与以移动互联网视听平台为主的当代视听传播，最大的不同是什么？

观察传播涉及的环节，我们可以发现，传统视听传播与当代视听传播的传播平台不同，传播主体不同，产品不同，效果不同，但最大的不同在于传播理念及由此带来的传播方式的颠覆性变化——传播理念从"不平等"到"平等"，从"以传者为中心"到"以用户为中心"，传播方式也从单向传播转为双向互动。

传统的广播电视是单向传播，以传者为中心；当代视听传播以用户为中心，强调用户参与，实现双向传播和多向传播。这些理念以及传播方式变化的底层逻辑实际源于互联网思维——平等、互动、开放、共享、链接。

本书内容设置

本书沿着如下思路建构视听传播的研究内容：视听符号与视听产品—视听传播渠

道—视听传播参与者—视听产品的创作与制作—视听场景的建构与作用—视听传播效果与评价方法—视听产业运营与发展—视听文化建构—视听传播伦理与规制。

一是视听符号与视听产品。本书以视听符号作为视听内容的基本单位，以此为起点，探索视听领域的传播内容的特征与规律。在传媒领域的视觉符号研究中，本书主要考察动态视听符号在不同语境中具有的介质特征、被赋予的功能、所进行的话语实践和传播效果等。[①]视听符号是由图形、线条、光线、色彩、语言声、音乐等符号要素构成的，用来传达信息的媒介载体。

二是视听传播渠道。本书将视角聚焦于视听传播渠道，即视听媒介。本书中涉及的视听媒介包括传统的广播、电视、电影，以及网络化、数字化的视听新媒介和新平台，如央视频、长江云、抖音、快手、爱奇艺、优酷、腾讯视频、哔哩哔哩等；同时也涉及一些综合性平台，如人民网、新华网、新浪、搜狐等。不同视听媒介的视听产品、视听文化，呈现出不尽相同的特点。同时，视听媒介本身的发展历程所显现出的时代特色、科技进步、社会背景亦能为视听传播研究提供参考思路。

三是视听传播参与者。本书呈现视听传播参与者与视听内容之间的互动关系，讨论用户主体间性的回归。视听传播参与者指参与视听传播过程的所有主体，即视听信息或视听产品的生产者、传播者、消费者、转发者以及监管者等。随着各种新媒体技术的发展与普及，视听传播行业在内容、平台、人才、渠道、管理、模式等方面都发生了新的变化，这冲击和颠覆了行业的发展模式，也使得视听传播参与者的角色和作用发生了巨大的变化。简而言之，这种变化可以说是权力重新分配的过程，即普通用户获得了专业媒体、专业人士曾经专有的视听信息的生产传播权力。同时，参与者也获得了主体间性，即主体之间平等和尊重的现实可能。

四是视听产品的创作与制作。互联网、移动设备、流媒体平台、社交媒体等新兴技术的出现，不仅重新定义了视听产品的制作、传播和消费方式，而且催生了新的文化形态和社会现象。[②]在新媒体时代，视听产品的制作变得更加便捷和多样化。生产创作方式经历了多次重要的变革。这些变革不仅反映了技术的进步，而且折射出社会文化环境和用户需求的变化。从默片时代的视觉叙事到现代数字时代的全方位策划，视听产品的创作逐步走向精细化和专业化。视听产品的整合发布是视听产品将创作内容与广大用户联系起来的桥梁，直接影响视听产品的传播效果、商业价值以及用户体验。随着互联网的普及和新媒体技术的不断发展，视听产品的发布方式正逐步向多元化、互动化方向迈进。

五是视听场景的建构与作用。我们可以将视听场景理解为视听信息的接收、使用环境。视听场景与视听媒介、视听信息相互作用。不同的视听场景体现不同的媒介偏好、不同的内容偏好，影响并产生不同的视听产业，并创造不同的价值和文化。

① 张振宇，王然.中国视觉传播的研究源起、学术进路与知识谱系（1986—2022）[J].国际新闻界，2023，45（1）：84-105.

② 路娜.群体传播时代：信息生产方式的变革与影响[J].戏剧之家，2020（12）：227.

六是视听传播效果与评价方法。无论在哪种视听场景下，人们在进行了视听传播之后，都想了解传播的效果。本书深入探究视听传播效果评价的定义、评价思路及其在现代社会中的重要作用，重点介绍视听传播效果评价的常用标准和一般方法，包括市场评价、专业评价和复合评价三大类别。本书也指出，在快速发展的数字环境中，视听传播效果评价面临新的机遇和挑战。

七是视听产业运营与发展。视听产业作为文化产业的重要组成部分，具有高增长性、高附加值、低能耗、低污染等特点，是推动经济转型升级的重要力量。随着数字化、网络化、智能化的快速发展，视听产业的市场规模不断扩大，成为新的经济增长点。我们要了解视听产业的媒介市场特点、视听产业的运营方式和发展趋势，也要了解视听产业的多种盈利模式，包括广告营收、版权分销和版权授权、用户付费与增值服务、IP开发等。另外，我们需要理解依托资本市场的盈利模式和视听品牌价值传播的基本思路。

八是视听文化建构。文化和产业密不可分。在视听传播过程中，视听文化得以推广、形成并对社会产生影响，从而发挥其社会功能，催生新的文化现象。我们可以从视听传播与视听文化的关系、视听文化的类别、视听传播中的中国元素与文化自信等角度探讨视听文化的建构，进一步阐述视听文化的内涵，把握视听文化的发展趋势与方向。

九是视听传播伦理与规制。视听媒介具有强大的影响力，人们似乎担心其被别有用心的人利用。视听传播是把双刃剑，如何放大它的善，限制它的恶，是社会管理的永恒课题之一。视听传播的抑恶扬善涉及两个层面：一个是视听传播相关方自身秉持的伦理道德规范，另一个是社会对视听传播的外在法律规制。我们重点阐述视听传播伦理的原则与功能，通过对伦理理论与思想的深入阐述，力图构建中国特色视听传播伦理的核心内容。本书重点介绍中外相关法律在视听传播主体、传播内容、传播方式与侵权责任等方面的规制。

思考与启发

读者可能会发现，本书中有不少提示、思考、讨论内容。笔者之所以这样设计，是基于以下三个方面的考虑。

第一，开放性。视听传播始终处于一种不断变化的状态，特别是在技术与应用高速变革的时代，理论观念和实践活动的更新都是不断变化的过程。因此，笔者认为，保持开放性很重要。笔者在书中多处设置了提示、思考、讨论内容，意在引导读者在学习中不要局限于书本内容，而是积极展开开放性的思考。

第二，平等性。本书中的一些说法、观点并不是本质性规律，而是一段时间内学者们已经达成共识的认知与结论。笔者不希望这些说法、观点成为规定，热忱欢迎读者质疑。书中的说法、观点仅仅供读者在理论研究和实践活动中作为参考与参照，是可以随着理论研究的深入和实践活动的发展而被优化、修改或者废除的。

第三，启发性。本书是对视听传播主要环节和主要内容进行的概括性阐发，读者可以就书中很多部分的内容进行深挖。由于篇幅有限，本书不能做更深入的阐发，因此存在不少遗漏。笔者希望提供思考、讨论的机会，给予读者提示、启发，激发有兴趣的读者自行去开展进一步的探究。

目 录

Contents

第一章

视听符号与视听产品

从一般意义上来说，视听传播实际上就是视听产品的生产与传播，而构成视听产品的基本元素就是视听符号。要解读视听传播，无疑要从视听符号的解读开始。

第一节 视听符号

◆ 思考

什么是视听符号？其呈现形式有哪些？

所谓符号，就是用一个事物去指代另一个事物。"将符号定义为任何这样一种东西，它根据既定的社会习惯，可被看作代表其他东西的某种东西。"①视听符号是动态的视觉符号与听觉符号的结合，通常指在视听产品中用来表达意义的图像元素和声音元素，它们可以是单独存在的，也可以结合在一起，以传递信息和表达意义。

语言学家索绪尔（Ferdinand de Saussure）将单一符号分为"能指"和"所指"："能指"是指物理的现象，例如事物的形态、材质和颜色等；"所指"是指符号的概念和内涵，是事物的心理所指。②所以，"能指"和"所指"的关系就是"形"与"意"的关系。

---

① 乌蒙勃托·艾柯.符号学理论[M].卢德平，译.北京：中国人民大学出版社，1990.
② 索绪尔.普通语言学教程[M].北京：商务印书馆，1980.

　　我们可以将视听符号的"能指"理解为视听传播过程中的画面和声音自身。在视听产品中，视听符号的"能指"承担着承载内容的作用，具体表现为画面要素的布局与构成、声音的强调与连贯等，具有突出主体特性、推动情节发展以及渲染整体气氛等重要功能。例如，在新闻报道《重庆山火突发，他们逆行而上》中，画面展现了山火现场以及摩托骑士、消防队员、志愿者等救灾人物群像，配合真实的同期声，这些视听符号能够直观地表现救援的紧迫性（见图1-1）。

图1-1　视听符号"能指"作用示例

注：图片来自《重庆山火突发，他们逆行而上》。

　　我们可以将视听符号的"所指"理解为画面和声音自身的意义及其所传达的话外之意、弦外之音，也就是画面和声音内在潜藏的深层次含义，如视听产品的叙事意义、审美意义以及文化意义等。《舌尖上的中国》每一道美食的制作过程都伴随着精美的画面构图、温馨的音乐和富有情感的解说词，这些视听符号共同构建起了充满温情和文化氛围的叙事空间（见图1-2）。观众在欣赏食物之美的同时，也能感受到其背后的历史故事和文化传承，体会博大精深的中华美食文化。

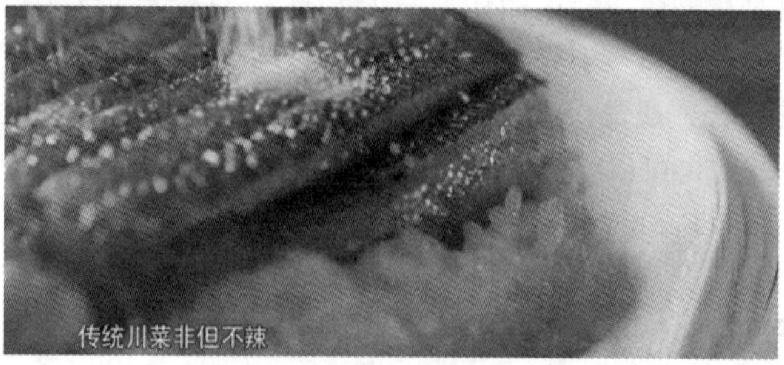

图1-2　视听符号"所指"作用示例

注：图片来自《舌尖上的中国》。

一、视觉符号

视觉符号是指人类的视觉器官——眼睛所能看到的，表现事物一定性质（质地或现象）的符号。视觉符号由线条、光线、色彩、张力、表现、平衡、形式等视觉要素构建而成。视觉符号可以有静态与动态的表现形式。

我们可以将静态视觉符号理解为单张图片，将动态视觉符号理解为影像画面。视觉符号具有叙事、表意与创造美感等功能。其中，最基本的功能是叙事。同时，视觉符号可以深化和强化情感表达，能够超越表面信息的限制，拥有更深层次的表意功能。视觉符号通过利用画面，让观众能够挖掘其背后的深意，最终通过画面领悟创作者想要表达的"言外之意"。

◆ 思考

视觉符号在影像作品中是怎样创造美感的？

视听传播重点考察的是影像画面的塑造、生产与传播。影像画面是由动态视觉符号构成的，因而对于影像画面的考察实际上就是研究动态视觉符号的运用规律。如果要讨论动态视觉符号在具体的视听产品中如何呈现，我们就可以结合镜头、景别、拍摄角度、色彩等进行思考。

（一）镜头

影像中的镜头是指拍摄或剪辑的一段连续画面。镜头可以分为固定镜头、运动镜头与长镜头。

固定镜头是在拍摄一个镜头的过程中，摄像机机位、镜头光轴和焦距都固定不变，而被摄主体可以是静态的，也可以是动态的。固定镜头的变化主要体现在时间上。固定镜头画面稳定，构图精确，能够比较客观地记录与反映被摄主体的运动速度与节奏变化，从而能使观众更好地、更客观地观察事物。固定镜头稳定的特性使其能够强化主体形象、展现总体环境、营造整体氛围。

除了固定镜头外，运动镜头也是表达画面的主要手段之一。运动镜头就是通过改变景别和拍摄角度来模拟摄像机的移动，从而赋予了画面运动感。运动镜头可以分为推镜头、拉镜头、摇镜头、移镜头、跟镜头等，不同的运动手法有着不同的表达意义。

1. 推镜头

推镜头（见图1-3），即镜头由远到近推动，方式为机位推、变焦推。其作用为展现景物特征，使观众的注意力集中到某个主体上，从而产生更加强烈的代入感，或者强化人物的情绪。

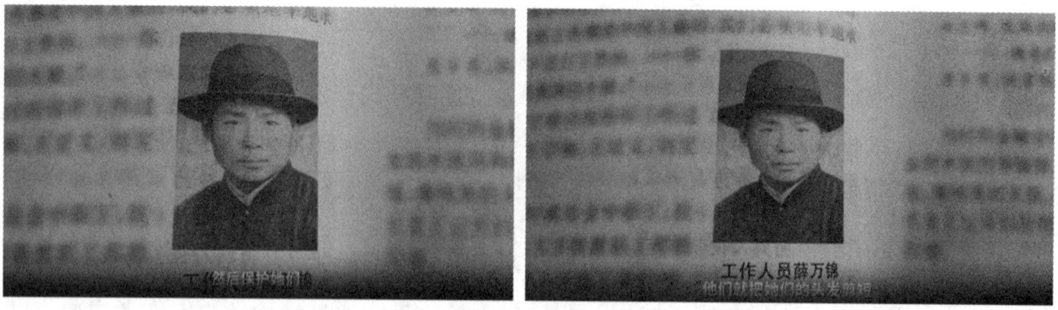

图1-3　推镜头示例

注：图片来自《"宁"聚微光——寻访约翰·拉贝的"中国朋友们"》。

2. 拉镜头

拉镜头（见图1-4），即镜头由近到远拉动，方式为机位拉、变焦拉。其作用为表现被摄主体和周围环境的关系，强化人物的某种心理状态和情绪，如孤独、痛苦、无力、茫然等，常被用作结束性和结论性的镜头。

图1-4　拉镜头示例

注：图片来自《A mega project to benefit everyday life》。

3. 摇镜头

摇镜头（见图1-5），即摄像机位置不动，机身作上下、左右、旋转等运动。其作用为展示某个空间，展示两个或多个戏剧性要素之间的联系，表现人物的某种心理状态或思想状态，如兴奋投入、惊慌失措、头晕目眩等。

4. 移镜头

移镜头（见图1-6），即摄像机在沿水平面做各个方向移动所拍摄的画面。其作用为表现一些开阔场面，展现一个空间中多个主体活动的场景，使得整个画面更加真实、富有生活气息，或表现一种主观的情绪。

图1-5　摇镜头示例

注：图片来自《田野上最亮的星》。

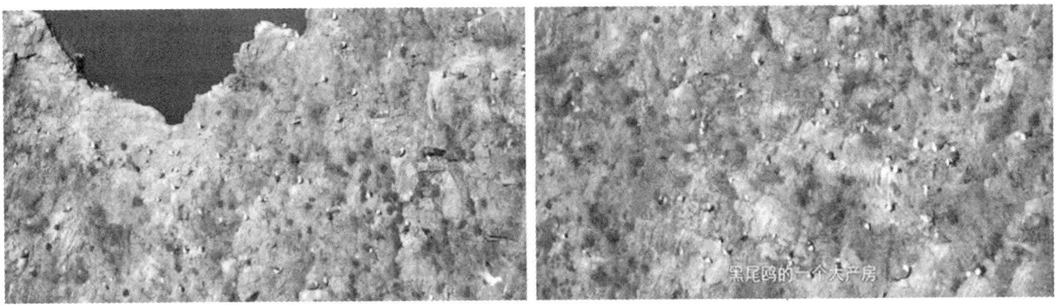

图1-6　移镜头示例

注：图片来自《长山列岛》。

5.跟镜头

跟镜头（见图1-7），即摄像机跟踪运动着的被摄主体进行拍摄。其作用为突出运动中的主体，通过运动展现主体的精神状态，引导观众的视线，让观众产生很强的代入感。

图1-7　跟镜头示例

注：图片来自《冬奥"三记"》。

◆ **举例**

你看过哪些含有以上运动镜头的作品？举例分析这些镜头在作品中起到的作用。

（二）景别

景别是指被摄主体在整个画面中所呈现出的范围大小的区别。如图1-8所示，景别一般分为五种，分别为特写（以人体为例，指人体肩部以上）、近景（指人体胸部以上）、中景（指人体膝部以上）、全景（人体的全部和周围部分环境）、远景（被摄主体所处环境）。

特写重点表现被摄主体的面部特征或某一动作细节，以突出和强调人物的心态与情绪。近景主要用于传达人物的情感和心理状态，强调人物面部表情和情绪的细微变化。中景有利于表现人物的动作、姿态，是叙事功能最强的一种景别，常用于表现人物之间的对话和情感交流。全景用来表现人物全身或者场景的全貌，可以展示人物的整体动作以及人物与周围环境的关系，适合展示一定空间中人物的活动过程。远景主要用于展示开阔的环境或广阔的场景，常用于表现宏大的空间和气势，适合抒发情感和渲染气氛。交替使用各种不同的景别，可以使故事情节的叙述、人物感情的表达、人物关系的处理更具有表现力。

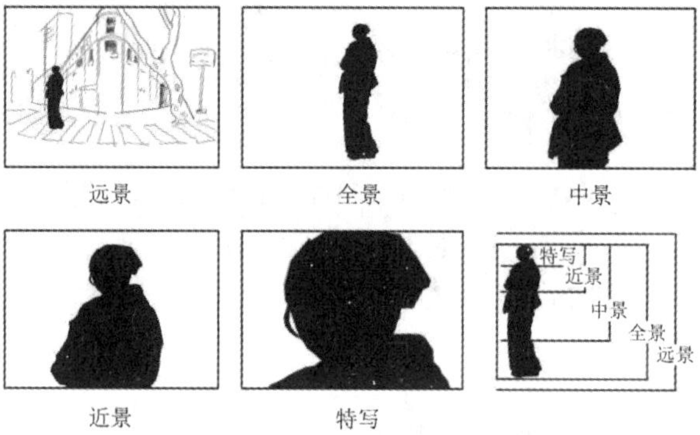

图1-8　景别分类示例

◆ 讨论

判断图1-9中的景别。

图1-9　景别判断

注：图片来自《龟去来兮》。

（三）拍摄角度

拍摄角度包括拍摄高度和拍摄方向两类。拍摄高度分为平面拍摄、仰角拍摄和俯角拍摄三种；拍摄方向分为正面拍摄、侧面拍摄、斜侧拍摄、背面拍摄等。接下来，笔者以《鲁健访谈丨对话〈流浪地球2〉》为案例进行讲解。

1. 平面拍摄

平面拍摄（见图1-10），简称平拍，指摄像机与被摄主体处于同一水平线的一种拍摄角度。平面拍摄能模拟人的常规视野，对于叙事而言，它是最常用、最中立和最冷静的镜头，但也相对呆板。在视听产品中，平面拍摄常起到介绍故事背景、过渡、抒情等作用。

图1-10　平面拍摄示例

2. 仰角拍摄

仰角拍摄（见图1-11），简称仰拍，是将摄像机放在较低的角度，从下往上进行拍摄的一种拍摄角度。这种拍摄角度能够使被摄主体显得高大、宏伟，并增强画面的空间立体感和视觉冲击力。仰角拍摄常用于表现高大的物体、建筑、风景以及人像等。

图1-11　仰角拍摄示例

3. 俯角拍摄

俯角拍摄（见图 1-12），简称俯拍，与上文的仰角拍摄刚好相反，是在较高的地方用摄像机向下拍摄，与水平线形成一定的俯角。这种拍摄方式有利于表现景物的层次、数量、地理位置以及盛大的场面，给人以深远辽阔的感受。

图 1-12　俯角拍摄示例

4. 正面拍摄

正面拍摄（见图 1-13），是指与被摄主体正面成垂直角度的拍摄位置。正面拍摄适用于拍摄建筑、场景等，由此展现平和、庄重的形式美。在拍摄人物时，正面拍摄能更好地展示人物的面部形态特征，使观众直接看到人物的眼神和表情，从而产生亲切感和参与感。

图 1-13　正面拍摄示例

5. 侧面拍摄

侧面拍摄（见图 1-14），一般是指与被摄主体侧面成垂直角度的拍摄位置。侧面拍摄有利于展现被摄主体的轮廓特征，能更好地表现处于运动中的被摄主体的姿势、体态、运动轨迹。侧面拍摄常出现在展现人物关系或人物对话的镜头中。

图1-14　侧面拍摄示例

6. 斜侧拍摄

斜侧拍摄（见图1-15），是指拍摄角度处于被摄主体正面与侧面之间，经常与被摄主体成45°角。斜侧角度兼具正面拍摄与侧面拍摄的优点，既能展现被摄主体的形象特征，又能增强画面的层次感和纵深感，使画面具有灵活性、丰富性，在拍摄中使用频率很高。

图1-15　斜侧拍摄示例

7. 背面拍摄

背面拍摄（见图1-16），指的是从被摄主体的正后方进行拍摄。背面拍摄可以引导观众的视线向画面的纵深延伸，增加画面的层次感。背面拍摄通常不注重人物的表情，而是通过人物的姿态来表现其内心活动，这种方式使画面显得含蓄，能够激发观众的想象力和兴趣。

图1-16　背面拍摄示例

（四）色彩

色彩指画面中呈现出的色调、饱和度和明度等基本属性。色彩在影像中是视觉元素的重要组成部分，具有传达情绪、影响情感、构建叙事等多种功能。

色彩能够传达特定的情绪。例如，鲜艳的红色常用于表现激情或危险，而柔和的蓝色则能增添优雅。此外，色彩的强度也会影响情绪的表达，强烈而饱和的色彩会显得热情或浓烈，而弱化的色彩可能暗示衰竭或抑郁。

通过改变色彩的色调和明度，我们可以改变画面的节奏感和刺激感，影响观众的情感和心态。例如，文化节目以科普教育为主，使用绿色及灰色系等冷色调，营造出一种高雅、沉稳且深邃的视觉氛围；综艺节目倾向于采用鲜明活泼的黄色调或蓝色调，使得场景和画面更加有个性，产生较强的娱乐效果。

色彩在叙事中也扮演着重要角色，能够聚焦重要细节、设置故事基调、代表角色特质以及展现故事情节的变化。

例如，《朗读者》通过不同的色彩将节目场景划分为访谈区与朗读大厅两个空间。访谈区以白色、灰色与绿色为基调，营造了宁静的交流氛围。朗读大厅则选用暗红色作为主色调，辅以白色作为点缀，契合通过朗读传递情感的核心理念。

◆ 提示

我们已经从镜头、景别、拍摄角度、色彩等多方面对视觉符号进行了解读。视觉符号既可以作为叙事元素、造型手段，也可以表达情感、传播文化。视觉符号依靠独有的形象性与隐喻性，成为视听产品的主要要素。

二、听觉符号

◆ 思考

在了解了视觉符号的定义后，尝试给出听觉符号的定义。

听觉符号是通过声音来传递意义的符号，可以帮助观众理解和消化视觉符号所表达的信息。在视听产品中，听觉符号具有说明背景、刻画人物、营造气氛以及表现情绪等功能。就听觉符号的表现内容来看，视听产品中的听觉符号可以分为人声、音乐、音响三种类型。听觉符号提供了信息与情感刺激，增加了影像的内涵层次，扩大了视听产品体验的范围，拓展了视听产品体验的深度。

（一）人声

人声指人在传递信息和表达思想、感情时所发出的具有音调、音色、力度、节奏等特征的声音。简单来说，就是人物的语言声，这是视听产品反映现实生活和塑造人物形象的重要手段。按照表现方式的不同，我们可以将视听产品中的人声分为对白、旁白和独白三种。

1. 对白

对白，又称对话，是指视听产品中人物之间进行交流的语言。它是视听产品中使用最多、最为重要的语言内容，其基本功能是传递信息、沟通观点、表达情感。对话和动作是讲述视听故事、塑造人物形象、体现人物性格的重要手段。语言能传达复杂而深刻、强烈而丰富的思想和情感，从而丰富视听产品的内涵。

2. 旁白

旁白是指以画外音的形式出现的人物语言。所谓画外音，就是声源在画面以外的声音。旁白的发出者比较自由，可以是视听产品中的某一个人物，也可以是和剧情完全没有关系的局外人。旁白大体可以分为以下两种类型。第一种旁白是剧中人物的主观叙述，一般以第一人称呈现，叙述自身或与自身相关的人物的故事，说明故事发生的时间、地点、背景等。第二种旁白是独立局外人的叙述，以全知视角讲述和评说故事。旁白在视听产品中主要发挥呈现叙事功能、转换时间与空间，以及展现作品风格等作用。在综艺节目《乘风2023》中（见图1-17），旁白以风开头，紧扣乘风主题，"如果风有年轮，拂过你我面庞的风，也许正在吹诵五千年的故事，我们站在风中，时而顺风疾行，时而逆风展翅"，结尾则落脚于主题"尽现大美中国，乘风而上"。

图1-17 旁白示例

注：图片来自《乘风2023》。

3. 独白

独白是指故事人物进行的内心活动的自我表达。独白分为三种类型：人物在超叙事时空中内心的声音、以剧中人物为倾诉对象的独白、以观众为交流对象的独白。独白在影视剧中应用普遍，是塑造人物形象的有效手段，能够丰富观众对故事和人物的理解。不同人物的内心独白可以让故事有不同角度的讲述。

◆ **讨论**

纪录片《河西走廊》中有这样一段话："千年前的丝路辉煌，张骞策马西行，郑和扬帆西下，一段久远的故事，一段让人感怀的岁月沧桑……这一跨越时空的宏伟构想，从历史深处走来，融通古今，连接中外，顺应和平、发展、合作、共赢的时代潮流，承载着丝绸之路沿途各国发展繁荣的梦想，赋予古老丝绸之路以崭新的时代内涵。"这段话发挥了怎样的作用？

（二）音乐

音乐指通过演奏或演唱形成的、具有旋律和节奏的声响。音乐在视听产品中的作用是多方面的。

首先，音乐能够深化作品的主题思想。音乐通过其情感表达、叙事功能和艺术表现形式，能够使观众或听众在情感上产生共鸣，更好地理解作品所要传达的主题。很多视听产品，尤其是电视剧作品，会有主题曲、插曲、背景音乐等，以此深化作品要表达的主题思想。

其次，音乐有描绘功能。通过音乐凸显民族、地域、时代特色，视听产品可以将画面中的事物或情景描绘得更加细腻，从而增强观众或听众的沉浸感。同时，通过节奏和音调的使用，视听产品能够调动观众或听众的悲伤、幸福和感动等情绪。

再次，音乐在营造特殊的场景氛围、建立作品基调方面也有显著作用。例如，脱口秀节目经常使用现场乐队，以提供对话的背景音乐，或抒情，或轻快，或幽默，有效烘托节目氛围，推动话题走向深入。

最后，音乐还具有转场与声画连接的作用。音乐可以平滑地连接不同的场景，使观众或听众能够流畅地理解时间与地点的变化。例如，在连接同一地点不同时间的两个画面时，视听产品可以通过特定的声音效果（如广播报时声）来表现时间的转场。

◆ 讨论

《天地有节 风雅中华》宣传片的音乐与世界杯足球赛宣传片使用的音乐在风格、节奏等方面有什么不同？

（三）音响

音响，指在视听产品中除了人声、音乐之外，所出现的自然界和人造环境中所有声音的统称。

音响可以分为两大类：自然音响和人造音响。自然音响就是用录音设备对客观环境的原有音响做实录后重放出来，可以说是客观环境的再现。人造音响是拟音师用一些独有的器具模拟出来的声响。

根据音响的表现内容，我们可以将音响细分为以下几类：动作音响（人和动物行动所产生的声音）、自然音响（自然界中非人的行为动作所产出的声音）、背景音响（作为环境和背景出现的嘈杂人声或音乐等）、机械音响（因机械设备的运行所发出的声音）与特殊音响（经过变形处理的非自然界的声音）。

自然音响可以增强视听产品的真实感、氛围感，渲染气氛，说明作品环境。例如，纪录片《黄河大合唱80年》（见图1-18）中有各种各样的水声效果，如大瀑布、小瀑布、湖边的小浪、河岸边的浪、水拍击岩石的浪等，表现黄河水声的动态变化，体现"黄河之水天上来"的磅礴气势。和自然音响不同，人造音响具有增强戏剧效果、表现人物心境、传达隐喻含义等功能。

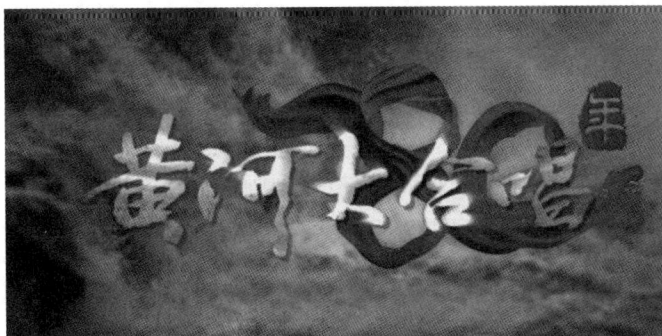

图1-18　《黄河大合唱80年》

视听兼备是视听产品的基本特征。声音在发挥作用的时候，需要在剧情、画面与气氛等方面遵守诸多规定，还需要和语境保持和谐。声音在视听产品中的应用表现涉及声画关系、声音的融合程度与声音的准确性等。

◆ 思考

如何理解声音的融合程度？

相对于视觉画面来说，声音没有那么清晰明朗的段落构成。尤其在音乐的使用上，很多时候由于情绪的需要，只是采用一个很短的小节，甚至一个音符，来表现场景需要的情绪。但是，整场故事是完整的，也是自成结构的。在视觉上，画面信息有时会显得比较零散，但是加上声音，就能够把画面有序地连缀起来。

◤ 拓展阅读

声音蒙太奇

声音蒙太奇通过声音与画面、声音与声音之间的组合，产生新的意义和情绪。声音蒙太奇并不是简单地将声音与画面或声音与声音组合在一起，而是合理搭配声音元素，使得声音的各个片段之间相互配合，这时声音才能真正地融合在一起，画面与声音也才真正成为一个整体。

三、听觉符号与视觉符号的关系

观看视听产品时，人的听觉系统感知声音信息（听觉符号），视觉系统感知画面信息（视觉符号）。听觉感知和视觉感知并不是相互独立的，而是整体感知，能形成视听感知。根据声音与画面的各种作用方式，我们对听觉符号与视觉符号的关系做出以下分类。

（一）声画的时间关系

这种关系是根据同一个视听产品中的声音与画面是否被感知到有时间差来分类的，也就是看声音与画面的时间轴是否较本身时间对应的状态有截断或移动。声画的时间关系可以细分为声画同步关系、先出先入关系、声画错位关系。

1. 声画同步关系

声画同步关系是指视听产品中的声音和画面严格匹配，发声的人或物体在银幕上与所发出的声音保持同步进行的自然关系，画面中人或物体的发声动作和其所发出的声音同时呈现并且同时消失。这与我们在自然界中感知到的声音与画面的情况相同。大部分视听产品中的声音和画面都是基于这种声画同步关系构成的。

2. 先出先入关系

先出先入关系是指切换镜头时，声音或画面其中一者的上一部分先出且下一部分先入。先出先入关系常常用于场景的转换与衔接。

3. 声画错位关系

声画错位关系是指声音与画面被感知到有时间差。声音与画面之间并不是毫无关联的完全错位，而是因一段本能够在时间上对应的声音与画面，由于其中一者的时间轴被前移或后移，而使两者本应该对应的内容的发生时间产生了一定长度的错位。声画错位关系在一般影视作品中较少出现，在一些表现机器故障或者恐怖氛围的场景中会被用到。

◆ 提示

在这些声画的时间关系中，声画同步关系使声音和画面的意义能够被顺利地理解，先出先入关系能够在切换镜头时，被用来进行更流畅的过渡。

（二）声画的主从关系

声画的主从关系，是指声音或画面其中一方为主导者，而另一方为随从者，我们可以将声画的主从关系细分为声主画从关系、画主声从关系，以及声画平等关系。

声主画从关系，即声音作为主导者，画面则作为随从者，也就是说，声音在视听产品中发挥着主要作用，而画面则是用来辅助声音的。画主声从关系，即画面作为主导者，而声音作为随从者，画面发挥主要作用，而声音则用来辅助画面。在声画平等关系中，声音和画面均等地发挥作用。

在声画的主从关系中，我们不能十分绝对地指明声音或画面所发挥作用的比例，且在声画平等关系中，声音或画面所发挥的作用也并不一定是完全相同的。声画的主从关系，实则是一种动态的平衡，三个类别之间并没有明显的界限，而是根据主导和辅助的程度不同可以随时转换。

（三）声画的匹配关系

根据声音和画面之间是以何种方式来相互匹配的，我们可以将声画的匹配关系分为支持关系、对立关系、无关联关系。

在支持关系中，声音与画面正向匹配，协同作用，加强观众的感受，使声画所传达的内容更加清晰明确。在对立关系中，声音与画面相互矛盾，在对比中营造一种声画反差的效果。在无关联关系中，声音与画面之间没有确定的联系，但是可以借助观众的联想能力来产生概念，并且这种概念是具有无限可能性的。

（四）无声与无画状态

无声状态是指声音消失，也就是进入静音状态，不再传递有意义的听觉刺激。无画状态是指画面消失，例如在某些情况下的黑屏或者白屏，不再传递有意义的视觉刺激。

无声与无画状态最常被用作情节的过渡或分隔，或者以停止发出刺激的方式来为观众留下思考、想象的空间，常被用在影片的开头与结尾，使影片的开头与结尾更加流畅自然。

第二节　视听产品

通过对视听符号的分析，我们了解到视听符号是视听产品中传递信息和表达意义的基本元素。视听产品是视听传播的具体内容。接下来，我们将对视听产品的定义、特质、价值和类别进行分析。

一、视听产品的定义和特质

（一）视听产品的定义

产品是指被人们使用和消费，并能满足人们某种需求的任何东西，包括有形的物品、无形的服务、组织、观念或它们的组合。

视听产品是由一系列动态的视听符号构成，通过技术设备放映或者以其他方式传播，能被人们看到和听到，从而满足人们对信息、娱乐、服务、情感等需求的产品。

视听产品这一概念的产生基于产品概念，但两者又有所不同。相同点在于，两者都能够满足人们的某种需求；不同点在于，产品一般是有形的和物质的，视听产品是无形的和精神的。视听产品是一种信息产品，能满足观众的信息、娱乐、服务以及情感需求。

◥ 拓展阅读

视听产品与视听作品

视听产品与视听作品就内涵来看并没有本质区别，只是在着重点上略有不同，体现了视角的差异。视听产品与视听作品都是由一系列动态画面、声音、字幕等视听符号组成的，并能够通过视听装置放映或视听渠道传播，能够满足人们对信息、娱乐、服务、情感等需求的视听信息作品。

视听产品强调视听市场与观众的消费过程。视听作品只有进入视听市场，进行发布和传播，被观众关注、购买、消费，能够满足观众的需求，才能体现出社会价值和市场价值。

视听作品强调了创作者的创意与创作过程。视听作品是有独创性的，即通过创作者的想象力和创造性劳动，在拍摄角度、内容、剪辑等方面进行个性化的设计和安排，体现出创作者的个性化表达。视听作品是《中华人民共和国著作权法》保护的对象。

为了强化市场观念，突破以传者为中心的思维，体现以用户为中心的思维，本书采用视听产品概念来涵盖和指代各类视听作品。

（二）视听产品的特质

视听产品的特质是指视听产品在结构、品性、功能等方面所具有的独特属性。

视听产品是由动态的视听符号构成的。视听符号是承载内容和表达意义的基本单位。视听符号按照一定的规则和逻辑组合在一起，形成综合性的表达系统，共同完成故事的讲述，从而构成视听产品。视觉符号，如光影、色彩、线条、构图等，通过视觉元素传达信息和情感；听觉符号，如音乐、音效、人声等，则通过声音元素增强视听效果，传递情感和意义。

视听符号的编码和解码过程是视听产品与观众之间互动的关键。创作者通过视听符号的编码，将信息和情感转化为视听语言，而观众则通过解码这些符号来理解其含义。如果这种符号契约关系能够顺利建立起来，视听产品就能够跨越文化和语言的界限，实现广泛的传播和交流。但不同的文化背景会影响观众对视听符号的解码，即不同的观众对同一视听产品会有不同的理解和反应。

满足观众的需求是视听产品生产和传播的核心。观众的需求不局限于信息、娱乐、服务、情感等，而呈现出多样化、多层次的特点。观众不仅希望看到高质量的新闻、影视剧、综艺节目等，而且期待这些视听产品能够融合新技术，如VR（virtual reality，虚拟现实）和AR（augmented reality，增强现实）技术，提供沉浸式的体验，希望看到更具文化内涵和审美价值的视听产品。视听产品要通过多样化的内容、便捷高效的观看体验、高品质的视听效果、个性化的服务、强烈的情感共鸣、鲜明的教育功能以及对特殊群体的关注，全面满足观众的多元化需求。

二、视听产品的价值

视听产品是一种精神文化产品，它不仅具有信息与娱乐功能，而且承载着丰富的文化内涵和精神价值，同时具有巨大的市场价值。

（一）视听产品具有深远的社会价值与文化价值

一是有效塑造群体认同，达成社会共识。视听产品通过直接作用于人的感官，以直观、形象的方式传播信息，这种方式比文字更加生动和有效。视听产品通过图像和声音的结合，能够更直接地影响观众的认知和情感，从而在潜移默化中塑造群体认同，达成社会共识，并影响社会行为。

二是有效传承和弘扬中华优秀传统文化。视听产品通过创新的表达形式和技术手段，将中华优秀传统文化以生动、具象的方式呈现给观众，使其更加易于理解和接受。例如，《典籍里的中国》通过戏剧化的内容和前沿的视觉技术，使古代典籍以具象的方式呈现，调动了观众的视觉、听觉感知能力，激发了观众的想象力。

三是有效促进跨文化传播。视听产品通过电影、电视节目等形式，直观地展示了特定文化背景下的社会结构、价值观和生活方式，帮助观众更好地理解不同文化的内涵，促进不同文化之间的理解和沟通。例如，自媒体创作者李子柒通过拍摄美食、美景、日常生活实践的视频产品，将中华优秀传统文化传播到海外，取得了良好的效果。

四是有效引导生活方式和价值观。视听产品通过广告和商业视听产品，不仅传播文化内容，而且推广特定的生活方式和消费观念。例如，广告通过情感刺激和视觉展示，引导观众接受某种生活方式或价值观。

（二）视听产品具有巨大的市场价值

首先，视听产品自身产业的市场规模不断扩大。视听产品产业通过用户付费、节目版权、广告收入等多种方式实现营收，推动了视听相关产业的快速发展。2023年，包括长视频、短视频、直播、音频等领域在内的网络视听行业市场规模首次突破万亿，达11524.81亿元，以网络视听业务为主营业务的存续企业共有66万余家。[①]

其次，视听产品产业推动了网络、视听硬件等相关行业的发展。视听产品产业的蓬勃发展，使消费者对高品质视听设备的需求不断增加，推动了电视机、摄像机、投影机、

---

① 网络视听稳居我国第一大互联网应用[EB/OL]. [2024-03-28]. https://www.news.cn/tech/20240328/ca1fdaa39ffe4f5ba946ac5584c05f14/c.html.

音响、耳机等传统电子产品的发展，同时，手机、平板电脑等智能终端也向高品质视听功能演进。

最后，视听产品产业通过创新商业模式和内容形式，推动了新型消费模式的发展。例如，微短剧的商业模式从单一的IAP（应用内购买）向IAP与IAA（应用内广告）并重转型，成为品牌营销的"新宠"。短视频平台通过"短视频＋电商""短视频＋直播带货"等模式，进一步推动了线上消费场景的形成。

视听产品通过技术创新、个性化推荐、付费模式普及、内容创新、互动性提升等方式塑造观众的文化产品与实物产品消费习惯，树立消费信心，拉动合理消费，从而有效地促进了经济增长。

◆ 思考

视听产品包括哪些类别？

三、视听产品的类别

按照产品形态，我们可以将视听产品划分为视频产品、音频产品两大类。

（一）视频产品

视频产品是以视频信息为主的视听产品，电影、电视节目、网络视频（长视频、短视频）都是代表性种类。其中，按照真实性递减与时效性递减顺序，我们可以将视频产品分为以下几类：现场直播、新闻节目、纪录片、综艺节目、影视剧和动画。

1. 现场直播

现场直播是一种对事件的发生、发展、结束进行同步直接播出的视频传播形式，是对正在发生的事件的报道。现场直播以现场声音、图像为基础内容，并伴以创作者对现场有关情节或背景的口头播报，可以同时通过电视、网络、广播等多元渠道进行传播，如《超燃村BA地道贵州味儿》等。现场直播真实性很强，时效性也很强。

2. 新闻节目

新闻节目是以声音、画面为传播符号，对新近发生的事件的报道。新闻节目真实性较强，真实与客观是其追求的目标。新闻节目，如《新闻联播》《世界周刊》《新闻直播间》等，强调时效性，要求在事件发生后迅速报道，以满足观众对信息的需求，其时效性仅次于现场直播。

3. 纪录片

纪录片是以真实生活为创作素材，以真人、真事为表现对象，并对其进行一定的加工与展现，强调尊重生活的原生态，并用事实引发人们思考的视听产品形式，如《舌尖上的中国》《了不起的匠人》《何以中国》等。纪录片真实性较强，但时效性较弱。

4. 综艺节目

综艺节目是一种综合多种艺术形式并带有娱乐性的视听产品，通常包含竞赛、游戏、曲艺、杂技、舞蹈等多种表演元素。综艺节目包括传统的电视综艺节目和互联网综艺节目。综艺节目还可以细分为竞技类、歌唱类、真人秀类、脱口秀类、文化类、益智类、情感类等，如《声生不息》《中国成语大会》《中国诗词大会》等。综艺节目总的来说真实性较弱，时效性也较弱。

5. 影视剧

影视剧是一种综合性的视觉和听觉艺术产品，包含电影与电视剧。影视剧创造性地运用视觉形象和镜头组接的表现手段，在屏幕的空间和时间里，塑造运动的、声画结合的、逼真生动的艺术形象，以反映生活和讲述故事，如《狂飙》《唐人街探案》《钢的琴》等。影视剧强调的是艺术真实，而不是现实真实，时效性很弱。

6. 动画

动画是一种通过技术手段将绘制的图像组合起来以产生动态视觉效果、塑造艺术形象的视听艺术产品。动画集合了绘画、电影、数字媒体、摄影、音乐、文学等众多艺术门类于一身，常常采用极简或夸张的方式，以突出角色的性格和故事情节，如《哪吒之魔童闹海》《熊出没》等。动画想象力丰富，虚拟性很强，时效性很弱。

◐ 拓展阅读

短视频与长视频

按不同的时长，我们可以将视听产品分为短视频与长视频。

短视频一般指时长 10 分钟以内的视频产品，主要通过网络播出。短视频题材广泛，有生活片段、社会见闻、个人感悟、观点意见、戏剧表演等。短视频时间较短，内容精炼，对叙事结构没有过高要求，制作门槛低，表现形式多样化。与追求信息价值的长视频相比，短视频更强调情绪价值，寻找情感共鸣。例如，央视新闻发布的短视频《代表委员这一天 | 三位"牛"代表共"犇"富裕路》，便是通过交叉叙事的方式，以个体经

历呈现国家发展图景，让宏大抽象的主题变得更加鲜活、具体、接地气。

长视频一般是指时长10分钟以上，由制作团队创作的载有声音、图像信号的视频形式，内容体量较为丰富，多以电视剧、综艺、电影为主，内容在整体上拥有相对完整的叙事结构，开端、发展、高潮和结尾相互照应。

（二）音频产品

此类产品的特性主要体现在注重听觉感受——以听觉符号来传递信息。得益于音频独特的伴随性、互动性与真实性等特征，音频产品受到很多人的关注。

常见的音频产品除了传统广播电台制作和播出的新闻节目、谈话节目、生活节目、音乐节目、广播剧等，在网络时代，还包括一些在网络平台上传播的音频直播、音频新闻、音乐节目、有声书、谈话节目、播客节目，以及迎合车载场景的网络广播剧等。随着汽车逐渐从交通工具转变为智能化、沉浸化的生活空间，车载空间也成了音频产品展现魅力的新场景。车载声音如图1-19所示。

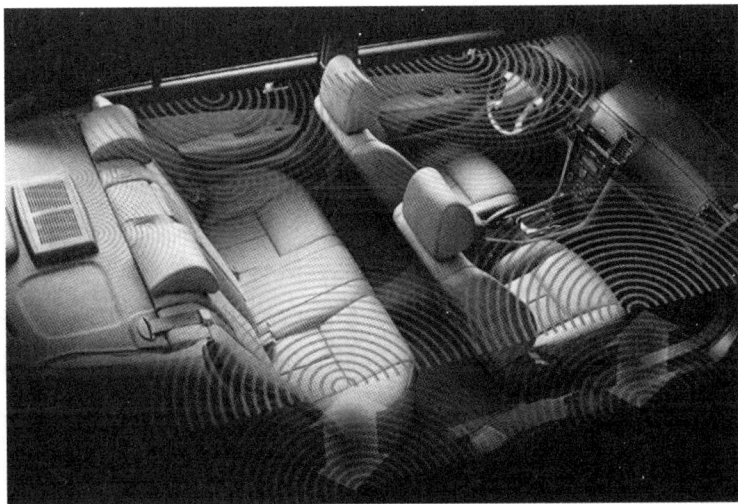

图1-19　车载声音示例

注：由AI软件生成。

第三节　视听产品的叙事逻辑

从叙事学角度看，视听产品是一种通过视觉和听觉元素结合来讲述故事的艺术形式。视听叙事的核心在于利用图像和声音的结合，通过特定的叙事逻辑、叙事视角和叙事节奏，来传达情感、意图和信息，从而引发观众的共鸣。

一、影像逻辑

视听产品叙事的影像逻辑的核心是节奏，主要表现为视听产品的镜头语言，包括镜头时长、镜头顺序与镜头变化等多个维度。使用不同的镜头语言，视听产品可以打造出差异化的画面节奏，最终改变视听产品的节奏。

（一）镜头时长

镜头时长，即镜头在屏幕上展示的时间长短，是直接影响观众接收和理解画面信息的关键因素。单个镜头的持续时间越短，节奏就越快，而持续时间较长的镜头则能带来更为沉稳的观感。在复杂的动态场景中，适当延长复杂与动态的镜头时长有助于观众深入体验和理解；相反，在次要、简单或静态的场景中，缩短镜头时长则能避免使观众感到冗长乏味。此外，镜头时长还需要与音乐、音效及旁白等声音元素相协调，确保视听体验的和谐统一。然而，节奏的调整并不仅限于镜头时长的变化，还需考虑镜头内主体的运动节奏、摄像机的运动节奏以及不同镜头间的切换等。

以体育赛事节目为例，镜头时长的巧妙运用在塑造各类视听产品节奏方面尤为显著。在2022年北京冬奥会等体育赛事的报道中，为了强化赛事的快节奏，后期制作常采用大量运动员第一人称视角的跟随镜头和多名运动员位置集中的镜头，以快速切换的画面突出比赛的激烈和紧张，为观众营造更强烈的感官体验（见图1-20）。同时，这些节目利用不同镜头间的对比，如明暗、色彩和特效等，为观众留下深刻的印象。

图1-20　镜头示例

注：图片来自2022年北京冬奥会滑冰与滑雪赛事。

（二）镜头顺序

镜头顺序是指镜头之间的逻辑关系和时间关系，它决定了镜头语言的呈现效果。根据创作意图和产品需求，我们可以采用不同的镜头顺序来传达不同的意义和情感。在选择镜头顺序时，应遵循一定的逻辑原则，如相同主体、角度和景别的镜头应进行拆分剪辑，固定镜头和运动镜头应分类合并。在纪录片和新闻报道中，通常采用顺序镜头，按照时间或空间的顺序展开叙述，以保持故事的连贯性和清晰性。

（三）镜头变化

镜头变化主要包括镜头与镜头间的形式与内容变化，是视听产品的视觉效果和美感的重要影响因素。视听产品可以根据需要使用不同的镜头变化来创造独特的视觉体验和画面美感。例如，在展现动态场景时，可以采用移动镜头穿越物体和空间，增强画面的动感和立体感；在对话和访谈场景中，则常使用连续镜头来捕捉说话者的表情和反应；在综艺节目的追逐场景中，一组平行镜头的运用能够同时展示追逐者和被追逐者的动作和位置关系。

◆ 讨论

在综艺节目《中国好声音》中，为什么制作方常使用多个机位拍摄选手与评委的表情，并进行穿插剪辑？

二、文字逻辑

在视听产品创作中，文字逻辑是构建故事框架、塑造角色形象、推动情节发展的基础。通过文字，创作者能够清晰地表达故事的主题、情感和冲突，为观众营造完整、连贯的视听环境。文字逻辑的合理性和严密性直接影响作品的质感和观众的观看体验。这里以电影《肖申克的救赎》（*The Shawshank Redemption*）为例，来探讨文字逻辑在视听产品创作中的具体应用。

视听产品创作的第一步是构建故事。创作者需要运用清晰的叙述、合理的情节安排和鲜明的主题表达，将故事呈现给观众。故事的开头引人入胜，能迅速吸引观众的注意力；中间部分紧张有趣，充满悬念和冲突；结尾要完整有力，给观众留下深刻的印象。斯蒂芬·金（Stephen King）的小说为电影提供了坚实的基础。电影剧本在保留原著精髓的同时，通过文字逻辑进一步强化了故事的连贯性和吸引力。在故事的开头，安迪（Andy）被冤枉入狱，这一场景迅速吸引了观众的注意力。接着，安迪与狱友们的互动、对自由的渴望以及对正义的坚持，展现了故事的主题和情感基调。文字逻辑确保了每个事件都有合理的起因和结果，使得故事发展得自然流畅。

角色是视听产品中最重要的元素之一。创作者需要通过文字来描绘角色的外貌、性格、经历和情感，使角色形象鲜明立体。以主角安迪为例，他的智慧和坚韧通过文字逻辑展现得淋漓尽致。从他与狱警的初次交锋，到他帮助狱警避税、建立图书馆、播放音乐，再到他最终挖通隧道成功逃脱，每一个情节都体现了安迪的智慧和毅力。同时，文字逻辑还通过安迪的内心独白和他与其他角色的对话，展现了他内心的挣扎和成长，使观众对他产生了强烈的情感共鸣。

情节是推动故事发展的关键。在情节发展过程中，文字逻辑要求创作者注重情节之间的逻辑关系和因果关系，避免出现突兀或不合理的成分。同时，文字逻辑还通过巧妙的悬念设置和冲突安排，增强故事的吸引力和感染力。安迪被冤枉入狱的真相、他挖通隧道的艰辛过程以及他最终逃脱的紧张场景等，都让观众在观影过程中感受到了强烈的情感触动。

三、声音逻辑

音乐与视听产品的关系大致可以分为三种情况：第一种，音乐是视听产品的背景因素；第二种，音乐是视听产品的叙事主线；第三种，音乐是视听产品的叙事支线。

通常来说，大部分影片的音乐都是作为环境背景出现的。在电影《泰坦尼克号》（Titanic）中，音乐就是背景因素。当镜头缓缓扫过豪华游轮上的舞会时，《我心永恒》（My Heart Will Go on）旋律悄然响起，为观众营造了浪漫而梦幻的氛围。音乐并没有直接参与剧情的推进，但它却如同隐形的画笔，为画面增添了丰富的情感色彩，让观众更加深入地感受角色之间的情感纠葛。

在一些视听产品中，音乐成为叙事主线。以电影《花样年华》为例，其主题音乐由日本著名音乐家梅林茂精心创作，是一首深情的大提琴协奏曲，曲调优雅而低沉，如同低语般诉说着时代的沧桑与人物的情感。在影片中，该主题音乐共出现了九次，几乎贯穿全片。它经常伴随着慢镜头，将观众带入20世纪60年代香港的特定时空背景中。

音乐还可以作为视听产品的叙事支线。在电影《星际穿越》（Interstellar）中，音乐则扮演了叙事支线的角色，丰富了情感主线。好莱坞配乐大师汉斯·季默（Hans Zimmer）为这部影片配乐，他为观众展现了一个宏大而神秘的世界，与电影的科幻主题以及真挚的父女情相得益彰。太空的物理特性决定了它是寂静无声的，所以这部科幻大片的音乐虽然不是故事的主线，但仍然是至关重要的，不仅起到烘托各个段落气氛的作用，而且与影片主题紧密契合。

四、叙事节奏

视听产品的叙事节奏是指产品中事件发展和情节推进的速度、模式以及时间感。它涉及画面、音效、剪辑、对话等多个元素，这些元素的组合和排列能控制观众对故事发展的感知，展现出多样化的叙事方式，包括线性叙事、并行叙事和蒙太奇叙事等。

　　线性叙事，作为最传统且常见的叙事方式，以时间顺序和因果关系为主线，有条不紊地展开故事。在剪辑中，线性叙事能够帮助观众清晰地梳理故事的发展脉络，洞悉角色的内心世界，同时也在一定程度上加强了故事氛围和戏剧张力。

　　并行叙事则侧重于同时展现不同时间或空间中的事件，通过交叉剪辑的手法，将两个或多个场景并置，形成平行对照的效果，丰富故事的层次感和内涵。这种叙事方式适用于节奏多变的视听产品，为观众带来更加丰富的观感和体验。

　　蒙太奇叙事是一种独特的剪辑方法，它通过将不同场景、时间、空间和主题的影像素材进行非线性的组合和排列，从而创造出新的意义和效果。常用的蒙太奇叙事方式包括连续蒙太奇和冲突蒙太奇。连续蒙太奇通过相关影像素材的串联，建立起联系和对比，从而表现特定的主题或传达特定的观点；冲突蒙太奇通过相反或矛盾的影像素材的交替组合，产生强烈的冲突和张力，激发观众思考。在运用蒙太奇叙事时，应根据视听产品的具体需求和特点，灵活运用不同的叙事方式，以达到最佳的表现效果。

五、叙事视角

　　叙事视角是指叙事者讲述故事的角度。不同的叙事视角能为故事营造不同的风格。事件本身以多面的完整形态存在，但一旦加入叙事主体，就诞生了视角问题，视角的选择直接影响观众的理解。以人物与叙事者的关系为依据，法国结构主义批评家茨维坦·托多洛夫（Tzvetan Todorov）对叙事视角进行了划分："叙事者＞人物"的全知视角、"叙事者＝人物"的内视角与"叙事者＜人物"的外视角。以何种角度、身份、口吻讲述故事直接决定了视听产品的叙事风格、情感基调和审美内涵。

　　我们以纪录片为例进行三个视角的差异分析：全知视角呈现为解说、旁白形式；内视角是特定某个人的视角，即第一人称视角；外视角主要是从旁观者的角度进行叙事，以纪录片中出现的专家、学者为代表。纪录片专题报道《40年回眸，我们和北京一起绽放》就运用了内视角，每一集都以主人公自述的方式讲故事，表达北京这座城市对个人真实、独立价值的尊重与接纳（见图1-21）。

图1-21　内视角示例

注：图片来自《40年回眸，我们和北京一起绽放》。

第四节 互联网思维下的视听产品

互联网思维，是指在移动互联网、大数据、云计算等数字科技、网络科技快速发展的环境下，对市场、用户、产品、企业价值链乃至整个商业生态进行重新审视和塑造的思考模式。其强调在互联网时代，企业和个人以更加平等、开放、互动、共享、便捷、简洁、幽默和数据驱动的方式去理解与应对社会环境的变化。互联网思维在视听产品的创新生产上体现得尤为明显。

一、互动化的视听产品

（一）互动形式多样化

互动化，作为网络媒介的标志性特征之一，其内涵远远超越了传统媒介单向传播的模式限制，实现了信息发送与接收之间的即时、双向乃至多向交流。

电影与电视等传统媒体虽在一定程度上融入了互动元素，如观众调查、节目反馈等，但这些互动形式往往受限于时间延迟、渠道单一、参与度有限等因素。相比之下，互联网时代的视听产品，则为用户提供了前所未有的全面参与和深度交互的体验。这类视听产品不仅作为内容传播的载体，而且成为集创作、分享、评价于一体的多元化平台。

这类视听产品用户角色的转变体现得尤为明显。在互联网思维的影响下，用户不再仅仅是内容的消费者，而是内容的生产者、传播者及评论者。他们可以利用各种工具和平台，自主创作并上传视听内容，如短视频、直播、播客等，实现了从被动接受到主动创造的跨越。这一过程不仅丰富了网络视听产品的多样性，而且促进了文化创作与表达的大众化进程。同时，互联网视听产品还通过引入评论、分享、弹幕等多元化互动机制，极大地提升了用户参与视听产品互动的随意性和自由度。用户能够即时表达个人观点，与其他用户进行实时交流，甚至在一定程度上影响产品内容的走向和形态。这种高度灵活的互动模式，不仅增强了用户的参与感和归属感，而且进一步推动了视听产品的繁荣与创新。

（二）用户创造内容：互动的高级形式

在探讨互联网思维下视听产品生产与分发的变革时，用户思维的核心地位愈发凸显。在传统视听产业中，内容的生产高度集中于专业机构，如广播电台、电视台及大型影视制作公司等，这些机构凭借专业的制作团队、严格的审核流程及有力的资金支持，确保了内容的质量与导向，但同时也形成了较高的进入门槛，在一定程度上影响了内容的多样性与创新性。

随着互联网技术的飞速发展，特别是社交媒体、视频分享平台及流媒体服务的兴起，以用户为中心，倡导开放、共享、去中心化的互联网思维得到了广泛关注，并在视听产品的生产与分发中得到了淋漓尽致的体现。具体来看，互联网视听产品的生产门槛显著降低，得益于数字技术的普及和创作工具的易得性，无论是专业团队还是业余爱好者，甚至是个人，都能利用手机、相机、电脑等设备轻松制作并发布自己的作品。在分发环节，互联网视听平台通过构建高效的内容审核机制与智能推荐算法，实现了对海量内容的快速筛选与精准推送。相比传统媒体的复杂的审核流程，互联网平台在保证内容合法合规的前提下，更加注重用户体验与反馈，使得内容的分发更加灵活高效。同时，网络视听平台往往采用免费或低成本的传播策略，吸引了大量用户参与内容的创作与分享，形成了良性的内容生态循环。这种去中心化的生产与分发模式不仅降低了传播成本，而且极大地拓宽了内容的传播范围，使得优秀的视听产品能够跨越地域、时间限制，迅速触达全球范围内的用户。

二、平民化的视听产品

（一）内容平民化

在当代媒介生态的深刻变革中，一个显著的趋势是互联网思维下的视听产品正以前所未有的广度与深度，将镜头与话筒对准那些平凡而真实的普通人。

网络视听产品通过采用更加贴近民众、易于激发共鸣的平民化表达方式，巧妙地诠释了当代社会的时代主题。它们不再局限于宏大叙事的框架内，而是深入社会肌理，挖掘普通人的日常生活、情感世界与价值追求，以此反映时代的变迁和社会风貌。同时，网络视听产品还肩负着传播主流价值观的使命，以小见大，巧妙地将主流价值观融入视听产品的故事情节与人物塑造中，通过潜移默化的方式影响受众的价值观与行为模式。这种方式既避免了生硬的说教，又实现了主流价值观的广泛传播与深度渗透。

在主题的选择上，平民化体现在让更多的普通人进入大众视野。长期以来，传统媒体的人物报道选题，形成了报道对象精英化的固定模式，企业家、学者、明星等成为报道的主要对象。互联网时代的内容出现平民化倾向，即强调人物选择的大众化，让观众看到视听产品中的人物就是他们身边的、现实生活中随处可见的普通人，以此来增强其公信力、传播力、影响力和引导力。至于拍摄视角，则采取平民化视角，对生命个体给予人性关注，并通过展现微小细节丰富人物形象，通过人物的点滴事迹表现人物的人格魅力。例如，网络纪录片《乡村教师》（见图1-22）关注一群普通乡村教师，他们数十年如一日扎根在农村教育岗位的故事感动了无数观众；喜剧电影《抬头见喜》以孤寡老人晚年生活、中年危机、多孩家庭子女的养育等为主题，从平凡人物生命轨迹中具有重要意义的非凡节点入手。这些作品聚焦的都是普通人，这种平民故事、平民视角、平民关注、平民精神，正迎合了视听产品坚持"以人民为中心"的创作导向。

图1-22　　《乡村教师》海报

（二）话语平民化

平等、简洁、幽默是互联网思维下视听产品话语平民化的重要表现，也是当前媒体发展的重要趋势。这一趋势不仅体现在"网感"十足的网络直播和短视频中，而且逐渐渗透到传统媒体（如新华网）等主流平台。这种平民化的表达方式使得更多普通观众能够参与其中，形成一种互动性强、更具亲和力的传播模式。

在视听设计方面，以《早餐中国 第四季》为例，其采用的平民化话语创新性地展示了网络微纪录片的新形态。它摒弃了传统纪录片中精心雕琢、流畅雅致的旁白叙述方式，转而采用了大量融入网络流行语的创新字幕形式，画面中巧妙穿插了诸如"不糙""＋1"等接地气的字幕表达（见图1-23）。《早餐中国 第四季》频繁运用这些网络流行语，符合年轻观众群体的审美偏好与沟通习惯，也反映出相较于传统庄重、含蓄内敛的叙述风格，其采用的更加灵动、诙谐的话语风格更契合年轻一代的喜好。

图1-23　　《早餐中国 第四季》节选

此外，以数字化生存、移动端社交和全媒体传播构成的媒介生态变革，使视频流行趋势逐渐从长视频转变为短视频，这也影响着视听产品话语体系和表达方式的变化。以往严肃刻板的话语形态已不再适用，塑造"主流网感"成为重构主流话语表达的核心。具有"网感"的作品往往具备内涵有意思、创意新鲜、表达直接、以情动人等特点。这些特点使得作品更加贴近网民的生活和审美习惯，从而获得更广泛的受众基础。例如，央视网推出的原创动画短剧《以梦为马!》（见图1-24），通过脑洞大开的剧情设计、诙谐幽默的语言表达和国风配色的动画风格，成功打破了传统叙事逻辑和表现形式，获得了观众的高度认可。

图1-24　《以梦为马!》节选

三、多元化的视听产品

（一）观点多元化

社会文化的多元化和个性化促使创作者们更加注重内容的质量和创新，从而呈现出更加多元化的视听产品艺术形态。围绕社会主义核心价值观，不同创作者在创作过程中会逐渐融入其他类型元素，表达多元观点。例如，以前许多革命历史剧专注于表现正面人物舍小家为大家的无私精神，与此不同，不少新时代革命历史剧深刻把握了"家国同构"这一深层次的民族情感结构，通过多元视角将"以国为家"的政治话语和"以家为国"的道德关怀进行了有机融合。就像电视剧《绝密使命》，它并没有只聚焦主角个人的英勇机智，反而使用大量篇幅去讲述主角背后的故事。剧里的邹叔宝为了不连累家人，毅然抛下未婚妻，对兄嫂隐瞒自己的真实身份，独自前往斗争前线，是一个决心舍家为国的人。但电视剧没有只讲述邹叔宝的勇敢无畏，转而开始讲述邹叔宝的家人不离不弃地寻找他、无惧危险地跟随他的过程。最后，他们一家人聚在一起，不仅因为亲情，而且因为共同的信仰。在这里，家与国这两个概念不再是对立的存在，它们可以互相支持，形成更强大的力量。这样的表达打破了将个体叙事与国家叙事相割裂的刻板模式，呈现出更丰富的形态。

另外，多元文化的融合和跨领域合作也是视听产品多元化的重要体现。创作者们通过独特的视角和深度思考，将不同文化元素融入作品，从而丰富了视听内容的内涵。例如，电视剧《花千骨》将中国传统的仙侠文化与现代流行元素相结合，创造了一个既具有东方美学意义又符合当代审美观的故事世界。这种结合不仅吸引了国内观众，而且通过海外互联网平台将中国文化传播到了全球年轻一代。同时，针对新媒体平台，《花千骨》创作了专属的"番外篇"网络剧《花千骨2015》，这不仅增强了剧情的连贯性，而且满足了观众对于更多情节和细节的需求。

（二）内容多元化

网络视听产品在近年来呈现出多元化、精品化和年轻化的创作趋势，各种主题不断涌现。从现实题材到垂直圈层类作品，再到专业知识类作品，这些不同类型的产品内容丰富了创作生态。

网络视听产品的多元化趋势主要体现在题材选择的广泛性与创新性上。从传统的现实题材出发，创作者们深入挖掘社会热点、民生百态，如《山海情》（见图1-25）等作品，以细腻的笔触展现贫困地区人民在时代变迁中的奋斗历程，引发广泛共鸣。同时，垂直圈层类作品异军突起，如《这！就是街舞》（见图1-26）聚焦街舞文化，精准捕捉年轻观众的兴趣，通过高质量的节目制作，不仅丰富了网络视听内容生态，而且促进了小众文化的传播与普及。

图1-25　《山海情》海报

此外，还有许多视听产品利用新技术，使复杂的专业知识简单化，并进行内容创作，如《跟着班列跑丝路》（见图1-27）以直播形式全景式呈现了中欧班列所开创的国际运输新格局、互联互通新成就；《科学公开课》（见图1-28）则以中小学生能理解、愿意听的方式，深入浅出地普及基础科学知识，传播科学思想；《日本排污入海，对世界影响几"核"？》（见图1-29）关注该事件对全球海洋生态和人类健康的潜在威胁，引发观众思考。高超的制作水平、精巧的内容构思与电影质感的视听语言使得网络视听产品发展日益蓬勃。

图1-26　《这!就是街舞!》海报

图1-27　《跟着班列跑丝路》海报

图1-28　《科学公开课》海报

图 1-29　《日本排污入海，对世界影响几"核"?》节选

　　在追求内容多元化目标的同时，网络视听产品更加注重对文化价值的深度挖掘和传承。创作者们不仅关注作品的故事性和娱乐性，而且致力于通过作品传递正能量、弘扬社会主义核心价值观。聚焦人工智能时代下大学教育的《一块石头》（见图 1-30）、聚焦湖南地方剧种祁剧传承的《打笼开箱》（见图 1-31）、展现人民军队奋进新征程的《逐梦》（见图 1-32）等视听产品，让观众在娱乐中了解历史、感受文化，展现出视听产品内容多元化的发展趋势。

图 1-30　《一块石头》节选

图 1-31　《打笼开箱》节选

图1-32　《逐梦》海报

（三）形式多元化

网络视听产业在形式上呈现出多元化趋势。网络剧、短视频、网络电影等多种形态，满足了不同观众的需求。同时，在全媒体生态环境下，各类型视听产品不再局限于传统大片模式，而是契合网络文化语境精耕细作，致力于网络视听表达形式的创新和升级，使产品内容更显生机和活力，更具传播效果。

例如，纪录片《风起东方》（见图1-33）结合XR（extended reality，扩展现实）、AR等全新技术，通过"艺术＋技术"的形式，呈现"一带一路"在十年里的发展与成就，讲述丝绸之路上的中外文明交流故事，展现中国文化的创造力及文化自信；纪录片《中国 第三季》（见图1-34）追溯到上古时代，从神话传说到考古史料，从满天星斗的史前社会到夏商周三朝，从原始社会到农耕文明，再到建立国家，以礼制的孕育和发展为主线，利用现代技术还原早期神话与先民历史；纪录片《党的红色传令兵》（见图1-35）以"忠诚"为主题内核，以时间为暗线，凭借深邃的历史视野、珍贵的史料挖掘、细腻的拍摄制作、戏剧性的叙事手法、深沉的红色情怀等，成为一部精品历史题材纪录片。

在网络综艺领域，如何通过丰富的节目形式来弘扬中华优秀传统文化，并将这些文化元素与现代审美和技术创新相结合，已经成为重点议题。《声生不息·宝岛季》（见图1-36）、《花儿与少年·丝路季》（见图1-37）、《登场了！北京中轴线》（见图1-38）等节目通过聚焦具有深厚文化背景的主题，如台湾金曲演唱、"一带一路"游玩以及北京中轴线文化历史，不仅展示了中国丰富的地域文化和历史遗产，而且促进了文化的传播和交流。这些节目的成功，部分得益于它们能够有效地结合传统文化与现代娱乐形式，满足了观众对于文化深度和娱乐趣味的双重需求。此外，系列化生产也成为诸多网络综艺产品特色的表现形式，比如《种地吧》《令人心动的offer》《乐队的夏天》《清明奇妙游》等都是系列化生产的节目，这种系列化生产不仅能够放大视听产品的效益，而且能够促进系列成为独特形式，探索可持续发展新路径。

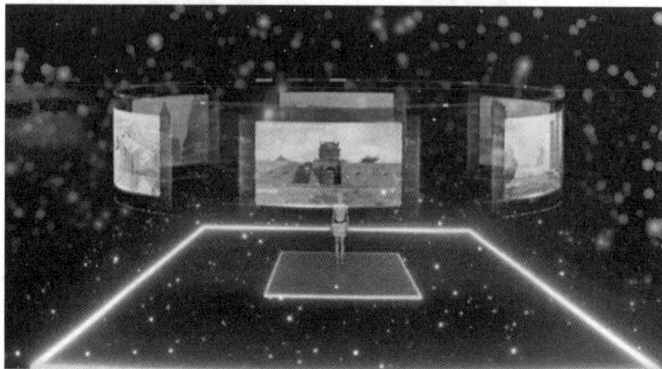

图1-33　《风起东方》节选

图1-34　《中国 第三季》节选

图1-35　《党的红色传令兵》节选

图1-36　《声生不息·宝岛季》海报

图1-37　《花儿与少年·丝路季》海报

图1-38　《登场了！北京中轴线》节选

参考文献

[1]乌蒙勃托·艾柯.符号学理论[M].卢德平，译.北京：中国人民大学出版社，1990.

[2]费尔迪南·德·索绪尔.普通语言学教程[M].北京：商务印书馆，1980.

[3]网络视听稳居我国第一大互联网应用[EB/OL]. [2024-03-28]. https://www.news.cn/tech/20240328/ca1fdaa39ffe4f5ba946ac5584c05f14/c.html.

[4]邵雯艳.影视艺术基础[M].苏州：苏州大学出版社，2011.

[5]内奥米·罗森布拉姆.世界摄影史[M].北京：中国摄影出版社，2012.

[6]西摩·查特曼.故事与话语[M].北京：中国人民大学出版社，2013.

[7]陶立.浅论色彩在纪录片视觉传达中的重要性[J].当代电视，2015（2）：54-55.

[8]姜燕.论纪录片声音元素的艺术表现力[J].现代传播（中国传媒大学学报），2010（7）：64-67.

[9]常江，王晓培.影视制作[M].北京：中国传媒大学出版社，2017.

[10]张宇丹，孙信茹.应用电视学：理念与技能[M].昆明：云南大学出版社，2004.

第二章

视听传播渠道

渠道，英文为"channel"，译为"通道、管道"。传播学中的渠道，即进行传播时通过的某种媒介和个人间面对面的交流。①也有学者将其译为"信道"，将其理解为信息传播过程中载荷、承载讯息的信号从信息源传向信宿所流经的通道、路径，即传输信息的媒介物。②

凡是可以允许视听信息通过的一切有形物和无形物都可以被称为渠道。收音机、电视机是传播广播和电视信息的渠道，网站是传播网络信息的渠道，手机是新媒体（App、公众号、视频号等）的渠道，这些都是有形渠道。同样，我们也可以说无线电波和数字代码是渠道，这是传递信息的无形渠道。有的学者认为渠道指的是运载信号的物理方式。③从广义角度来说，一切能够传递信息的媒介都是渠道。从狭义角度来说，渠道是传媒的代名词，主要指报纸、广播、电视和广电网络等。④本章中的"渠道"就是指视听信息传播的媒介，既包括有形的，也包括无形的。

---

① 威尔伯·施拉姆，威廉·波特.传播学概论[M].2版.北京：中国人民大学出版社，2010.
② 童兵，陈绚.新闻传播学大辞典[M].北京：中国大百科全书出版社，2014.
③ 约翰·费斯克，等.关键概念：传播与文化研究辞典[M].2版.北京：新华出版社，2004.
④ 童兵，陈绚.新闻传播学大辞典[M].北京：中国大百科全书出版社，2014.

第一节　视听信息与视听媒介

◆ 提示

"媒介即信息"是我们经常听到的话语。我们需要思考的问题是，在视听领域，何为媒介，何为信息？接下来，我们将从社会科学、自然科学和实践生活的各个层面探究隐藏在信息后面的多重面孔。至于媒介，我们要从社会和传播的视角出发，审视围绕在我们周围的"那喀索斯的镜子"①。

一、视听信息

当今世界，人类生活在由视听信息建构的时空之中。生活中，在广播、电视、视听平台上传播的视听信息丰富了人们的认知和情感；工作中，视听信息让生产变得日益智能化、便利化；学习中，各类视频资料成为学生们不可或缺的学习助手。有了视听信息，人类的感知得以延伸。

（一）视听信息的定义

何谓视听信息？控制论的创立者维纳（Norbert Wiener）曾说过，信息就是信息，不是物质，也不是能量。②他强调了理解信息的多维性。邬焜在《信息认识论》中将信息理解为三个不同层次的概念：一是人们日常经验理解的层次；二是实用信息科学的层次；三是哲学的层次。③人们日常经验所理解的信息通常是以语言文字或图像符号所反映的新内容、新知识；实用科学中的信息是"消除了的不确定性"或"负熵"④；哲学意义上的信息是"它所表现的事物特征的间接存在形式"⑤。新闻传播学研究的信息属于实用科学意义上的信息。

新闻传播学研究的信息是什么？《新闻学大辞典》将信息定义为人们传递的关于事物状态的消息。⑥施拉姆（Wilbur Schramm）和波特（William E. Porter）则认为，信息是传

---

① 古希腊神话中，美少年那喀索斯（Narcissus）爱上了自己在水中的倒影，最后郁郁而终。

② N.维纳.控制论[M].2版.郝季仁，译.北京：科学出版社，2009.

③ 邬焜.信息认识论[M].北京：中国社会科学出版社，2002.

④ 邬焜.信息认识论[M].北京：中国社会科学出版社，2002.

⑤ 邬焜.信息认识论[M].北京：中国社会科学出版社，2002.

⑥ 甘惜分.新闻学大辞典[M].郑州：河南人民出版社，1993.

播的材料。①余也鲁将information译为"智据"，是消息、资讯、智识的总称，可以用来减少或消除一种情况的不确定性。②《新闻传播学辞典》将信息解释为"一切表述事物的内部或外部互动状态的东西"③。

从以上众多学者对信息的表述来看，信息具备两个基本特征。一是内容特征，即信息一定是对事物的描述。正确描述事物的是真实信息，而错误描述事物的是虚假信息。二是信息用于消除人们对事物的模糊认识。描述事物的信息越多，越能反映事物的全貌，人们对事物的认识就越清晰；反之，则越模糊。因此，信息的作用是用来消除人们认识的不确定性，这是信息的本质。

由此，我们可以为视听信息下一个定义：视听信息是运用视听符号描述事物的状态，以减少人们对事物不确定性认识的各类材料。视听信息可以是独立性的和碎片化的，是一些独立存在、包含了消除不确定性的视听材料；视听信息也可以是完整性的和结构化的，视听产品正是具有完整内容、连贯情节和完整结构的视听信息。不管是碎片化的视听信息，还是完整性的视听信息（视听产品），都通过各类视听媒介进行传播。

（二）视听信息的特征

1. 视听信息由视听符号组成

视听信息和其他类别信息的属性差异在于，视听信息是由视听符号组成的。视听符号包括视觉符号和听觉符号。视觉符号包括画面、色彩、表情、动作、文字等一切可以由人眼识别并具有一定意义的符码。听觉符号则是包括声音、语言、音响在内，由人耳识别的意义符码。视觉符号和听觉符号构成了我们所认识的视听世界。由于视听符号具有某种意义，通过视听符号，我们可以进一步了解人类社会和这个世界的存在、价值与意义，并思考我们与社会和世界的关系。

2. 视听信息具有运动性

运动性是视听信息的一个显著表征。与单纯的语言文字信息、静态图片信息相比，视听信息涵盖与扩展了这些信息，因为视听信息既能向我们展示静态的世界，又可以呈现动态的世界。以视听节目为例，节目内容是由众多画面顺时连续的组合来表现的，"被摄对象自身的运动，真实地再现了事物的动态美"④，节目呈现的时空永远是动态的时空。视听故事是在不断变动的时空发生和发展的。视听信息是目前各种信息类型中最适宜描述事物动态的信息。

---

① 威尔伯·施拉姆，威廉·波特.传播学概论[M].2版.北京：中国人民大学出版社，2010.

② 宣伟伯.传媒信息与人：传学概论[M].余也鲁，译述.北京：中国展望出版社，1985.

③ 程曼丽，乔云霞.新闻传播学辞典[M].北京：新华出版社，2012.

④ 朱羽君.电视画面研究[M].北京：北京广播学院出版社，1999.

3. 视听信息具有形象塑造性

形象是人类认识事物的第一印象，也是最深刻的印象。视听信息在挖掘事物内在本质上可能不那么深刻，但在表现与塑造事物的形象上具有无与伦比的优势。首先，视听信息最真实、最全面地反映事物的外观、外貌。与语言文字相比，不需要人类的想象力，视听信息能反映事物外在的整体与细节。其次，视听信息可以通过艺术化的加工，使事物呈现出常态下无法显现的美感，引发人的审美愉悦。最后，视听信息的组合与连续呈现引发人的想象，从而使事物产生隐喻效果，并使事物被赋予某种独特的意义和价值。

4. 视听信息具有多义性

如果把单个视听信息（视听片段）抽取出来，使它脱离事物的运动过程或运动轨迹，此时的视听信息不再只反映事物的原属性，而是具有一种新属性或被理解性。观众可以根据自身的体验去理解这一单个视听信息（视听片段）的意义，也就是说，单个视听信息的意义受制于接受者的认知反应。例如，信徒们在教堂庄重地合唱赞美诗，可以被理解为对信仰的虔诚。但是，如果下一个画面是侵略者对无辜百姓的屠杀，那么赞美诗的画面就不是在表现虔诚，而是痛斥侵略者的残暴。正是由于视听信息具有多义性，且意义可以被接受者所赋予，视听信息才具有再加工的价值。这种意义再加工催生了一个用影像塑造的艺术世界。

二、视听媒介的定义

从传播学角度看，媒介是从信源到信宿之间的渠道。因此，我们将渠道定义为媒介。何谓媒介？英文"medium"，复数形式"media"，可以译为"媒介、媒体"。20世纪原创媒介理论家、思想家麦克卢汉（Marshall McLuhan）曾说，媒介是人体的延伸。笔是手的延伸，轮是脚的延伸，书是眼睛的延伸，广播是耳朵的延伸。不同的人拥有不同的视角，对媒介也有不同的理解。

一般来说，媒介是一种能使传播活动得以发生的中介性公共机构。具体来说，媒介就是拓展传播渠道、扩大传播范围或提高传播速度的一项科技成果。[1]当我们谈到大众媒介，通常指的是中间插进了用以重复或传播信息符号的机器和有编辑人员的诸如报纸或电台之类的传播组织的传播渠道。[2]传媒是用来传递讯息与获取讯息的工具。[3]媒体泛指传播媒介机构。[4]媒介是双方发生关系的人或物。[5]

① 约翰·费斯克，等.关键概念：传播与文化研究辞典[M].2版.北京：新华出版社，2004.
② 威尔伯·施拉姆，威廉·波特.传播学概论[M].2版.北京：中国人民大学出版社，2010.
③ 宣伟伯.传媒信息与人：传学概论[M].余也鲁，译述.北京：中国展望出版社，1985.
④ 童兵，陈绚.新闻传播学大辞典[M].北京：中国大百科全书出版社，2014.
⑤ 童兵，陈绚.新闻传播学大辞典[M].北京：中国大百科全书出版社，2014.

由上观之，在传播学意义上，媒介指的传播机构和传播工具。

作为传播机构的视听媒介，是一种建制化的媒介组织构成，被称为大众媒体，即由专业化的传播人员和现代化的传播工具构建的一整套传播组织系统。

作为传播工具的视听媒介，则是建立在现代传播技术基础上的，包括信息采集、加工、传播和接收的软硬件设备系统。一般来说，采集设备系统包括摄像机、录音机、智能手机、航拍无人机等，加工设备系统包括剪辑工作站、非线性编辑系统、平台编辑系统等，传播设备系统包括数字网络、信号发射器、服务器、音频和视频播发平台等，接收设备系统包括收音机、电视机、智能手机、电脑、户外大屏等。

在界定一个信息机构是否属于视听媒介时，我们可以结合以下条件做出判断。

1. 该机构传播的内容是否以视听信息为主体

这是区别视听媒介与其他媒介的显著标准。视听媒介之所以被冠以"视听"二字，根本原因在于其传播的内容全部或大部分是视听信息。视听信息或视听产品是传播的主体内容。现在，印刷媒体也在不断走向融合，涉足或进入视听领域，但是其传播的主要样态或大部分内容仍以文字和图片为主，因此印刷媒体不属于视听媒介。

2. 该机构是否面向社会进行传播

大众传播是面向社会不特定公众进行的传播活动。有些视听渠道也在进行视听传播，但是其传播范围或领域局限在特定群体、组织或团体，这只是一种组织化的传播，不具有大众传播特征。比如，一个广告公司在公共场所（电梯、公共汽车等）设立多个电子显示屏传播广告内容，我们就可以认定其为视听媒介。但是，一个政府机关在办公大楼内设立一个电子显示屏，虽然进入大楼的人都可以收看视听内容，但这些内容不是面向社会进行传播，我们也就不能认定其为视听媒介。

3. 该机构是否具有规范化的视听内容生产机制

作为大众媒介的视听媒介，其生产机制应该是专业化、标准化和职业化的，符合大规模生产传播的规律和要求。很显然，一个专门拍摄短视频的自媒体创作者，虽然生产视听内容，但其生产方式、生产过程、生产标准还达不到专业化水准。我们只能称其为视听内容生产者，而不是视听媒介。反过来，传播自媒体生产内容的短视频平台则有一整套完善的生产和管理制度，如编辑、审核、奖惩等，这个短视频平台就可以被称为视听媒介。

◆ 讨论

我们在这里讨论的媒介和生物学意义上的媒介存在相似性吗？

第二节　视听媒介的分类与特征

◆ 提示

从某种意义上说，世界是由视听媒介构建的。我们要正确认识这个世界，首先要正确认识视听媒介，了解视听媒介如何分类，不同的视听媒介有何异同、有何特点。只有准确理解这些问题，我们才能为正确理解世界打下基础。毕竟，"媒介即信息"[①]，信息越多，不确定性就越少。

一、视听媒介的分类

（一）作为渠道的视听媒介

根据渠道的定义，我们可以将视听媒介分为以下三类。

1. 以广播电视为代表的传统形态的视听媒介

广播（broadcasting）是通过无线电波将音频信息分发给大众的媒介，收音机（radio）是广播在人们生活中呈现的基本形态。自20世纪初开始推广，至20世纪中叶，广播因其传播速度快、覆盖范围广、成本低廉等特点迅速成为信息传播的主流媒介之一。

电视（television）是一种通过电子或电信介质传输和接收视听信息的媒介。自20世纪30年代末开始商业化进程以来，电视因其视听兼备的媒介特性迅速成为家庭和机构中的常见信息接收设备，尤其在20世纪中后期至21世纪初，电视是公众娱乐和新闻来源的第一媒介。

广播电视作为视听媒介，自诞生以来，在呈现形态、传播方式、内容生产、组织结构方面的变化相对较少，视听化内容、线性化播出、专业化生产、制度化管理是其主要特征。尽管随着网络媒体和其他新兴媒体的快速发展，传统的广播电视受到一定冲击，但广播电视在传播方面天然具有的快捷、形象、覆盖面广、便利、使用场景易得（见图2-1）等特点，使其依然在媒介领域中占有一席之地。广大受众的接受惯性也使得广播电视将会在较长时期内依然是这个世界上最重要的视听媒介之一。

---

① "媒介即信息"（又译为"媒介即讯息"）是麦克卢汉最经典的理论之一。当人们使用一种媒介的时候，会不由自主地形成对它的依赖，按照这个媒介所规定的框架和感觉方式来感知世界，从而影响和定义社会各方面的文化特征。

图2-1 广播电视的使用场景

注：使用文心一言制作。

2. 以平台为代表的新兴视听媒介

新兴视听媒介是近年来伴随技术进步和媒体融合趋势而迅速发展的新型视听平台。这些平台通过整合多种新技术，如人工智能、大数据、5G、超高清视频制作技术、虚拟现实技术等，为用户提供更加多元化、互动程度更高的视听体验，以抖音、快手、哔哩哔哩（也称B站）、喜马拉雅等为代表，正以燎原之势占据视听媒介领域的中心位置。新兴视听媒介的最大特点是交互性、去中心化和去建制化。这类媒介以用户生产内容（user generated content，UGC）作为核心，将视听创作变得触手可及，任何人都可以成为视听内容创作者。由于没有了建制化的审查制度，只要内容合规，普通人都能拥有充分的创作自由和传播自由。这类视听媒介深谙市场之道，将作者、市场、用户捆绑在一起，通过市场机制不断激励创作者生产优质内容，满足用户需求。新兴视听媒介具有传统广播电视媒介不具备的交互性传播、个性化内容、实时社交、海量存储等优势，拥有大量用户，成为当代视听媒介的"领头羊"。

3. 以媒体云为代表的融合视听媒介

媒介融合（media convergence）是指不同形式的传媒内容、平台、技术和产业之间的融合与交互，其打破传统媒介之间的界限，将文字、图片、音频、视频等多种媒介形式进行整合和交互，实现内容的多方位展示和多层次传播。融合视听媒介是传统广播电视媒介顺应视听媒介数字化、网络化、智能化的发展新趋势，以及应对新兴视听媒介竞争而采取的转型策略。融合视听媒介将文字、图片、电视直播、视频服务集中于一个平台之上，通过一个统一的终端云平台为用户提供多样化服务，满足用户对信息、娱乐和服务的需求，其主要以 App 的状态呈现，如芒果 TV 等。融合视听媒介是传统视听媒介的数字化融合演进，依托主流媒体的专业生产能力、品牌影响力以及政策支持，不仅提供视听服务，而且集新闻、政务、服务、商务等多种功能于一体，成为新时代视听传播的新型服务平台。

（二）作为信息终端的视听媒介

作为信息终端的视听媒介是指呈现视听信息内容的终端。随着现代技术的发展，视听媒介终端由传统的视听信息接收器向多媒体交互式平台演进。

1. 根据终端呈现的信息符码不同，可以分为音视频媒体和融合媒体

音视频媒体专注于音视频信息接收和播放。虽然有的视频播放媒体也能显示文字和图片，但这只是媒体的延伸功能。典型的音视频媒体，包括家庭中的收音机、音响、电视机，用于公众娱乐的电影、移动电视，以及播放商业广告的楼宇电视等。这类视听媒介虽然呈现形式单一，但价格便宜，视听信息丰富。尤其是收音机、电视机等视听终端，操作便利，特别适合老年人使用。

融合媒体则是现代主流的视听呈现媒体。与传统广播电视相比，融合媒体不仅集合了广播电视的优势，而且可以呈现几乎所有的信息内容，如文字、图片、影像、声音等。观众从一种信息内容转向另一种信息内容时，不需要更换显示终端，这是融合媒体最显著的特点，典型代表如智能手机、个人电脑等。

2. 按照信息接收路径不同，可以分为有线视听媒体和无线视听媒体

有线视听媒体通常使用线缆（光纤、网线）等传输信息，接收端如数字电视、宽带电脑等从线缆中接收和解码信息，并将信息还原成音视频符码。有线视听媒体具有高带宽、高清晰度、抗干扰性好、媒介融合程度高等优点。无线视听媒体则主要通过接收不同波长和频率的无线电波来还原音视频信息，如收音机、智能手机等。这类视听媒体具有携带方便、使用简单等优势。

3. 根据终端的应用场景不同，可以分为室内视听媒体和户外视听媒体

室内视听媒体将显示终端置于室内，为室内观众提供视听信息，如电视、电影、室内大屏（飞机场和高铁站里的大屏）、电梯屏等。户外视听媒体主要设置在人口密集的公共区域，为公众提供公共信息，如商场的户外大屏、移动电视（高铁电视、公交电视）等。

随着现代电子技术的发展，视听终端也在不断演进。比如，植入式视听终端正成为我们时尚生活的一部分。传统的视听终端和场景是分离的，主要提供视听信息。现代的

植入式视听终端不仅具有视听显示功能，而且紧密融入场景之中，成为场景结构的一个组成单元，不仅提供信息，而且成为一种生活方式。智能眼镜、智能手表等穿戴式电子设备将生活必需品和视听终端有机融合在一起，成为时尚单品。

二、视听媒介的特征

（一）视听传播机构的特征

采集、加工、传播视听信息的专业机构，被称为视听媒介或视听传播机构，包括广播电视台、融媒体中心、新型视听平台等，其主要特征如下。

1. 建制化是视听媒介最主要的组织形式

视听信息的收集、整理、加工、传播是一种高度专业化的工业化生产过程，视听信息生产的每一个环节都需要高度专业化的能力。工业化是视听信息生产的最主要形式。这就要求生产视听信息的媒介组织必须像工业化生产组织一样，按照视听工业生产规律进行视听信息生产。在高度市场化的生产环境下，建制化是唯一能适应工业化生产要求的组织形式。

视听媒介的建制化体现为以下几点：一是视听媒介的创办建立在市场制度或法律制度基础之上，其运营必须遵守市场化法则或符合法律法规要求；二是视听媒介内部机构设置符合工业化生产要求，如有管理部门、生产部门、技术部门、后勤部门和行政部门等；三是视听信息的生产符合市场的要求，即视听内容在合规的条件下，以满足受众的需求作为基本导向。

2. 工业化是视听媒介最主要的生产形式

所谓工业化生产，是指视听媒介的信息生产的每个步骤和每个环节都离不开标准化、规范化的操作和组织，最后生产出来的信息产品呈现出统一的风格与样式。例如，电视娱乐节目，不论内容如何多样，其生产都需要经过拍摄、录音、剪辑以及包装等环节。在节目制作过程中，每一个环节都需要高度标准化和规范化的操作，如声音的统一调制、色彩的统一调整，从而保证视听效果高度统一。同时，工业化生产也降低了制作成本，并提高了资源使用效率。在智能化时代，工业化仍然是视听媒介生产的重要形式，但其主导地位正在受到挑战，并且正在向更加多元化和分散化的方向发展。

3. 融合化是视听媒介最主要的表现形式

以微博、博客、视频号、公众号为代表的新媒体平台的出现，彻底改变了视听媒介的传播样态，将传播渠道从无线、有线网络拓展到卫星、互联网，将信息由视听信息延伸为一切信息。传统的视听媒介将转型为超媒体平台。尼葛洛庞帝（Nicholas Negroponte）认为，超媒体是超文本的延伸。[①]也有学者认为，超媒体处于更高层次的生态位，它是支持多媒体信息管理的主体，组织信息对象繁多，是媒体中的"巨无霸"。[②]就现实的媒介生态层面来看，多数传统的广播电视巨头无不转型为融媒体的"航母"，如美国的维亚康姆、迪士尼，中国的中央广播电视总台等。

（二）视听传播工具的特征

作为视听传播工具的视听媒介总体上呈现以下特征。

1. 多感官刺激

视听媒介通过刺激观众的多种感官（如视觉、听觉、触觉）来优化观众体验，增强信息传递的效果。视听传播工具通过图像和声音的结合，同时刺激观众的视觉和听觉感官，提供比单一媒介更丰富的信息传递方式。多感官刺激有助于提高信息的吸引力和记忆效果。例如，视觉信息可以显著促进听觉信息的处理，使得低强度的声音更容易被观众检测到，并增强观众对刺激的分类能力。

2. 时效性强

视听传播工具具有很强的时效性，可以通过远程传输技术，使信息在全球范围内实时传播，迅速传递最新的信息，满足观众对即时信息的需求。例如，广播电视通过卫星转播、现场直播等方式，能够迅速、准确地将世界各地的重大事件传递给全球观众，从而突破时间和空间的限制。新媒体的实时推送、网络直播也进一步增强了视听传播的时效性。

3. 种类多，覆盖广泛

作为视听传播工具的视听媒介，包含广播、电视、电影、电脑、手机等多种视听传播工具，这些工具不仅在技术上具有多样性，而且通过不同的传播渠道和形式，实现了广泛的覆盖。特别是网络媒体的时空特性与广电媒体的视听特性，展现出多维复合传播的优势，能够全天候、全方位、多层次地覆盖目标受众。截至2017年底，中国有线电视实际用户2.20亿户，其中有线数字电视实际用户1.98亿户，广播节目综合人口覆盖率为98.71%，电视节目综合人口覆盖率为99.07%。[③]2024年3月公布的第53次《中国互联网

---

① 尼葛洛庞帝.数字化生存[M].北京：电子工业出版社，2017.

② 张振华.当代中国广播电视学[M].北京：中国国际广播出版社，2014.

③ 2017年统计公报（广播影视部分）[EB/OL].[2018-03-18]. https://www.nrta.gov.cn/art/2018/3/18/art_2178_38968. html.

络发展状况统计报告》显示，截至2023年12月，我国网民规模达10.92亿人，较2022年12月新增网民2480万人，互联网普及率达77.5%。[①]

4. 从家庭转向个体

传统意义上，以广播电视为代表的视听媒介被认为是一种"家庭媒介"。广播电视，尤其是电视，成为家庭团聚与保持和谐的纽带。除夕之夜全家人围坐在电视机前收看春节联欢晚会，已经成为中国家庭团圆美满的象征。而以智能手机、平板电脑为代表的新兴媒介则以个性化、定制化内容满足个体的视听需求。在新兴视听媒介语境中，个人逐渐取代家庭，成为传播的中心。

5. 互动性与参与感不断增强

电影、广播、电视等传统视听媒介由于技术限制，很难与观众进行即时互动。随着视听技术和网络技术的发展，现代视听媒介的用户可以实时反馈和参与媒体互动。例如，在线视频平台允许观众评论、点赞和分享内容，同时观众可以参与内容生产，这增强了观众的互动性与参与感。这种互动性与参与感的增强不仅可以让观众表达自己的观点和情感，而且可以让媒体内容更加生动、有趣和具有吸引力，可以有效增强媒体传播效果。此外，视听媒介还可以通过在线调查、投票、发送弹幕和直播连线等方式来增强互动性与参与感，使观众更加深入地参与内容生产。

◆ 讨论

1. 新兴视听媒介会完全取代传统的广播电视吗？
2. 未来的视听媒介会是什么样的？

第三节 视听媒介发展简史

◆ 提示

从发生学的视角展示视听媒介由想象（理论）到现实（电子媒介），再到超现实（融媒体）的发展历程，能激发我们思考视听媒介如何能成为世界的统治媒介，也能激发我们探索它来自何处，并去向何方。

[①] 我国网民规模达10.92亿人[EB/OL]. [2024-03-22]. https://www.gov.cn/yaowen/liebiao/202403/content_6940952.htm.

一部视听信息的传播史就是视听媒介的发展史。从1865年英国物理学家麦克斯韦（James Clerk Maxwell）从理论上预言了电磁波的存在，到1991年伯纳斯·李（Tim Berners-Lee）在位于瑞士的欧洲粒子物理实验室内设计和部署的万维网首次面向公众开放，视听媒介历经了广播媒介、电视媒介、网络视听媒介三个发展阶段。在每个发展阶段，新的视听媒介的引入不仅为世界提供了新的传播工具，而且开启了全新的传播观念之门。

一、视听媒介发展的基本规律

马克思和恩格斯认为，"一个工业部门生产方式的变革，必定引起其他部门生产方式的变革。这首先是指那些因社会分工而孤立起来以致各自生产独立的商品、但又作为总过程的阶段而紧密联系在一起的工业部门……工农业生产方式的革命，尤其使社会生产过程的一般条件即交通运输工具的革命成为必要……撇开已经完全发生变革的帆船制造业不说，交通运输业是逐渐地靠内河轮船、铁路、远洋轮船和电报的体系而适应了大工业的生产方式。但是，现在锻冶、锻接、切削、穿凿和铸造巨量的铁，又需要有庞大的机器，制造这样的机器是工场手工业的机器制造业所不能胜任的"[①]。视听媒介的产生和发展是这一科学论断的最好注释。纵观视听媒介发展史，我们可以发现，视听媒介的产生和发展呈现三个基本规律。

一是视听媒介的发展和经济发展相呼应。20世纪20年代，美国经济腾飞，商业广播诞生。西方电视的普及恰逢第二次世界大战后世界经济的恢复与快速增长期。网络也是在20世纪90年代世界经济发展的黄金期得到普及。

二是视听媒介发展与生产方式的变革同步。广播电视诞生于以电力为特征的第二次工业革命，人类生产方式由机械转向自动化。网络视听媒介产生于以数字化为特征的第三次工业革命，人类的生产方式由自动化转向数字化。

三是视听媒介的进化与科技相伴相生。视听媒介属于高科技产业，从诞生之初就离不开电子、材料、物理、信息等科学的助力。没有科技的支撑，视听媒介就如空中楼阁，丧失了发展的动力。科技是视听媒介产生和发展的基石。每一次科技突破都会为视听媒介带来全新的发展形态和更广阔的发展空间。

二、传统视听媒介广播电视的发展历程

（一）作为传播技术的广播电视

表2-1中是广播电视技术发展历程中的重要事件。

---

① 马克思，恩格斯.马克思恩格斯全集 第二十三卷[M].北京：人民出版社，1972.

表2-1　广播电视技术发展历程中的重要事件①

时间	国家	人物	重要事件
1817年	瑞典	贝采利乌斯 （Jons Jakob Berzelius）	发现化学元素硒
1820年	丹麦	奥斯特 （Hans Christian Oersted）	发现电流的磁效应
1831年	英国	法拉第 （Michael Faraday）	发现电磁感应现象，进而得到产生交流电的方法，并发明了圆盘发电机
19世纪50年代至60年代	英国	麦克斯韦	对法拉第电磁感应定律进行了理论分析，在总结前人工作的基础上引入位移电流的概念，建立了麦克斯韦方程组
1873年	英国	约瑟夫·梅 （Joseph May）	发现硒的光电效应
1873年	英国	麦克斯韦	出版《电磁通论》，完整而深刻地揭示了变化的磁场可以激发电场、变化的电场又能激发磁场这一客观规律，从而使人们认识到交变电场和交变磁场是相互联系、相互转化的电磁场，预言了电磁波的存在；这部巨著标志着经典电磁学理论体系的形成
1884年	德国	尼普科夫 （Paul Gottlieb Nipkow）	发明电视扫描盘
1888年	德国	赫兹 （Heinerich Hertz）	用实验的方法证明了电磁波的存在，证实了麦克斯韦的电磁场理论，为无线电波的应用奠定基础
1895年	意大利	马可尼 （Gugliclmo Marconi）	在英国建立了一个无线电报站，用来与法国维姆勒之间通信，实现了英国与欧洲大陆的无线电通信
1920年	美国	—	世界上第一座由政府发放实验执照的电台KDKA在匹兹堡开播
1923年	美国	兹瓦尔金 （Vladimir Zworykin）	发明光电摄像管和光电析像管（显像管）

---

① 蔡凯茹，黄勇贤，等.穿越视听时空：广播电视传播论[M].北京：新华出版社，2003.

续表

时间	国家	人物	重要事件
1925年	英国	贝尔德 （John Logie Baird）	制造了第一台能传输图像的机械式电视机，这就是电视的雏形，尽管画面模糊，噪音也很大，但能在一个不起眼的黑盒子中呈现栩栩如生的图像，激发了人们极大的兴趣
1929年	英国	贝尔德	在英国政府及英国广播公司（British Broadcasting Corporation，BBC）的资助下进一步开展研究工作，推出了新发明——有声电视
1936年	英国	—	英国广播公司在伦敦市郊的亚历山大宫建成了世界上第一座正规的电视台，向公众正式播送电视节目，该电视台成为世界上最早的正式播出节目的电视台
1946年	美国	—	世界上第一台电子计算机埃尼阿克（ENIAC）在美国宾夕法尼亚大学诞生，主要用于炮弹弹道轨迹的计算，其运算速度远超当时的机电式计算机
20世纪40年代末	美国	—	有线电视行业兴起，电缆电视初具雏形
1962年	美国	—	人造卫星Telstar进入太空，将电视节目从纽约传至巴黎、伦敦两地的接收站，再传至家庭，广播电视进入卫星时代
1964年	美国	—	正式发射人类第一颗同步轨道通信卫星（Syncom 3），转播日本东京奥运会，开创国际电视越洋传播时代
20世纪80年代末	日本	—	高清晰度电视问世
1989年	瑞士	伯纳斯·李	成功开发出世界上第一个Web服务器和第一个Web客户端软件，这就是万维网，人类进入互联网时代
20世纪末	美国、 日本等	—	提出三种地面数字电视广播制式，人类进入数字广播电视时代

如表2-1所示，广播电视在技术发展史上历经了从有线到无线、从声音到图像、从模拟到数字、从标清到高清的演进路线。

（二）作为视听媒介的广播电视

广播电视的诞生是人类文明的巨大进步。它体现了科学技术的发展水平，作为媒介，对社会发展起到了强有力的推动作用。从1831年法拉第发现电磁感应定律，到现在数字化成为广播电视的标准技术，作为视听媒介的广播电视历经了四个发展阶段。

1. 广播电视的酝酿时期

这一时期大概从19世纪30年代延续到20世纪最初20年。在这将近90年的时间里，科学家、工程师、发明家在广播的技术原理、设备研制方面展开了探索和研究。这一时期，广播由科学理论逐步转化为实验设备，并在小范围内得到验证。光电摄像管的发明为现代电视奠定了基础。而真正将电视变为现实的却是英国人贝尔德。1925年，贝尔德首次通过扫描盘技术在屏幕上呈现了一个不太清晰的图像，电视诞生了。

2. 广播电视的快速发展时期

这一时期，广播电视作为一种供人们消遣的娱乐工具，在社会中快速普及。商业电台的成立和电视节目的正式播出标志着广播电视作为一种媒介得到社会的正式承认。商业广播、公共广播、广播网、节目（新闻节目、音乐节目、体育节目、广播剧、电视剧）等现代广播电视的形态在这一时期纷纷涌现。世界上第一座由政府发放实验执照的电台KDKA在匹兹堡开播，开启了广播媒介的历史进程，并展示出其作为视听媒介的强大魅力。

3. 广播电视的黄金时期

第二次世界大战结束之后，饱经战争蹂躏的国家和地区逐渐恢复了经济。以信息技术、生物技术为代表的现代先进技术促进了生产力的提高，整个世界的经济整体上处于上升势头。由于家庭汽车的普及，广播的渗透率进一步提高，广播真正成为人们的日常伴随媒介。到20世纪70年代，在西方发达国家，彩色电视已经进入普通家庭。这一时期，广播电视媒介在世界范围内呈现蓬勃发展的局面。商业广播电视持续发展，在美国，三大广播公司（哥伦比亚广播公司、美国广播公司、美国全国广播公司）垄断了大部分广播电视市场。在欧洲，以公共广播为传统的国家开放了商业广播电视。有线电视成为后起之秀，成为商业广播电视有力的竞争者。公共广播继续为受众提供高质量的节目内容。广播电视的经济实力不断增强，出现了超级媒体巨头。

4. 广播电视的转型时期

20世纪90年代，为应对互联网和数字技术带来的机遇和挑战，在世界范围内，广播电视走上了转型之路。美国于1996年率先制定数字电视地面传输标准ATSC，并启动数字电视转换时间表，宣布到2006年全面过渡到数字电视。欧洲于20世纪90年代中期通过了类似的数字广播标准，并制定了过渡时间表，宣布于21世纪第一个十年全面进入数字时代。日本于1999年制定了数字电视标准ISDB，确定于2006年实现数字电视全覆盖。我国也制定了地面数字电视传输标准、有线数字电视音视频技术质量要求和测量方法，完成了有线电视数字化整体转换，进入了数字电视时代。超高清电视、无人驾驶和可穿戴设备是未来视听服务与5G应用的重要场景。

三、新兴视听媒介的发展历程

所谓新兴视听媒介，是指通过网络进行传播的，集音频、视频、文字、图像等表现符号于一体的视听媒介。与传统视听媒介不同的是，新兴视听媒介是一种多样化的媒介形态。就显示终端来看，可以是传统大屏，但更多情况下是智能手机、平板电脑等小屏终端。就呈现形态来看，有传统的视频和音频内容，但更普遍的是集文字、图片、视频、音频于一体的融合化内容。就媒介样态来看，新兴视听媒介主要表现为网络视听平台和"两微一端"（微信、微博、客户端）。新兴视听媒介伴随着全球互联网的深入发展和移动通信工具的普及而发展起来。

我们可以将新兴视听媒介的发展历程分为以下阶段。

（一）第一阶段：起步与探索（1995—2005年）

1995年，一款名为"雅虎"的搜索引擎出现在互联网上，它的一些特殊功能吸引了网民的注意力。在此之前，网民只能浏览特定网站提供的视听信息。有了雅虎，网民不仅可以在网络上精确地搜索自己需要的信息，并且可以和他人分享。雅虎拥有电子邮件、音乐、视频、电视、游戏等多种功能。雅虎很快在网络上风靡一时。1998年，另一款功能更强大的搜索引擎谷歌出现了。谷歌不仅在功能上比雅虎更强大，而且用户间的共享、交流也更为便利和顺畅。以雅虎和谷歌为代表的这类搜索引擎发展为集交流、资讯、娱乐、搜索、电子商务、办公协作和企业客户服务等于一体的综合化信息平台，意味着一种全新的媒介形态——视听融媒体出现了。2000年，百度正式创立，融媒体时代到来。

这一阶段的新兴视听媒介主要有如下特点。一是媒介形态没有太大变化。不论是雅虎，还是谷歌，其布局、结构、频道设置和早期的互联网站大同小异，没有专门以视听内容为主体的网络媒体。二是内容以文字、图片为主，视听信息较少。雅虎和谷歌都没有将内容重点放在视听节目上，即使提供视听内容，也是从其他网站抓取或搜索得来的。三是这些新兴视听媒介提供的内容多为非法获取的。它们提供的音频和视频大多未经版权所有者授权，而是从网络上直接链接或抓取，侵犯了版权所有者的合法权益，产生了大量的法律纠纷。相关部门不得不出台相关规定，在一定程度上制约了这些媒介的发展。四是用户主动提供的内容较少。大部分新兴视听媒介呈现的视听内容来自专业创作者。由用户独立生产和上传的视听内容很少。这一阶段的新兴视听媒介依然没有脱离传统网络媒介的窠臼，然而，其视听内容的增加和用户之间彼此可以共享、交流视听内容的形式又意味着一种新的媒介在悄然生长。

（二）第二阶段：视频分享的兴起（2006—2010年）

随着互联网的迅速普及，视频分享网站在全球范围内开始兴起。这些网站不仅允许用户个人上传和分享视听内容，而且通过丰富的内容库和便捷的观看体验，极大地丰富了互联网视听媒介的内容。

在中国，优酷作为最早的视频分享网站之一，于2006年正式诞生。它凭借简单易用的上传和分享功能，以及丰富多样的视频内容，迅速吸引了大量用户的关注。优酷不仅为用户提供了一个展示自我、分享生活的平台，而且鼓励独立创作者发布原创内容，从而推动了国内网络视频内容的多样化和创新。

在国外，YouTube继续保持着领先地位。它不仅提供用户自己制作的视频内容，而且涵盖专业机构制作的视频。YouTube以其庞大的视频库和高效的搜索功能，成为用户获取和观看视频的重要渠道。

在这一阶段，视频分享网站的兴起不仅改变了人们获取和观看视频的方式，而且推动了互联网视听媒介的快速发展。这些网站为用户提供了更加丰富、多样化的视听体验，也为独立创作者和专业机构提供了一个展示才华和作品的广阔舞台。

（三）第三阶段：专业化内容的崛起（2011—2015年）

随着互联网视听媒介的持续发展和用户需求的不断升级，专业化内容开始崭露头角。各大视频网站不再满足于仅仅作为用户上传和分享视频的平台，而是开始积极推出自己的原创内容，以提供更加专业化、高品质的视听体验。

在中国，爱奇艺、腾讯视频等网站成为专业化内容制作的佼佼者。它们与电视台和影视制作公司紧密合作，共同制作了大量的电影、电视剧和综艺节目等。这些原创内容不仅制作精良，而且紧跟时代潮流，满足了用户对于高品质视听内容的迫切需求。同时，这些网站还积极推动网络剧的发展，制作了许多口碑和效益双丰收的高品质网络剧作品。

在国外，Netflix作为流媒体服务的先驱，早在1997年就已经开始为用户提供电影和电视剧内容。然而，让Netflix真正崭露头角的，是其不断推出的原创内容。这些原创内容涉及各种题材和类型，从剧情片到纪录片，从喜剧片到动画片，应有尽有。Netflix凭借其独特的创作理念和精良的制作水准，赢得了全球用户的喜爱和追捧。

这一阶段，互联网视听媒介的专业化内容崛起，不仅丰富了用户的视听选择，而且提升了整个行业的制作水平和品质标准。各大视频网站通过推出原创内容，吸引了大量用户，也为自己树立了独特的品牌形象，形成了独特的市场竞争力。

（四）第四阶段：社交媒体与移动设备的普及（2016—2021年）

社交媒体的兴起为互联网视听媒介带来了全新的变革。在这一阶段，用户不仅可以在社交媒体上分享自己的视频内容，而且能观看他人分享的内容，这使得互联网视听媒介的社交功能更加鲜明，用户之间的互动也变得更加频繁和紧密。

在中国，微博、微信等社交媒体平台开始广泛普及，用户可以在这些平台上轻松分享和观看视频内容。这些平台不仅提供简单易用的上传和分享功能，而且融入了强大的社交功能，让用户能够与他人进行实时互动和交流，分享彼此的看法和感受。

在国外，Facebook等社交媒体平台也提供了视频分享和社交功能。用户可以在Facebook上上传和分享自己创作的视频内容，并与他人进行互动和评论。同时，Facebook还与各大机构合作，提供丰富的新闻报道和综艺节目等内容，进一步丰富了用户的视听体验。

在中国，随着智能手机和平板电脑的普及，移动端已经成为互联网视听媒介的重要战场。各大视频网站和社交媒体平台都纷纷推出移动端应用，提供更加便捷的视频观看体验。同时，移动设备还支持各种支付功能，方便用户随时购买会员服务。

在国外，移动设备同样成为互联网视听媒介的重要平台之一。Netflix等都提供了移动端应用，让用户可以在移动设备上随时随地观看电影、电视剧和综艺节目等。移动设备的便捷性和多功能性使得用户能够更加方便地进行购买、互动和分享，进一步推动了互联网视听媒介的发展。

（五）第五阶段：视听传播的AI时代到来（2022年至今）

以2022年11月美国AI实验室OpenAI发布ChatGPT为标志，国内外一系列AI工具以其强大的智能处理和人机交互功能，迅速带领人类进入视听传播智能时代。AI工具的应用，极大地提高了视听内容生产的效率和个性化程度。媒介机构可以利用这些工具，快速地将文字生成图片、视频等内容，甚至根据用户需求定制个性化信息。

2023年8月，微博推出了"明星AI情感伴聊"服务，这是跨界融合与智能技术结合的典型代表。该服务利用生成式AI技术，模仿明星的聊天方式和风格进行自动回复，增强了用户的互动体验，模糊了虚拟与现实的界限。同时，AI技术在交互中展现出的主动性和社交智能，也呼应了符号互动论[1]中关于个体在社会互动中赋予事物意义的观点。

许多媒体在重大新闻事件报道中采用了人工智能主播。在2018年举行的第五届世界互联网大会上，新华社与搜狗公司联合推出了全球首个人工智能主播"新小浩"（见图2-2），其栩栩如生的形象和严谨认真的仿真播报，使其一经亮相，便收获了国内外广泛的关注，被称为充满科技感和未来感的智能信息产品。2019年，人工智能女主播"新小萌"（见图2-3）正式上岗，与"新小浩"共同参与2019年全国"两会"的新闻播报。人工智能技术的深度应用赋予了虚拟存在系统正确解释并学习外部数据的可能，人工智能主播灵活地完成特定任务的能力使其成为能够部分代替甚至部分超越真人主播的媒介角色。[2]技术赋能极大地增强了人工智能主播拟人化外观的真实性。

图2-2 全球首个人工智能主播"新小浩"

图2-3 人工智能女主播"新小萌"

---

[1] 符号互动论（Symbolic Interactionism），又称象征互动论，是一种主张从人们互动着的个体的日常自然环境去研究人类群体生活的社会学和社会心理学理论，由美国社会学家米德（G. H. Mead）创立。"符号"是指在一定程度上具有象征意义的事物。符号互动论认为，事物对个体社会行为的影响，往往不在于事物本身所包含的世俗化的内容与功用，而在于事物本身相对于个体的象征意义，事物的象征意义源自个体与他人的互动（这种互动包括言语、文化、制度等）。

[2] 周勇，郝君怡.建构与驯化：人工智能主播的技术路径与演化逻辑[J].国际新闻界，2022，44（2）：115-132.

◆ 提示

安德烈亚斯·赫普（Andreas Hepp）以"深度媒介化"（deep mediatization）来概括媒介化在数字时代的新特征，认为互联网等数字媒介引发的传播革命正在史无前例地改变社会的基本形态，新传播所建构的新型关系已经在很大程度上重构了以往的各种社会关系。①深度媒介化的核心特征体现为连接、场景构建、虚实交融以及人机共生，这些特征促使传媒的本质转变为内容连接服务。

四、视听媒介的发展趋势

从1895年马可尼发明无线电报，昭示人类正式进入无线电时代，迄今100多年来，视听媒介经历了从无线电广播到移动网络传播，从单一视听信息显示到融合媒体呈现的深刻变革。我们可以预见，未来的视听媒介将会向如下方向发展。

（一）融合化程度越来越高

数字技术和电子技术正在重构视听媒介的边界。现在，没有一种视听媒介以单一的音视频信息为传播内容。融合化是现代视听媒介最明显的标志。电视在融合化方面的变化最为明显。现在，传统意义上的电视机（只能收看电视频道）在市场上几乎已经销声匿迹，电视机基本上都是融合网络、直播、点播于一体的智能电视机。每一种媒介终端都不再只是呈现单一的信息，而是多种信息的总和载体。智能手机是融合程度最高的终端之一。智能手机不仅整合了多媒体播放器，而且拥有相机、录音机、GPS定位和导航等多种功能。此外，智能手机通过强大的计算能力和丰富的传感器，可以与人工智能技术结合，提供更加智能化和个性化的用户体验。随着新的显示技术的出现，嵌入式、穿戴式视听媒介将引领新的生活时尚。

（二）呈现技术越来越先进

现代视听技术正在重塑我们对世界的体验。音频终端由单声道、高保真、立体声发展到三维声。视频终端分辨率有标清、高清、超高清（4K、8K），显示状态从过去传统的二维平面显示发展到现在的VR、AR、MR（mixed reality，混合现实）和XR显示。每种呈现技术的采用，都将人类的视听感官体验推向一个新的高度。

超高清分辨率能营造更加丰富和细腻的画面层次，三维声使我们有机会体验令人震撼的音响世界，VR、AR、MR、XR将梦幻般的事物变得触手可及。这些前沿视听技术把

---

① 尼克·库尔德利，安德烈亚斯·赫普.现实的中介化建构[M].刘泱育，译.上海：复旦大学出版社，2023.

我们对世界的感知和感受推向了极致。我们的感觉器官从未如此充实和满足。通过将5G与VR、AR相结合，我们的视听行为也发生了根本性变化。我们不再是单一的视听信息的"俘虏"，沉浸、体验取代了被动的接收。此外，计算机图形学（Computer Graphics，CG）特效技术等被广泛应用于视听信息的生产中，极大地提升了视听信息的创造性和视听效果的可感性。

（三）融入性越来越强

视听媒介日益融入人们的日常生活，成为生活的必需品。以手机为代表的新媒体终端，在为人们提供通信服务、视听服务的同时，已成为不可或缺的伴随媒介。

视听媒介通过融合时空场景，使内容与人们的日常生活产生紧密联系。例如，网络视频已经覆盖了人们工作与生活的全时段场景，人们可以在吃饭、休息、工作、娱乐等多元场景中观看内容，这种全时空的覆盖增强了视听媒介的伴随性。音频媒介，如播客和有声书等，也因其便携性和沉浸式体验成为人们生活中的重要陪伴者。这些音频产品不仅满足了人们在通勤、居家、运动等场景中的听觉需求，而且通过声音传递情感和陪伴感，从而增强了用户的黏性和忠诚度。[1]

◆ 讨论

在AI技术迅猛发展的背景下，视听媒介会发生怎样的变化？

第四节　视听媒介与社会

◆ 提示

在信息社会，谁主导了信息的传递过程和方式，谁就掌控了影响社会的"钥匙"。

当今世界，视听媒介已经渗透到我们生活的每一个角落，和社会的每一个部件交织在一起。本节的任务就是剖析视听媒介与社会产生联系最重要的几个维度。通过这几个维度，我们能对善管、善治、善用媒介有清醒的认识。

---

[1]　徐嘉伟. 越来越多音频产品"陪伴"用户：让生活更"悦耳"［EB/OL］.［2022-11-21］. https://www.thepaper.cn/news-Detail_forward_20825310.

一、视听媒介拥有强大的社会影响力

（一）视听媒介是公众了解信息的主要渠道

在信息社会，视听媒介成为人们获取信息的首选渠道。传统视听媒介因其受众强大的接受惯性和极高的覆盖率，在信息传播上发挥着不可替代的作用。《2023年全国广播电视行业统计公报》显示，截至2023年底，全国广播节目综合人口覆盖率为99.71%，电视节目综合人口覆盖率为99.79%，分别比2022年提高了0.06和0.04个百分点；乡村广播节目综合人口覆盖率为99.59%，乡村电视节目综合人口覆盖率为99.72%，分别比2022年提高了0.10和0.07个百分点。[①]这些数据表明，广播电视的覆盖率已经非常高了，接近全覆盖。就网络媒介数据来看，截至2023年12月，我国网民规模达10.92亿人，较2022年12月新增网民2480万人，互联网普及率达77.5%。其中，网络视频用户规模达10.67亿人，短视频用户规模达10.53亿人，较2022年同期增长4145万人，占网民整体的96.4%。视频网站成为人们获取时政新闻的主要渠道之一，占比63.36%。[②]在中国，视听媒介已经成为受众最多、使用最广的媒介。

（二）视听媒介是迅速传播信息的渠道

随着5G网络、光纤网络、卫星通信网络在全球的普及，以往通过电话、电报等传统工具传递信息的方式已被网络取代。直播，这种最能体现视听媒介传播速度与效率的传播方式，让受众领略了什么是"时间消灭空间"。在2024年巴黎奥运会上，人们采用4K高清技术直播开幕式，让全球观众能够同步享受到震撼的视听效果。视频平台的出现使直播变得更加触手可及，任何人只要拥有相应的设备，甚至一部智能手机，就可以在任何地点、任何时间向世界直播——信息的传播与事实的发生实现同步。人类通过直播能够实时观察这个正在变化的世界。

（三）视听媒介在塑造公众意识方面具有显著作用

媒介通过塑造公众的意识来影响社会。视听媒介通过图像和声音的结合，能够生动直观地呈现新闻事件，利用多模态文本（包括声音、图像、文字）来构建特定的世界观，增强信息的感染力和说服力，在推动社会主义核心价值体系建设、促进社会思想文化建设方面发挥了重要作用。中央电视台推出的《新闻联播》时效性强、内容丰富、观众广泛，曾经是世界上观众最多的节目之一。进入融合媒体时代，各种传播技术的发展也促

① 2023年全国广播电视行业统计公报[EB/OL]. [2024-05-08]. https://www.nrta.gov.cn/art/2024/5/8/art_113_67383.html.
② 黄楚新. 2023年中国短视频发展报告[EB/OL]. [2024-09-06]. http://www.rmlt.com.cn/2024/0906/711708.shtml.

使《新闻联播》创新节目形式，推出了衍生栏目《主播说联播》，以竖屏形式呈现新闻。《主播说联播》的内容密切关注热点，结合当天重大事件和热点新闻，用通俗的语言传递主流声音。

二、视听媒介是舆论监督的有力工具

舆论监督是媒介的一项重要职能。所谓舆论监督，是指公民通过媒介表达意见、建议，形成舆论，对国家事务和社会公共事务及相关人员的言行进行监督，进而影响公共决策的一种舆论表达形式。①舆论监督是公民的权利。《中华人民共和国宪法》第四十一条规定：中华人民共和国公民对于任何国家机关和国家工作人员，有提出批评和建议的权利。媒介承载了公民的委托，来实施舆论监督，是公民行使舆论监督权的工具。

视听媒介是舆论监督的有力工具，主要体现在以下几个方面。

（一）媒介的舆论监督功能得到了政府的大力支持

在我国，坚持团结稳定鼓劲、正面宣传为主，是党的新闻舆论工作必须遵循的基本方针。同时，新闻媒体要直面工作中存在的问题，直面社会丑恶现象，激浊扬清、针砭时弊，发表事实准确、分析客观的批评性报道。习近平同志曾在党的新闻舆论工作座谈会上指出，正面宣传与舆论监督是统一的。正面宣传和舆论监督，一个是报道成绩，一个是曝光问题；一个重在表扬，一个重在批评。二者看似对立，实际上是有机统一的。

舆论监督被视为推进社会主义民主政治建设的有效方式，因此，舆论监督是党和政府的要求，也是推进社会主义民主政治建设的重要手段。党和政府历来高度重视和支持新闻媒体的舆论监督工作，将其作为一项重要工作来抓，这是我国舆论监督取得实效的重要保障。例如，《中华人民共和国突发事件应对法》"总则"规定，国家建立健全突发事件信息发布制度，有关人民政府和部门应当及时向社会公布突发事件相关信息和有关突发事件应对的决定、命令、措施等信息；国家建立健全突发事件新闻采访报道制度，有关人民政府和部门应当做好新闻媒体服务引导工作，支持新闻媒体开展采访报道和舆论监督。

（二）视听媒介进行舆论监督具有先天优势

视听信息的直观性和可感性使其在舆论监督方面具有先天优势。视听信息的直观呈现使事实具有不容置疑的确定性，由视听符号构成的视听内容不仅真实可感，而且具有

---

① 张振华.当代中国广播电视学[M].北京：中国国际广播出版社，2014.

情绪价值，容易激发受众产生认知上的共鸣、情感上的共情和心理上的共振，更容易形成具有压迫性的舆论力量。例如，2023年6月初，江西某高校学生发布在食堂吃饭发现鼠头的视频，在校方、地方行政部门"指鼠为鸭"的情况下，舆情火速发酵，省级单位成立调查组，并于6月17日公布调查结果，对相关责任单位、涉事企业和责任人进行了严肃处理。

（三）视听媒介容易助推舆论热点的形成

相较于其他媒体，视听媒介在形成舆论热点方面有着独特的优势。首先，庞大的受众群体是形成舆论热点的基本条件。在我国，广播电视覆盖率达到99%以上，大型的视听平台注册用户少则几千万，多则上十亿。其次，受众的自由交流是形成舆论热点的重要保证。如果说在传统媒体时代，受众之间的交流还处于一种阻滞状态，受众多为面对面沟通，舆论热点的形成离不开长时间的"发酵"，那么在网络视听环境中，在某种程度上，受众之间的交流则是完全自由、畅通无阻的。"一定环境的诱惑力，有时能增强某种意见的感染力，使舆论提前形成"①。最后，网络视听环境的非中心化传播更容易形成舆论热点。网络视听环境中，人人都是记者，人人都有麦克风，各种信息都能在网络视听媒介中得以传播。一些被主流媒体有意或无意忽视的信息，在网络视听环境中都有可能成为受众关注的焦点，成为潜在的舆论热点。

三、视听媒介是经济的晴雨表和助推器

从某种意义上来说，视听媒介是社会经济的晴雨表。不管是广播电视，还是网络平台，主要的收入来源都是广告和用户订阅消费。社会经济上行，社会的生产与消费积极活跃，厂商广告投入和用户消费必然提高。社会经济下行，社会生产与消费萎缩，厂商广告投入和用户消费就会下降。依据视听媒介收入的高低，我们可以判断整个社会经济发展的状态。

视听媒介本身也创造了一个庞大的产业。首先是制作产业。要制作一个视听产品，需要多部门的配合，拍摄、服装、化妆、道具等不同的部门都能形成独立的产业。其次是硬件产业。视听媒介在工业领域拥有完整的硬件产业链。从上游的芯片、显示屏、数字网络、5G网络，到下游的整机生产销售（手机、电视机、电脑等），都是围绕视听媒介来运行的，整个产业链每年能创造数以万亿的产值。最后，视听媒介直接进入社会的经济循环。以网络平台为代表的新兴视听媒介已经不满足于充当生产和消费的中介，而是直接下场，扮演起销售者的角色。直播"带货"、电商平台成为新经济、新零售的代名词。

---

① 刘建明.社会舆论原理[M].北京：华夏出版社，2002.

四、视听媒介是文化传承与道德建设的重要载体

首先，视听媒介在保存文化上具有长期性和永久性。我们的文化典籍、经典国粹通过数字化方式可以长久保存。其次，最好的传承就是传播。视听媒介正是传播文化最好的机构与载体。将文化内容制作成视听材料，通过视听渠道，可以使它们得到最广泛的传播。最后，传承意味着创新。视听媒介为传统文化的创新提供了广阔的空间和舞台。先进的视听制作技术使文化内容拥有了更加丰富的表现力与想象力。以《唐宫夜宴》（见图2-4）、《洛神水赋》（见图2-5）、《只此青绿》（见图2-6）等为代表的民族舞蹈融入虚拟现实场景，创造出美轮美奂的中国文化背景，让观众感受到民族舞蹈的意境之美。在2025年中央广播电视总台的春节联欢晚会上，舞蹈类节目《伊人》《太平有象》《幽兰》《喜上枝头》，以其独特的拟物表演形式和深厚的文化底蕴输出，成为展示东方美学特质的一道亮丽风景。

图2-4　《唐宫夜宴》节选

图2-5　《洛神水赋》节选

图 2-6 《只此青绿》节选

习近平总书记指出，人民有信仰，国家有力量，民族有希望。要提高人民思想觉悟、道德水准、文明素养，提高全社会文明程度。广泛开展理想信念教育，深化中国特色社会主义和中国梦宣传教育，弘扬民族精神和时代精神，加强爱国主义、集体主义、社会主义教育，引导人们树立正确的历史观、民族观、国家观、文化观。视听产品在提高国家的文明程度、培育社会的核心价值观、提升公众的文明素养方面具有不可替代的作用。视听产品通过运用先进的视听手段，传播的一个个有温度的、真实感人的故事，塑造的一个个有血有肉、灵魂高尚的先进人物，使理想信念教育、公民道德教育、社会主义核心价值观教育更加可感、可亲，易于接受，在道德建设中起到春风化雨、润物无声的作用。例如，中央广播电视总台打造的精神品牌栏目《感动中国》（见图 2-7）被称为"中国人的年度精神史诗"。该节目始终以弘扬社会主义核心价值观为己任，彰显人文关怀，20 多年时间，200 多个人物和团体的视听故事传递着鼓舞人心的力量。

图 2-7 《感动中国》节目标识

◆ 讨论

1. 如何理解媒介这把"双刃剑"？
2. 如何发挥视听产品的积极作用？

参考文献

[1]威尔伯·施拉姆，威廉·波特.传播学概论[M].2版.北京：中国人民大学出版社，2010.

[2]中国社会科学院新闻研究所世界新闻研究室.传播学（简介）[M].北京：人民日报出版社，1983.

[3]宣伟伯.传媒信息与人：传学概论[M].余也鲁，译述.北京：中国展望出版社，1985.

[4]丹尼斯·麦奎尔.麦奎尔大众传播理论[M].北京：清华大学出版社，2006.

[5]约翰·菲斯克.理解大众文化[M].王晓钰，宋伟杰，译.北京：中央编译出版社，2006.

[6]童兵，陈绚.新闻传播学大辞典[M].北京：中国大百科全书出版社，2014.

[7]程曼丽，乔云霞.新闻传播学辞典[M].北京：新华出版社，2012.

[8]甘惜分.新闻学大辞典[M].郑州：河南人民出版社，1993.

[9]雷蒙·威廉斯.关键词：文化与社会的词汇[M].刘建基，译.北京：生活·读书·新知三联书店，2005.

[10]鲍勃·富兰克林，等.新闻学关键概念[M].北京：北京大学出版社，2008.

[11]刘建明.社会舆论原理[M].北京：华夏出版社，2002.

[12]张振华.当代中国广播电视学[M].北京：中国国际广播出版社，2014.

[13]孟建，黄灿.当代广播电视概论[M].北京：中国传媒大学出版社，2016.

[14]蔡凯如，黄勇贤，等.穿越视听时空：广播电视传播论[M].北京：新华出版社，2003.

[15]宋林飞.社会传播学[M].上海：上海人民出版社，2000.

[16]张国良.传播学原理[M].上海：复旦大学出版社，2009.

[17]张隆栋.大众传播学总论[M].北京：中国人民大学出版社，1993.

第三章

视听传播参与者

视听传播参与者指参与视听传播过程中的所有人，即视听信息或视听产品的生产者、传播者、消费者、转发者以及监管者等。如果用最简短的表述，那就是视听传播的主角只有三个：传者、受众、监管者。本章重点探讨传者、受众的角色、作用及其演化。

第一节　视听传播的传者、受众角色的变迁

随着各种新媒体技术的发展与普及，视听传播参与者的角色和作用发生了巨大的变化。这种变化可以说是一种权力重新分配的过程，即普通用户获得了专业媒体、专业人士曾经专有的视听信息生产传播的权力。

一、传统媒体时代的传者与受众角色

（一）传统媒体时代的传者与受众角色的定义

传统媒体时代，视听传播的传者与受众可谓泾渭分明。

传者通常是专业的新闻机构、电视台、广播电台，以及其中的记者、主持人、摄像师、编辑等专业人士，他们掌握着信息的采集、编辑和发布的权力。传者具备专业的知

识和技能，遵循一定的行业规范和准则，对信息进行加工和传播。他们拥有丰富的资源和渠道，能够决定传播的内容、形式和时机。

受众是不确定的。他们处于相对被动的地位，主要通过电视、广播等渠道接收传者传递的信息，被称为观众和听众。受众在信息获取上缺乏主动性和选择性，往往只能在传者提供的有限内容中进行选择。此外，受众的反馈渠道较为有限，难以对传播内容产生直接、即时的影响。

拓展阅读

传统媒体时代的受众反馈

受众反馈的方式主要有以下三种。一是观众和听众来信。观众和听众通过写信的方式表达自己对报道的看法、观点或提出建议。二是热线电话。受众可以拨打热线电话表达意见、参与节目或提供新闻线索。三是问卷调查。电台和电视台可能会定期进行问卷调查，收集受众对其节目的评价和意见。

（二）传统媒体时代的传者与受众角色的特点

传统媒体时代，视听传播的传者与受众的关系基本是传者主导、受众被动接受的模式，具有以下几个特点。

1. 以单向传播为主导

信息主要是从传者向受众的单向流动，传者是信息的主动输出方，受众是被动接收方，通俗来讲，就是"我说你听，我播你看"。受众的需求和意见在很大程度上被忽视或延迟处理，缺乏双向的即时互动。

2. 双方地位具有不对等性

传者在信息资源、传播权力和专业能力等方面占据优势，受众处于相对弱势地位，在信息获取上处于被"投喂"的状态。受众要了解外部世界，就必须依赖传者的决定和提供的内容，缺乏自主选择的权利。长期的地位不对等，造成了部分传者的"话语霸权"——居高临下，话语强硬，重视说教，忽略情感交流。

3. 反馈与互动非常有限

虽然存在一些受众反馈渠道，但反馈的及时性和影响力有限。

4. 规模化与大众化

传者面向的是大规模的、异质化的受众群体，难以针对个体需求进行精准传播，受众则被视为一个整体的大众市场。

5. 受众对传者建立了信任和依赖关系

受众对传者的专业性、权威性和机构信誉较为依赖，默认传者提供的信息具有较高的真实性、准确性和可靠性。

二、门户网站时代的网站与网民角色

（一）门户网站时代的网站与网民角色的类型

进入网络时代，除了广播台、电视台等传统媒体组织，各种门户网站也加入了视听传播的行列。门户网站最初提供搜索服务，使得网民能方便地查找和获取各种信息资源。随着互联网的发展，门户网站不仅提供信息检索与展示服务，而且逐渐增加了用户互动、在线交易、社区交流等功能，新浪、网易、腾讯、搜狐等都属于比较知名的商业门户网站。

1. 网站角色

在门户网站时代，网站主要扮演着以下重要角色。

（1）信息的集成者

门户网站将来自各领域的信息进行收集、整理和分类。它们从媒体机构、记者、自由撰稿人等渠道获取新闻内容；从专业机构、专家学者、研究人员处获取专业知识和信息；从娱乐公司、艺人工作室等获取娱乐资讯等，然后将这些信息集中呈现在自己的平台上，供网民浏览查阅。

（2）内容的生产者

门户网站的编辑团队除了对收集的信息进行编辑、加工外，还会自主策划和制作一些专题报道、深度访谈等原创内容。

（3）服务的提供者

除了提供信息内容，门户网站还为网民提供一系列的网络服务，如电子邮箱服务、搜索引擎服务、网络存储服务、在线社交服务（如论坛、留言板）等，以满足网民多样化的需求，增强用户黏性。

（4）平台搭建者

门户网站搭建起了连接信息提供者、广告商和网民的平台。门户网站为信息提供者提供传播渠道，为广告商提供广告投放的空间，同时为网民提供获取信息和使用服务的场所。

（5）商业运营者

门户网站通过服务吸引大量的网民访问网站，提高网站的流量和知名度，从而吸引广告商投放广告，以获取收益。此外，部分门户网站还通过提供付费会员服务、电子商务合作、数据销售等方式实现商业营收。

2. 网民角色

在门户网站时代，网民的角色主要有以下几个。

（1）信息消费者

网民通过访问门户网站来获取各种各样的信息，如新闻资讯、娱乐动态、财经报道、体育赛事结果等，同时在门户网站所设定的框架内选择自己感兴趣的内容进行查看。

（2）服务使用者

除了信息获取，网民还会使用门户网站提供的一些服务功能，如电子邮箱、在线购物链接、在线游戏等。

（3）话题参与者

部分门户网站设有论坛、评论区等功能，网民可以针对某些新闻事件、话题或者内容发表自己的看法和观点，参与话题讨论。

（4）流量贡献者

网民的访问和点击行为为门户网站带来了流量，这使得门户网站能够吸引广告商投放广告。网民的存在和活动为门户网站的商业运营做出了贡献。

（二）门户网站时代的网站与网民角色的特点

在门户网站时代，尽管门户网站仍然是信息的主导者和传播中心，网民是信息的接收者和消费者，但网民对信息传播的影响力与传统媒体时代的受众相比有了一定程度的改观。门户网站与网民的关系主要呈现出以下五个特点。

1. 信息的单向传递

门户网站作为信息的生产者和发布者，将编辑好的内容推送给网民。网民大多只能被动地接收网站提供的信息，缺乏主动创作和发布内容的渠道与能力，信息基本是从网站到网民的单向流动。

2. 门户网站掌握内容主导权

门户网站的编辑团队决定了内容的选题、采编、排版和发布。网民对于网站内容的生产过程参与度极低，网站凭借自身的专业团队和资源，把控着内容的方向、质量和数量。

3. 网民对门户网站依赖度较高

在门户网站时代，由于互联网信息资源相对集中在门户网站，网民为了获取多样化的新闻、娱乐等内容，对门户网站具有较高的依赖度，这使得门户网站成为网民上网的主要入口和信息来源。

4. 拥有一定的互动性

门户网站设有留言板、论坛等功能，整体的互动程度相对有所提高。但网民之间、网民与网站之间的交流和互动形式不够丰富，且规模和深度都较为有限。

5. 受商业利益驱动

门户网站的主要盈利模式是通过吸引大量网民的访问，获得广告商的青睐，吸引广告商投放广告。因此，网站在内容的选择和呈现上，会在一定程度上受到商业利益的驱动。

三、新媒体时代的平台与用户角色

（一）新媒体时代的定义

人们一般认为，新媒体是相对于传统媒体而言的，是在报刊、广播、电视等传统媒体成熟以后发展起来的新的媒体形态，是利用数字技术、网络技术、移动技术，通过互联网等渠道，以及电脑、手机、数字电视机等终端，为用户提供信息和娱乐服务的传播形态和媒体形态。按照这种划分，整个互联网时代都属于新媒体时代，但是事实上，在互联网发展初期特别是门户网站时期，其传播模式仍然是传统大众传播的延续。

有学者将网络媒介的演化分为互联网诞生时期（机器与机器的连接）、Web 1.0时代（内容与内容的连接及互联网的媒体化）、Web 2.0时代（人与人的连接及社交媒体的兴盛）、移动互联网时代（移动终端的发展及连接的升级）、智能传播时代（人与物、人与机、虚与实连接的共同推进）[1]五个阶段。本书认为，现阶段的新媒体时代应该指Web 2.0时代以后的时代，因为在Web 2.0时代之后，媒介技术不断地更新迭代，由此带来的连接与互动更为深远地影响着人类社会，带来了传受关系的颠覆性变化。传者不再仅仅是专业媒体组织、专业人士，自媒体如雨后春笋般涌现。受众也不再是被动的视听信息接收者，而是集生产者、传播者、接受者、消费者等多重身份于一体。

[1] 彭兰.网络传播概论[M].北京：中国人民大学出版社，2023.

拓展阅读

Web 2.0时代的特质

Web 2.0时代以"人"为中心，而不是以内容为中心。

Web 2.0是一种用户参与的架构，这既指网站内容建设，也指网站的整体生态系统的建设。

Web 2.0时代是互联网发展的一个阶段，大约从2000年开始。在这个阶段，互联网由静态信息的传递转变为动态交互和用户参与的平台。

（二）新媒体时代的平台与用户角色的内容

1. 平台角色的内容

在新媒体时代，媒体不再仅仅是媒体，而是集"新闻＋政务＋商务＋服务"于一体的多功能平台。平台扮演着至关重要的角色，主要体现在以下几个方面。

（1）内容传播的载体

新媒体平台为各种类型的内容，如文字、图片、音频、视频等提供了传播渠道。创作者可以将自己的作品发布在平台上，平台通过算法推荐、热门榜单、分类展示等方式，将内容推送给目标用户，使得信息能够快速、准确地传播。

（2）连接创作者与用户的桥梁

一方面，平台为创作者提供了展示才华和实现价值的空间，帮助他们积累粉丝、建立个人品牌；另一方面，平台为用户提供了丰富的内容选择，满足用户多样化的信息需求和娱乐需求，将内容的生产者和消费者连接起来。

（3）社交互动的场所

新媒体平台大多具备社交功能，用户可以在平台上关注感兴趣的创作者和其他用户，进行评论、点赞、私信、分享等互动活动，形成社交圈子和社区文化，促进交流和信息共享。

（4）资源整合者

平台整合了各种资源，包括创作者资源、内容资源、广告资源、技术资源等。通过对这些资源的整合和优化配置，平台能实现商业价值和社会价值。

（5）创新引领者

为了保持竞争力和吸引力，新媒体平台不断进行技术创新、内容创新和模式创新。例如，新媒体平台会开发新的内容创作工具，推出新的内容形式，探索新的商业模式，引领行业发展潮流。

（6）数据管理者

平台在用户使用过程中收集了大量的数据，包括用户的行为数据、兴趣数据、消费数据等。通过对这些数据的分析和挖掘，平台可以更好地了解用户需求和市场趋势，为内容创作、推荐、营销等提供决策依据。

2. 用户角色的内容

在新媒体时代，用户的角色主要体现在以下几个方面。

（1）作为消费者

用户依然是信息和内容的接收者，通过新媒体平台浏览新闻资讯、观看视频、收听音频等。在这个过程中，用户可以根据自己的兴趣、偏好和需求，自由选择内容来源和消费方式。这与传统媒体时代和门户网站时代用户被动接收的局面截然不同。

（2）作为生产者

智能手机为用户提供了极为方便的音视频创作工具，用户可以将自己创作的文字、图片、音频、视频等内容通过微博、微信、抖音等平台发布出去，展示自己的才华、观点和生活经历。这种用户生成内容成为新媒体平台的主要内容来源，使得用户在内容创作中获得了自我表达的机会。

（3）作为传播者

用户在新媒体时代成为信息传播的重要节点。他们可以通过点赞、评论、分享、转发等操作，将自己感兴趣的内容传播给其他用户，从而加速信息的扩散和传播。用户的传播行为影响着内容的传播范围和影响力，也在一定程度上塑造了舆论的走向，促进了社会热点的形成。

（4）作为监督者

随着用户的数据素养和权利意识不断提高，他们开始对新媒体平台上的内容进行监督和评价。用户可以对虚假信息、不良内容、侵权行为等进行举报和投诉，促使平台加强内容管理和规范运营，维护网络空间的健康和秩序。

拓展阅读

数据素养

在新媒体时代，我们无法躲避数据。如何正确地采集、处理和使用数据成为一个日益严峻的问题。"数据素养"（date literacy），也称"数据信息素养"（date information literacy），主要指研究者在数据的采集、组织和管理、处理和分析、共享和协同创新利用等方面的能力，以及研究者在数据的生产、管理和发布过程中需要遵守的道德与新闻规范。[①]

---

① 张静波.大数据时代的数据素养教育[J].科学，2013，65（4）：29-32.

今天，数据素养并不仅仅是社会对于数据分析师的特殊要求，而应当成为每个人都应具备的一种基本素养。数据素养能有效促进决策和问题解决，推动创新，提高工作效率，优化工作成果。因此，我们应该掌握基本的数据技能，具备数据基本知识，拥有能够利用数据资源发现问题、分析问题和解决问题的能力。这要求我们提高对数据的敏感性，也就是从数据中发现问题的能力，还要学习数据收集、整理和分析的方法。当下，我们要不断提高数据素养，培养数据思维，增强辨别数据可信度、评估数据质量的能力，掌握遨游数字世界的主动权。

（三）新媒体时代的平台与用户角色的关系

在新媒体时代，平台与用户之间的关系呈现出相互依存、相互影响且动态变化的特点。一方面，平台为用户提供丰富的内容和服务，塑造了用户的信息获取和消费方式。平台通过技术手段和算法推荐，将海量的信息精准地推送给用户，满足其个性化需求。同时，平台也为用户提供了创作和表达的空间，使得用户能够成为内容的生产者和传播者，实现社交互动。另一方面，用户是平台的核心资源和价值创造者。用户的活跃参与、内容生产和传播行为为平台带来了流量和数据，这是平台吸引广告商、实现商业变现和持续发展的基础。用户的需求和反馈也推动着平台不断改进功能和服务，优化用户体验。

具体来说，平台与用户之间主要有以下几种关系。一是共生关系。平台需要用户来维持其影响力和商业价值，而用户则依赖平台来满足其信息需求、社交需求和自我展示的需求。二是相互塑造。平台的规则、功能和内容推荐机制会影响用户的行为和偏好，而用户的需求和行为又促使平台不断调整和创新。三是相互制衡。用户在一定程度上拥有对平台的选择权和评价权，如果平台不能提供良好的服务或出现不当行为，用户可能会选择离开或进行抵制。同时，平台也通过规则制定和管理措施来规范用户的行为。四是合作共创。平台与用户会共同合作创造价值，用户的创作行为、浏览行为构成了平台价值的基础。

总之，新媒体时代，平台与用户的关系是复杂而紧密的，双方在相互作用中共同推动着视听传播的发展和演变。

◆ 讨论

随着新媒体技术与传媒行业的进一步发展，你觉得未来视听传播的传者与受众角色还有可能发生怎样的变迁？

第二节　新媒体时代的视听传播参与者

在新媒体时代，视听传播不再是传统主流媒体的专有权利。除了主流媒体组织，商业视听媒体组织、自媒体视听组织、用户、AI机器人等都是新媒体时代视听信息的重要生产者与传播者。

一、主流媒体组织

随着新媒体技术的不断发展，传统主流媒体组织的垄断地位被打破，视听传播的双向传受关系形成。为了拥抱视听传播的新业态，传统主流媒体组织积极转型，纷纷进军网络与新媒体领域。一方面，它们积极改革原有的媒体平台，从互联网思维和用户思维角度出发，对媒体内容进行创新；另一方面，它们借助新媒体技术进行跨平台联动与融合，以寻求从量变到质变、从流量到"留量"的进阶之道。因此，在新媒体时代，主流媒体组织主要包括传统媒体及其创立的网络广播、网络电视（IPTV）、App，以及其在第三方平台（微信、微博、抖音、快手等）创办的官方账号。

（一）新媒体时代的主流媒体组织视听传播的特点

通过对一些主流媒体组织视听传播案例的梳理与考察，我们发现，新媒体时代主流媒体组织的视听传播主要呈现出以下显著特点。

1. 融合性

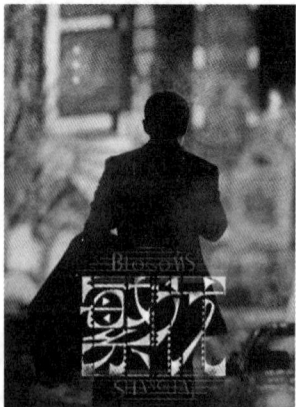

图3-1　《繁花》海报

在新媒体时代，主流媒体组织视听传播的融合性主要体现在两个方面：一是多种媒体形式融合，即将文字、图片、音频、视频等多种元素有机融合，打造丰富多样的视听内容；二是平台融合，即信息和节目传播不再局限于传统的广播电视渠道，而是积极拓展各类新媒体平台，实现多平台同步传播。很多视听节目都采用网台同步播出的方式。例如，电视剧《繁花》（见图3-1）在中央电视台电视剧频道、腾讯视频播出，电视剧《狂飙》在中央电视台电视剧频道、爱奇艺播出。

2. 即时性

在新媒体时代，主流媒体组织在新闻报道方面注重实效性，特别是在一些重大突发事件的报道上更注重实时更新，能够在事件发生的第一时间进行直播或快速推送相关报道，让受众及时获取最新信息。例如，2024年12月25日，阿塞拜疆航空公司的一架客机坠毁。在事件发生后的一个小时内，我国主流媒体组织就发布了相关的视频报道（见图3-2）。

图3-2　阿塞拜疆客机坠毁事件的相关视频报道

3. 互动性

新媒体技术使得主流媒体组织的用户可以在第一时间获取信息，并通过各种互动渠道实时反馈自己的看法和感受。同时，主流媒体组织可以根据用户的反馈及时调整传播策略和内容。互动也不再局限于单一的形式，而是涵盖了评论、点赞、分享、投票、直播连线等多种维度，满足了不同用户的互动需求。

4. 个性化

主流媒体组织视听传播的个性化主要体现在两个方面。一是基于大数据和算法，为不同受众推送符合其兴趣和需求的个性化视听内容，实现分众传播。二是创新表达形式，打造独特的、个性化的节目风格和信息内容形式。主流媒体组织的普遍做法是打破传统的严肃刻板的模式，根据新媒体特征以及用户的习惯与喜好，采用更加亲民、有趣、个性化的表达方式。例如，《主播说联播》是中央广播电视总台于2019年7月29日正式推出的一档短视频栏目。自上线以来，这档节目便"吸粉"无数，频频登上热搜榜。与过去庄重、严肃的风格不同，《主播说联播》凭借着《新闻联播》主播们妙趣横生的表达、机敏丰富的动作和表情、故事化的讲述方式，对传统电视"播"新闻做出了新的尝试。

5. 权威性

在新媒体时代，尽管人人都可以成为信息的生产者和传播者，但主流媒体组织凭借其专业的采编团队和严格的审核机制，在信息纷繁复杂的新媒体环境中保持着较高的权威性和公信力。

6. 联动性

主流媒体组织也积极探寻组建多媒体矩阵、将线上与线下相结合、与其他媒体机构合作等方式，构建全方位多层次的传播矩阵，实现信息的联动式、整合式传播。

◆ 讨论

你知道哪些主流媒体组织视听传播的成功案例？成功的原因是什么？

（二）新媒体时代主流媒体组织视听传播的趋势

在新媒体时代，主流媒体组织视听传播呈现出以下几大趋势。

1. 智能化生产与分发

主流媒体组织利用人工智能技术进行内容创作、编辑和推荐，提高生产效率和传播精准度。例如，它们通过智能算法分析用户兴趣和行为数据，实现个性化的视听内容推送。

2. 短视频与直播常态化

短视频以其短小精悍、信息密度高的特点成为主流传播形式，直播则提供了实时、互动的体验。很多主流媒体组织纷纷尝试短视频和直播形式。

3. 沉浸式体验升级

借助 VR、AR、MR 等技术，主流媒体组织为受众打造了更具沉浸感和参与感的视听场景，如虚拟新闻演播室、沉浸式纪录片等。

4. 跨平台联动与融合

主流媒体组织积极加强与社交媒体、视频平台、音频平台等的深度合作，实现内容在多平台的同步传播和互动，形成全方位、多层次的传播矩阵，扩大影响力。

5. 数据驱动的决策与优化

主流媒体组织基于大数据分析受众需求、传播效果等，进行精准的内容策划和传播策略调整。

6. 强调社会责任与公信力

在信息纷繁复杂的环境中，主流媒体组织更加注重发挥自身的权威性和公信力，正确地引导舆论导向。

7. 垂直细分领域深耕

针对不同受众群体的兴趣领域，主流媒体组织推出了更加专业、深入的视听内容，满足用户的多样化需求。

8. 国际传播力度加大

主流媒体组织积极向世界展示中国形象，讲述中国故事，增强国际话语权和影响力。

9. 与用户共创内容

主流媒体组织鼓励用户参与内容创作和分享，形成用户生成内容与专业生产内容相结合的模式。

◆ 讨论

在商业视听媒体组织、自媒体视听组织蓬勃发展的新媒体时代，主流媒体组织应该如何提升自身的传播力、影响力与引导力？

二、商业视听媒体组织

商业视听媒体组织，指的是在数字化、网络化的传播环境中，以盈利为主要目的，通过运用各种新媒体技术和平台，为用户提供音频、视频内容，并以此开展广告营销、付费会员等商业活动的机构或企业。

（一）商业视听媒体组织的典型代表

这些组织通常具有较为成熟的内容制作、传播和运营体系，能够充分利用新媒体的特点和优势，如互动性、个性化推荐、多平台分发等，来吸引用户，提升影响力，并实现经济效益的最大化。其涵盖了视频网站、短视频平台、在线音频平台、网络直播平台等多种形态。

比较有影响力的商业视听媒体组织主要有以下几个。一是爱奇艺。它是一家拥有海量视频内容的综合性视频平台，提供电影、电视剧、综艺、动漫等各种类型的视听节目。二是腾讯视频，它提供丰富多样的视频内容，包括热门影视剧、综艺节目、体育赛事等。三是优酷视频，它涵盖了各类影视、综艺、动漫等资源。四是抖音，它以短视频内容为主，拥有庞大的用户群体和丰富的创作者生态，其短视频内容丰富多样，包括生活记录、创意表演、知识分享等。五是快手，它拥有广泛的用户基础和多样化的内容类型。六是哔哩哔哩，它以年轻用户为主要群体，提供大量的动漫、游戏、影视等视频内容。七是芒果TV，它依托湖南卫视的资源，拥有许多独家的综艺节目和电视剧。八是西瓜视频，它提供各种视频内容，涉及影视、综艺、生活、教育等多个领域。

此外，还有一些音频类的商业视听媒体组织，如喜马拉雅、蜻蜓FM等，它们提供有声书、广播剧等音频内容。

（二）商业视听媒体组织的视听传播特点

为了在新媒体时代生存与发展，商业视听媒体组织需要不断创新传播内容、传播形式和运营模式，以适应快速变化的视听传播市场。商业视听媒体组织的视听传播特点主要有如下几个。

1. 个性化定制

商业视听媒体组织能够根据用户的浏览历史、兴趣偏好等数据，为用户精准推送个性化的视听内容，满足用户的独特需求。

2. 多平台分发

商业视听媒体组织通过各种终端和平台进行传播，包括手机、平板电脑、智能电视等，用户可以随时随地获取内容。

3. 互动性强

用户可以通过评论、点赞、分享、弹幕等方式与内容创作者和其他用户进行实时互动，这能增强用户的参与感和黏性。

4. 即时性强

商业视听媒体组织能够迅速传播最新的信息和热点事件，让用户在第一时间获取最新的视听内容。

5.内容多元化

商业视听媒体组织制作了各种类型的节目，如新闻、综艺、影视、游戏、生活记录、知识科普等，满足不同用户的多样化需求。

6.短视频盛行

商业视听媒体组织制作的短视频以其简短、生动、易于传播的特点，成为最主要的传播形式，吸引了大量用户的关注和参与。

7.沉浸式体验

商业视听媒体组织利用 VR、AR 等技术，为用户创造身临其境的视听感受。

8.社交化传播

用户往往会基于社交关系分享视听内容，从而实现内容的快速传播和扩散。

9.数据驱动决策

基于大数据分析，商业视听媒体组织可以了解用户行为和需求，从而优化内容创作和传播策略。

10.全球化传播

商业视听媒体组织能够突破地域限制，使得视听内容能够在全球范围内广泛传播，促进文化交流和融合。

（三）商业视听媒体组织的发展趋势

在新媒体时代，商业视听媒体组织的发展呈现出以下趋势。

1.技术驱动创新

5G、人工智能、区块链等技术的不断发展和应用，为商业视听媒体组织创造了更多可能性。例如，更加智能、高速、个性化、互动化和具有预测性的移动视频应用，VR、AR 等技术创造的沉浸式视听体验，利用人工智能优化算法提供个性化内容推荐等，都能在一定程度上增强商业视听媒体组织的竞争力。

2. 媒体融合深化

商业视听媒体组织与各类服务的融合力度进一步加大。很多商业视听媒体组织纷纷将视听服务与社交媒体、在线搜索、电子商务、零售、体育、音乐等业态相结合，拓展新业务。比如，社交媒体与短视频、直播等应用的快速融合，搜索服务中语音指令和图片搜索的发展，体育、游戏与视频紧密结合的电子竞技产业持续增长等，都是媒体融合逐步深化的体现。

3. 短视频和直播持续发力

短视频以其简短、生动、易于传播的特点，继续吸引了大量用户。直播则因其具有的实时性、互动性特征，在娱乐、电商、教育等领域得到广泛应用。与娱乐和教育相关的短视频和直播成为市场关注的重点。

4. 内容多元化和品质提升

用户对丰富多样的内容需求不断增加，促使商业视听媒体组织制作更多元化的节目，这些节目涉及新闻、娱乐、教育、生活等各领域。同时，市场竞争也使得提升内容品质成为商业视听媒体组织吸引和留住用户的关键。

5. 音频市场增长

随着搭载人工智能的音频终端设备的普及，在线音频消费不断增长，形态也更加丰富，包括有声书、播客、智能语音搜索等。智能语音相关终端销量的提升，进一步推动了音频市场的发展。

6. 用户体验优化

针对用户关心的问题，如"套娃"收费和数字电视操作复杂等问题，相关部门和企业做出了改善举措，以提升用户体验。

7. 市场竞争加剧

在行业快速发展的背景下，各类商业视听媒体组织之间的竞争愈发激烈，尤其是短视频、直播等领域的竞争日渐白热化。这促使商业视听媒体组织不断创新，提升服务质量，以争夺用户和市场份额。同时，有一些企业会通过重组、兼并与资本运作来增强实力。

8. 全球化拓展

部分有实力的商业视听媒体组织将目光投向国际市场，通过优质内容输出和国际合作等方式，扩大其全球影响力。

9. 与电商、文旅结合更紧密

短视频、直播在赋能电商、文旅发展方面表现突出，能有效带动产品销售和旅游消费。例如，用户因观看短视频、直播而购买产品的行为日益普遍，旅游推广类短视频也受到更多用户的关注，还有部分用户会因为看短视频、直播而选择去某地旅游。

10. 关注数字乡村建设

随着农村网络基础设施建设的推进，农村网络视听用户规模不断扩大。相关数据显示，在2022年和2023年，我国农村网络视听用户规模分别为2.99亿人、3.20亿人，同比分别增长12.6%、6.8%，增速远高于同期城镇用户（2.1%、1.9%）。[①]商业视听媒体组织可能会更加注重开发适合农村市场的内容和服务。商业视听媒体组织借助广电网络和科技优势，服务乡村振兴和基层治理，助力基层文化阵地建设，缩小城乡"数字鸿沟"，关注数字乡村建设，让农村用户拥有更加实在的获得感。

总之，在新媒体时代，商业视听媒体组织需要不断适应技术发展、用户需求和市场变化，通过创新和优化来实现持续发展。同时，商业视听媒体组织也需要应对行业竞争、监管政策等方面的挑战，以保持良好的发展态势。

三、自媒体视听组织

（一）自媒体视听组织的分类

自媒体视听组织是指通过各种视听平台（如视频网站、社交媒体、短视频平台等）进行内容创作、传播和运营的组织或团体。自媒体视听组织主要有两种类型：一类是自媒体组织联盟，即由多家机构或者自媒体视听组织组成的联盟；另一类是有组织、有影响力的自媒体个人或团队。

1. 自媒体组织联盟

自媒体组织联盟在网络视听领域发挥着重要作用，它们能够整合资源、推动创新，并为行业的发展和规范做出贡献。在联盟中，不同的机构或者自媒体视听组织可能具有

① 网络视听用户增量主要来自农村 [EB/OL]. [2024-03-27]. https://finance.sina.com.cn/7x24/2024-03-27/doc-inaptzhs4528468.shtml.

不同的特点和侧重领域，具体情况会因机构或者组织的目标、成员构成和运营方式而有所差异。

自媒体组织联盟的成员通常运营着各种自媒体账号，涵盖多个领域和行业。其成立的目的主要有以下几个。一是促进资源共享与合作。成员之间可以共享信息、经验、技术等资源，开发合作项目，以扩大影响力和提升运营效果。二是推动行业交流与学习。自媒体组织联盟能够促进成员之间的交流，传播行业动态、创作经验、运营技巧等，帮助成员提升专业水平。三是便于集体发声，提升影响力。自媒体组织联盟以组织的形式，更有力地表达观点、主张，能对相关议题产生更大的影响力。四是便于开展活动策划与推广。成员共同策划和组织各种活动，如线上和线下的推广活动、评选活动等，提升联盟和成员的知名度。五是有助于成员和行业规范发展。自媒体组织联盟一般都会制定一定的行业规范和自律准则，引导成员和自媒体行业健康、有序发展。

2. 自媒体个人或团队

大多数有影响力的自媒体虽然以个人形象活跃在各大媒体平台上，但它们背后都有专门的拍摄与运营团队。这类自媒体个人或团队通常有以下特点。

一是个性化表达。创作者能够充分展现个人风格和特色，内容更具个性和独特性，满足用户对于个性化内容的需求。

二是内容多元化。自媒体个人或团队涉足各种各样的主题和领域，从娱乐、生活、美食，到科技、教育、艺术等，几乎包罗万象。

三是互动性强。用户可以通过评论、点赞、分享、私信等方式与创作者进行实时互动，创作者也能根据用户的反馈及时调整内容。

四是传播渠道多样。自媒体个人或团队可以在多个平台发布作品，如短视频平台、社交媒体、视频网站等，扩大传播范围。

五是碎片化传播。视听内容通常较为简短，适应现代人快节奏的生活方式和碎片化的时间利用习惯。

六是平民化视角。自媒体个人或团队多以普通人的生活、经历和观点为切入点，营造亲近感，让用户更容易产生共鸣。

自媒体个人或团队的典型案例数不胜数，影响力比较大的有"李子柒"（见图3-3）、"日食记"（见图3-4）等。李子柒是其中的典型代表。2015年，李子柒开始拍摄美食短视频。2016年11月，李子柒发布的制作兰州牛肉面的视频在网络上引起巨大反响，吸引了粉丝的广泛关注。2017年4月，她发布的制作秋千的视频全网播放量超过8000万，点赞突破1000万。2019年8月，李子柒成为首位成都非物质文化遗产推广大使。2020年7月，李子柒因1140万的YouTube订阅量被列入《吉尼斯世界纪录大全2021》，成为"最多订阅量的YouTube中文频道"的纪录保持者。2022年，李子柒获得首届"全国乡村振兴青年先锋"标兵称号。2024年11月12日，李子柒停更3年后再度回到公众视野，她发布的聚焦非遗漆器的短视频（见图3-5），1小时内微博播放量超过759万次。截至2025年1月，李子柒全网粉丝总数过亿。

图3-3　"李子柒"视频节选

图3-4　"日食记"视频节选

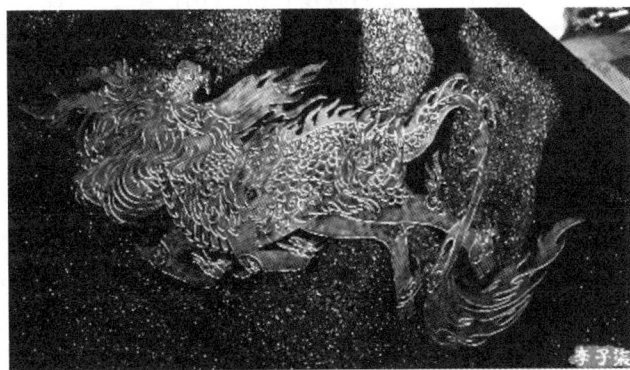

图3-5　李子柒聚焦非遗漆器的短视频节选

（二）自媒体视听组织的运营模式

不同的自媒体视听组织有自己独特的风格与特点，其运营的内容与侧重点也不大一样。常见的自媒体视听组织的运营模式主要有以下几种。

1. 内容创作型模式

该模式的核心是依靠创作优质的内容来吸引用户关注和传播。创作者通过写作、摄影、绘画等形式制作内容，并在社交媒体平台、自媒体平台、个人网站等渠道发布。盈利途径主要包括广告、赞助、付费订阅等。这种模式的关键在于持续输出有价值、有趣且能满足用户需求的内容，以积累粉丝和流量。一些知识分享类、影视解说类、生活方式类的自媒体账号多采用这种模式。

2. 社交媒体运营模式

该模式主要利用社交媒体平台建立和维护与粉丝的关系。通过分享生活点滴、提供娱乐信息等方式吸引用户关注和参与，借助粉丝的点赞、评论、分享来扩大影响力和传播范围。采用该模式的自媒体视听组织可以与品牌合作推广产品，并实现变现。一些网络红人、明星的社交媒体账号多采用社交媒体运营模式。

3. 电商运营模式

该模式以自媒体平台为引流渠道，将流量转化为产品销售业绩。自媒体视听组织通过推广产品、开设电商店铺等方式，借助粉丝的信任和购买力实现销售，并以佣金、分成等形式获得收益。这种模式常见于各类"带货"主播的账号。

4. 品牌合作运营模式

该模式主要与品牌进行合作，参与品牌推广和营销活动，如通过推广产品、参与活动、代言品牌等方式获得报酬。一些具有较大影响力和特定用户群体的自媒体账号常采用这种模式。

5. 矩阵式运营模式

自媒体视听组织会在多个自媒体平台上建立账号，保持一致的品牌形象，在发布频率、主题和内容类型等方面保持协调。根据不同平台的特点和用户群体，自媒体视听组织可以有针对性地调整内容，以扩大覆盖范围和影响力。

6. MCN模式

MCN，英文为multi-channel network，多译为"多频道网络"。它起源于国外的You-Tube，最初相当于内容创作者和YouTube之间的中介。在我国，MCN是一种多频道网络的产品形态，它将多个自媒体创作者联合起来，提供资源支持、内容策划、推广营销等服务，帮助创作者更好地发展和变现。通常，MCN机构通过与创作者分成或收取服务费用来获取收益。

7. 直播模式

采用该模式的自媒体视听组织通过实时直播与用户互动，直播内容涉及才艺展示、生活经验分享、产品讲解、专业知识讲解等。直播模式的关键在于主播的个人魅力、互动能力以及内容的吸引力。

8. 会员制或付费模式

采用该模式的自媒体视听组织提供独家的、高质量的内容或服务，吸引用户付费成为会员，以获取更多权益或访问特定内容。在采用这种模式时，自媒体视听组织需要有足够数量的、有价值的内容来支撑用户的付费意愿。

9. 活动运营模式

采用该模式的自媒体视听组织通过举办线上或线下活动，如竞赛、抽奖、见面会等，增加用户参与度和黏性，同时也可以通过活动合作、赞助等方式获得收益。

10. 数据驱动运营模式

采用该模式的自媒体视听组织注重监测和分析自媒体作品的各项数据，如阅读量、点赞量、分享量、粉丝增长量等，根据数据调整策略，优化内容质量和发布计划，以提高运营效果。

◆ 讨论

在新媒体时代，自媒体视听组织在视听传播中可能存在哪些问题？它们面临着怎样的发展困境？自媒体视听组织需要通过哪些途径来获得生存和发展机会？

四、用户

用户是指通过各种视听平台获取信息、进行交流、开展活动或享受服务的众多个人或群体。在新媒体时代，用户数量众多，在视听传播中的主要角色是信息的接受者和消费者。当然，有时候用户也是信息的生产者、传播者。

（一）用户的特点与身份

1. 用户的特点

在新媒体时代，用户呈现出一系列新的特点。第一，用户具有更强的自主性。面对海量的信息，他们能够根据自己的兴趣和需求，主动筛选和获取所需内容，并且可以随时切换关注的焦点和话题。第二，用户的参与度大幅提高。他们不再仅仅是信息的接收者、消费者，而是成为内容的创造者和传播者。通过社交媒体平台、短视频平台等，用户能够轻松地分享自己的观点、经验和创作，这使得视听内容的生产和传播变得更加多元化和个性化。第三，用户的社交需求在新媒体环境中得到了进一步的满足。他们通过网络建立和维护社交关系，形成了各种兴趣小组和社交圈子，跨越了地域和时间的限制。

2. 用户的身份

在新媒体时代，用户往往具有多重身份，具体包括以下几种。

一是内容消费者，这是最常见的用户身份。用户在各类新媒体平台上浏览新闻资讯、观看视频、聆听音频等，消费他人创作的内容，来满足自己的信息需求、娱乐需求或学习需求。

二是内容创作者。用户可以通过博客、微博、抖音、微信等平台，发布自己创作的文字、图片、视频等内容，分享自己的见解、经验、才艺等。

三是社交参与者。用户在社交媒体上与朋友、家人保持联系，加入兴趣小组或社群，参与话题讨论，拓展社交圈子。

四是意见表达者。用户针对各种社会热点、公共事件，在网络上发表自己的观点和看法，表达自己的态度和立场。当用户对某产品或服务有良好的体验时，他们会通过社交媒体等平台向他人推荐。

五是数字劳动者。用户可以在一些众包平台上完成任务并获取报酬，或者通过网络兼职赚取收入。其实，大多数时候，用户是在无意识地充当免费的数字劳动者，例如为各种网络平台贡献流量、原创内容等。

（二）用户身份的影响

在新媒体时代，用户的多重身份对社会和个人产生了广泛而深远的影响。

用户的多重身份对社会的影响主要体现在以下方面。一是促进信息传播的多元化。

不同身份的用户参与内容创作和传播，丰富了信息来源和视角，促进了信息的快速流通和广泛传播。二是促进社会舆论的形成。用户的观点会汇聚起来，形成强大的舆论力量，对公共事务和社会问题产生影响，推动社会变革和进步。三是促进文化交流与融合。用户以多种身份参与网络互动，促进了不同地区、文化之间的交流与融合，提升了社会文化的多样性。四是有利于创新与经济发展。用户的数字劳动者的身份有助于推动技术创新和知识传播，促进经济的发展和产业升级。

用户的多重身份对个人的影响主要体现在以下方面。一是有利于促进自我表达。用户通过创作和分享，能够充分展示自己的才能、兴趣和价值观，获得自我认同和成就感。二是有利于社交拓展与人际关系的建立。用户的多重身份让个人能够与更广泛的人群建立联系，拓展社交圈子，增强人际交往能力。三是促进消费观念的改变。用户作为品牌传播者和消费者，其消费行为和观念受到网络影响，会更加注重个性化消费和品质消费。四是容易造成心理压力与信息过载。用户需要在不同身份间切换，并平衡不同身份，这可能导致用户的心理压力增加。同时，海量信息也容易造成信息过载，影响个人的判断和决策。五是容易诱发极端行为。用户容易受到负面情绪的感染，表现出非理智和情绪化的行为，导致网络暴力、网络谣言、隐私泄露等问题。

◆ 讨论

在新媒体时代，集多种身份于一身的用户在视听传播中会面临哪些负面影响？其解决途径是什么？

五、AI机器人

随着AI时代的到来，AI机器人也成为视听信息内容生产与传播的重要参与者。AI机器人通常被描述为一种结合了AI技术和机器人技术的智能设备，能做出感知、认知、推理和学习等智能行为，能够模拟人类的某些功能，协助或替代人类执行特定任务。

（一）AI机器人在视听传播领域的应用

AI机器人在视听传播领域的应用，具体体现在以下几个方面。

1. 视频生成

这指的是利用AI技术将文本直接转化为视频。例如，新华智云研发的数据新闻机器人能提供多种专业的数据可视化模板，通过动画效果和可视化模板展现数据间的关系。其操作简单，用户只需要上传数据表格，即可一键生成对应的可视化视频。这提高了媒体人的工作效率，促进了新闻信息的多样化生产。再如，由中央广播电视总台制作的中国首部文生视频AI动画片《千秋诗颂》（见图3-6），于2024年2月26日起开播。首批推出的《春夜喜雨》《咏鹅》等6集动画片通过AI技术呈现独具中国审美特色的美术视觉效果，展现中华经典诗词中的家国情怀和人间真情。

图3-6　AI动画片《千秋诗颂》节选

2. 视频编辑

一些视频制作工具具备关键词自动提取、字幕自动生成、文本自动配音、文本转视频、数字人播报、个性化文案、多元风格等功能，能有效降低视频编辑和制作难度。例如，在2022年北京冬奥会期间，央视频用AI技术，高效生产与发布冬奥冰雪项目的短视频内容。央视频推出的AI智能内容生产剪辑系统，可以在短时间内将海量的比赛内容自动浓缩为时长几分钟的集锦，并定向发布。还有媒体推出AI短视频自动生成平台，实现了从文字创作到短视频自动生成及多平台一键分发的全流程AI化，极大地提高了产能。

3. 智能语音技术

这项技术能使人与机器通过自然语言进行交互。例如，科大讯飞公司与新闻媒体机构合作，面向新闻采编工作推出相关产品；腾讯等科技公司开发的语音新闻产品，正在改变着用户传统的阅读习惯；新华智云开发的字幕生成机器人能快速准确地生成字幕，减轻媒体人的工作压力。

4. 自动化音乐制作

这指的是利用深度神经网络等复杂算法来模仿人类作曲家的思维方式和创作风格，从而自动创作出具有较高艺术价值的新颖旋律或完整曲目。AI机器人通常需要经过大规模数据集训练，才能具备一定的能力，在学习过程中逐渐掌握不同风格音乐之间的细微差异，并能够根据特定条件（如情感需求、节奏偏好等）灵活调整输出结果。其生产的音乐产品不仅曲风多元，降低了音乐创作门槛，而且能以低成本提供高效率的前期或后期制作，为音乐创作和表达提供更多可能性。例如，作为世界上最好的音乐制作软件之一，LANDR（见图3-7）利用先进的AI技术，为音乐人、制作人和创作者提供从创作到发行的一站式解决方案。它能利用先进的算法，自动优化和增强音轨，进行在线母带处理。

图3-7　LANDR首页

5. AI主播

AI主播，如人民日报与科大讯飞合作推出的AI主播"果果"（见图3-8），能够逼真地模拟人类说话时的声音、嘴唇动作和表情，并自然匹配。它们可以使用多种语言，24小时不停地播报新闻，与真人主播协同工作，提升新闻的制作效率并降低制作成本，在突发性新闻事件报道中能快速生成新闻视频。

图3-8　AI主播"果果"

6. 网络直播

虚拟主播纷纷涌入直播间。虚拟主播具备专业过硬、情绪稳定、永不疲劳的特点，可以帮助企业降低人工成本和运营费用。例如，2023年"6·18"电商促销节期间，京东推出了虚拟主播，众多知名品牌也纷纷尝试将虚拟主播引入直播间。需要注意的是，虚拟主播目前仍处于发展初期，受多方面因素制约，直播效果有待提升，使用规则和相关法律法规也有待完善。

◆ 讨论

虚拟主播的应用会对视听传播行业产生什么样的影响？

（二）AI机器人面临的挑战

在为视听传播领域带来很多便利的同时，AI机器人也面临一些挑战，具体表现在以下几个方面。

一是版权和知识产权问题。依靠AI技术生成的视听内容可能存在对已有作品的模仿或借鉴，从而引发版权纠纷。确定AI技术创作成果的归属，以及保护原创作者的权益，将是一个复杂的法律和道德难题。

二是内容真实性和可信度。依靠AI技术生成的内容可能被用于制造虚假新闻、谣言或误导性信息，影响公众对信息的正确判断，破坏社会信任和舆论环境。

三是伦理道德困境。AI主播的形象和行为可能引发道德争议，如过度模仿真实人物，传播不良价值观，生成不适当、有害或冒犯性的内容，或者在未经授权的情况下使用个人形象和声音。

四是数据偏差和歧视。依靠AI技术生成的内容质量不稳定，缺乏情感深度和创造性。如果训练数据存在偏差，则可能导致这些视听内容存在歧视或不公平的情况，影响社会公平和正义。

五是数据隐私和安全。为了训练和优化AI机器人，大量的用户数据被收集和使用，存在数据泄露和滥用的风险，威胁用户的隐私安全。

六是监管和法律空白。由于AI技术的新颖性，现有的法律法规可能无法完全涵盖其在视听传播领域的应用，导致监管滞后和法律漏洞。

要应对这些挑战，需要技术开发者、政策制定者、行业从业者和社会各界共同努力，制定合理的规范和政策，引导AI机器人在视听传播领域健康发展。具体包括建立健全法律法规、加强技术研发与创新、强化伦理道德规范、保障数据安全与隐私、加强职业培训与转型、优化监管机制等。

在本章，虽然我们分别对主流媒体组织、商业视听媒体组织、自媒体视听组织、用户、AI机器人进行了讨论，但事实上它们并不是截然分开的，而是有着千丝万缕的联系。

例如，主流媒体组织会在商业视听媒体组织平台开设官方账号进行视听传播，也会与自媒体视听组织联合开发产品，还会征集用户生成内容或者采用AI机器人进行视听传播。

第三节　视听传播的用户思维

用户思维是一种以用户为中心的理念，指在产品设计、服务提供、营销策略等方面，始终从用户的角度出发，深入理解用户的需求、期望和行为习惯，以此为基础来进行决策和行动，以提供更符合用户需求和期望的产品或服务。拥有用户思维的企业或个人，会注重用户体验，关注用户在使用产品或服务过程中的感受和反馈。这些企业或个人会通过各种方式收集用户的意见和建议，如用户调研、数据分析、用户评价等，并将这些信息转化为改进和优化产品或服务的依据。用户思维有助于提高用户满意度和忠诚度，增强产品或服务的竞争力。要了解用户思维，我们首先要了解互联网思维，因为新媒体时代的用户思维正是建立在互联网思维的基础之上。

一、互联网思维

（一）互联网思维的定义

互联网思维是指在互联网、大数据、云计算等不断发展的背景下，对市场、用户、产品、企业价值链乃至对整个商业生态进行重新审视的思考方式，是一种基于互联网平等、开放、互动、分享、简洁、快捷、幽默等特质而产生的思维方式。

（二）互联网思维在视听传播领域的应用

互联网思维在视听传播领域有诸多应用，主要体现在以下几个方面。

1. 开放与合作

这指的是视听产品打破媒体边界，与用户、合作伙伴等各方进行广泛的合作和资源整合，实现共赢；鼓励个人用户和团队用户利用媒体平台创作和发布视听内容，能丰富视听内容。

2. 互动与参与

这具体表现为以下三点。一是弹幕文化。用户在观看视频时可以实时发送弹幕评论，这能增强用户的参与感，鼓励用户积极互动。二是投票和打赏，就是让用户参与内容创作的决策和支持过程，如通过投票决定剧情走向，为喜欢的创作者打赏。三是社交分享。用户可以方便地将喜欢的视听内容分享到社交媒体上，引发二次传播和讨论。

3. 商业模式创新

这具体表现为三点。一是会员制。平台通过提供独家或优质的视听内容，吸引用户购买会员服务。二是付费点播。对于热门影视剧或特别制作的节目，用户可以按需单独付费观看。三是广告精准投放。平台利用大数据分析，实现广告的精准匹配和投放，提高广告效果和收益。

4. 数据分析与应用

这指的是建立用户行为数据库，将用户的需求放在核心位置，一切围绕用户展开，注重用户体验和用户价值的创造；了解用户的观看时长、暂停、快进等行为，分析用户喜好和内容质量，从而优化内容创作；通过算法为用户精准推送符合其偏好的视听内容。

5. 话语平等与幽默

视听产品话语呈现出平等、平实、简洁、幽默的特点，这些体现"网感"的话语是网络时代视听产品获得关注和成功的基础。这也是对传统媒体时代媒体话语霸权的终结。

总之，互联网思维是一种全新的思维方式，它强调民主、开放、平等，并且能够灵活应对快速变化的市场环境。通过运用互联网思维，视听产品的生产者、传播者可以更好地理解用户的需求，提升视听产品质量，为用户创造更美好的体验，为视听行业带来新的发展机遇。

二、用户思维

（一）用户思维的定义

互联网时代的用户思维是指以互联网思维为基础，以用户为核心，在充分考虑用户的需求、体验、行为和心理的基础上设计产品、提供服务、制定营销策略的思维方式。通常，拥有用户思维的企业能够更好地感知与满足用户需求，从而在市场竞争中脱颖而出。例如，微信的成功很大程度上源自其对用户需求的深刻理解。它不断优化功能，从简单的即时通信，到朋友圈、公众号、小程序等，满足了用户社交、获取信息、便捷生活等多方面的需求。字节跳动旗下的抖音，通过个性化推荐算法，为用户精准推送感兴趣的内容，使用户能够快速找到自己喜欢的视频，提升了用户体验。淘宝则通过丰富的商品种类、便捷的购物流程、完善的评价体系和售后服务，让用户能够轻松买到心仪的产品。简而言之，用户思维强调以用户为导向，不断创新和优化，为用户创造更多价值，从而实现企业和用户的双赢。

（二）用户思维的特点

用户思维具有以下几个显著特点。

1. 以用户为中心

这指的是企业将用户的需求、体验和满意度置于首位，一切产品和服务的设计与优化都围绕用户展开；注重满足用户的核心需求，而非仅仅关注产品的功能和特性；倾听用户的声音，根据用户的反馈及时调整产品策略。

2. 个性化

这指的是企业充分认识到每个用户的独特性和差异性，为用户提供个性化的产品和服务；基于大数据和算法，精准推送符合用户兴趣和偏好的内容；允许用户根据自己的需求定制产品或服务的某些方面。

3. 极致体验

这指的是企业致力于为用户创造简洁、便捷、高效、愉悦的使用体验；优化产品的界面设计、操作流程，减少用户的操作步骤和等待时间；注重细节，追求完美，不放过任何可能影响用户体验的细节。

4. 快速迭代

这指的是企业能够迅速响应市场变化和用户需求的动态变化，不断更新和改进产品或服务，缩短产品的更新周期，不断进行创新和优化，及时修复问题和缺陷。

5. 社交互动

这指的是企业重视用户之间的社交互动和分享，打造用户社区，为用户提供评论、点赞、分享、私信等社交功能，增强用户的参与感和归属感，利用社交网络进行传播和推广，扩大产品或服务的影响力。

6. 数据驱动

这指的是企业依靠大数据和用户行为分析来深入了解用户，做出决策，包括收集和分析用户的各种数据，如浏览记录、购买行为、停留时间等，挖掘用户的潜在需求和行为模式，基于数据分析结果进行精准营销、产品优化和战略制定。

7. 开放与合作

这指的是企业打破传统的封闭模式，与用户、合作伙伴共同创造价值，鼓励用户参与产品的设计、改进和推广，如开展众包、众筹等活动，与其他企业、平台进行合作，整合资源，为用户提供更丰富、更全面的服务。

8. 免费与增值

这指的是企业通过提供免费的基础服务吸引用户，再通过增值服务实现盈利，让用户免费享受产品或服务的基础功能，培养用户习惯和忠诚度，针对有更高需求的用户提供付费的高级功能或增值服务。

总之，用户思维是一种全方位、动态、以用户为中心的思维方式，旨在通过不断满足用户需求和提升用户体验，实现产品或服务的价值最大化。

三、用户思维在视听传播领域的应用

第 55 次《中国互联网络发展状况统计报告》显示，截至 2024 年 12 月，我国网民规模达 11.08 亿人，较 2023 年 12 月增长 1608 万人，互联网普及率达 78.6%，较 2023 年 12 月提升 1.1 个百分点；我国网络视频用户规模为 10.70 亿人，较 2023 年 12 月增长 347 万人，约占网民整体的 96.6%，短视频用户规模为 10.40 亿人，约占网民整体的 93.8%。[①]面对如此庞大的视听用户群体，尤其要注重用户思维的应用。在视听传播领域，用户思维的应用主要体现在以下几个方面。

（一）内容与形式精准契合用户需求

满足用户需求是用户思维的核心。随着视听技术的发展，用户对具有沉浸感的内容呈现形式越发青睐。微短剧、微综艺、短视频等碎片化、精细化、全景化的传播内容与形式符合用户的需求。例如，《新闻联播》制作团队推出了短视频栏目《主播说联播》，将《新闻联播》中的重大事件和热点新闻以年轻人喜爱的方式进行传播，适合现代人快节奏的生活方式和碎片化的观看习惯。与短视频不同，长视频节目会更加注重精品化制作，以满足用户对高品质节目的需求。

---

① 第 55 次《中国互联网络发展状况统计报告》[EB/OL]. [2025-01-17]. https://www.cnnic.net.cn/n4/2025/0117/c88-11229.html.

（二）激发用户参与内容生产

激发用户参与内容生产是用户思维的具体体现，这指的是通过众筹创意与话题，让用户成为内容的策划者、发起者与创作者；及时关注与回复用户的评论、留言与建议，将用户的网络表达嵌入内容生产流程；把作品的单向发布转变为用户交互，建立日常的用户投稿和用户作品发布机制，增强用户的参与感和归属感，从而提高用户黏性。同时，视听媒体重视与分析用户的各种反馈和建议，据此来调整节目内容或形式。例如，2025年1月，优酷等联合出品的晚会《甄嬛爱不停》（见图3-9）在中国澳门银河综艺馆举办，并在优酷直播。这场晚会是优酷对《甄嬛传》IP价值的全新演绎，通过晚会拉近粉丝和演员之间的关系，完成了一场充满回忆的双向奔赴。

图3-9　《甄嬛爱不停》海报

（三）打造个性化服务

为满足不同用户的需求和兴趣，视听内容会更加个性化、多元化。除了常见的娱乐、新闻等类别，人文、历史、天文、体育、美食等各类题材的作品会不断涌现。同时，基于用户数据和算法推荐，个性化的内容推送将成为常态，用户更容易获取符合自己兴趣的视听内容。比如，各大视频平台会分析用户的观看历史、搜索记录，推送符合用户兴趣的影视作品、音乐、直播等。

（四）强化社交互动功能

这指的是利用社交媒体的互动性，让用户对视听内容进行评论、分享、点赞，促进用户之间的交流和传播。例如，视频中的弹幕功能，使用户在观看视频的同时能够实时发表看法，增加观看的趣味性和交流感。由此，用户之间、用户与媒体之间的互动将更加频繁和深入，用户参与内容创作、评论、分享的程度会不断提高，从而形成信息传播共同体、价值判断共同体和情感传递共同体。

（五）优化用户体验

用户思维的重点在于提升用户的体验质量。从平台的界面设计到视频的加载速度，从操作按钮的放置到播放流畅性等，平台都需要致力于提供简洁、便捷、高效、愉悦的用户体验。考虑到用户使用不同设备访问视听内容的需求，平台需要进行多终端的适配和优化，确保视听内容在智能手机、平板电脑等设备上都能很好地呈现。通过提升内容质量、制作水平等，满足用户对于高质量视听体验的需求。

（六）创新传播模式

用户思维推动了视听传播模式的创新。主流媒体通过构建数字智能化平台，将视听技术与内容发布紧密结合，以新颖的形式呈现内容，满足用户的个性化需求。例如，2021年12月，新华社精选2021年新闻摄影报道，打造了中国首套"新闻数字藏品"（见图3-10）。2023年4月，第133届中国进出口商品交易会（简称广交会）在广州召开，新花城App利用VR技术制作了创意短视频，讲述了广交会从过去到现在的发展历程，更加直观地展现了广交会的"前世今生"，对于内容的诠释更加生动，提升了信息传播的效果，吸引了大批用户关注。

图3-10　中国首套"新闻数字藏品"节选

◆ 讨论

你知道哪些用户思维在视听传播领域应用的成功案例？成功的原因是什么？

第四节　视听传播的用户需求

《中国网络视听发展研究报告（2024）》显示，截至2023年12月，包括长视频、短视频、直播、音频等领域在内的网络视听行业市场规模首次突破万亿，达11524.81亿元，以网络视听业务为主营业务的存续企业共有66万余家；全网短视频账号总数达15.5亿个，职业主播数量达1508万人，主要短视频平台日均短视频更新量近8000万，日直播场次超过350万场。[①]庞大的从业者体量、可观的市场规模，推动网络视听成为数字经济发展的重要力量，其背后隐藏的是巨大的用户需求。因此，探寻用户需求，运用用户思维满足用户需求，是推动网络视听经济发展的重要因素。总的来说，在新媒体时代，用户对视听传播的需要主要集中表现为关系需求、内容需求与服务需求。

一、关系需求

在新媒体时代，用户不再仅仅满足于被动地接受视听内容，而是对与内容相关的关系需求有了更高的期望。互联网已经深度嵌入我们的日常生活，在某种程度上，每个用户成为网络中的一个节目，我们通过网络建立、发展自己的社会关系，维持自己在社会关系中的存在，展示自己的生活状态。换句话说，用户在网络中的需求，核心是对关系的需求，了解和满足用户的关系需求成为提升视听传播效果和用户体验的关键。用户的关系需求主要体现在以下几个方面。

（一）社交与互动需求

用户渴望与他人进行交流，分享观点和经验，建立社交联系。个体总是在社会舞台上扮演着某种角色，个体试图通过一系列的言语、表情、姿态等来塑造符合期望的形象。这包括在社交媒体平台上与朋友、家人保持联系，与有共同兴趣的陌生人组建社群，参与话题讨论等。社交媒体平台就像一个舞台，用户会将自己积极的、充满正能量的、美

---

① 我国网络视听用户规模达10.74亿[EB/OL]. [2024-03-28]. http://cpc.people.com.cn/n1/2024/0328/c64387-40205215.html.

好的一面展示出来，如美食、美景、美照等，对于那些消极的、不太美好的经历，要么避而不谈，要么设置可见范围。网络促进了人际交往，也改善了我们的人际交流质量，但这可能导致人们现实交流的减少，长期依赖网络交流的人还可能产生媒介依赖，从而出现线上"社牛"和线下"社恐"并存的现象。

（二）情感连接需求

用户希望在虚拟的网络环境中进行情感表达，找到情感寄托，获得支持、理解和安慰，也会根据不同平台的属性来选择自己表达情绪的渠道。例如，在基于熟人关系而建立起来的强关系平台上，用户在情绪表达方面表现出了更多的抑制化特征，更倾向于表达一些积极的、充满正能量的情绪。而对于一些负面的情绪，用户则更倾向于在微博等开放式的弱关系平台进行表达。在一些匿名化平台，一些用户则倾向于"放飞自我"，充分展示了情绪表达的网络去抑制效应，抛弃了现实生活中因遵守各种社会准则或社会规范而表现出的自我克制，在网络中更为真实地，甚至无所顾忌地表达个人的情绪。

（三）尊重与认同需求

在媒体交往中，一般情况下，用户期望彼此都能够保持真诚，期待个人隐私得到保护，合理的观点和言论受到尊重，彼此之间建立相互信任的关系。通过展示与发布自己的观点、才能、生活经历等，用户一方面可以获得他人的关注、认可和尊重，实现自我价值，另一方面也能借此与他人建立和维持关系，找到与自己拥有相同兴趣和爱好的群体，获得归属感和认同感。例如，展示个人生活的短视频以及夸夸群的兴起反映了用户寻求赞美和关注的心理需求。社交媒体上的互动行为，也体现了用户对他人认可和尊重的渴望。

（四）信息共享与互助需求

用户通常乐于分享有价值的信息，并从其他用户那里获取所需的信息和帮助，实现知识和资源的互通有无。例如，美食教程类短视频，在几分钟内就能教会人们制作一道菜肴；知识科普类短视频，只用几十秒的时间就能让人们了解一个科学知识点。

（五）社会报偿需求

"社会报偿"通常指用户在社会交往和社会活动中所获得的回报或收益。它可以是物质层面的，如金钱、实物奖励等，也可以是精神层面的，如尊重、认可、赞誉、情感支持、社交满足、自我价值的实现等。由媒体形成的人际关系网络，为用户提供的社会报偿主要体现在两个方面：一是由交流创造的即时报偿（如在情绪、情感、信息获取等方面得到满足）；二是由所培养的社会关系创造的长期报偿。

即时报偿是交往发生后随即产生的报偿行为。例如，一些癌症患者在视频平台分享自己的抗癌经历，既可以获得来自广大网友的情感安慰，也可以获得网友们提供的各种治疗信息，还可能获得网友们的捐款。癌症患者在这类互动与交流中既获得了情感、信息等方面的报偿，也获得了经济和资源方面的报偿。

长期报偿是指每个网络用户所建构的信任关系和关系网络，将沉淀为一种社会资本，会在未来的某个时候创造一定的报偿。例如，一些网络红人通过网络直播，与粉丝和用户建立信任关系，并且在这种关系的基础上建立并形成个人品牌形象与影响力，这些都是无形资产，会带来长期报偿。

二、内容需求

在新媒体时代，用户对视听传播的内容需求始终是用户的基本需求。具体体现在以下两个方面。

（一）信息需求

视听传播是人们了解外界信息、把握环境变化的一种重要手段。新媒体时代的用户通过各种视听传播平台了解国内外的政治动态、经济趋势、科技进展等新闻资讯，了解股票行情、金融政策等财经信息，关注各类体育比赛的赛况、运动员动态、体育评论等体育赛事信息，关注最新的科技产品、创新技术、科研成果等科技前沿信息，并以此达到认知社会环境、指导自己的社会实践的目的。

与传统媒体提供的信息相比，网络信息的来源更为多元，各种信息之间也存在着相互补充、相互校正的关系，这为人们更完整地认识社会环境提供了可能。但是，在新媒体时代，基于大数据、云计算的个性化推荐，也会产生信息茧房和回声室效应，使得用户获取的信息内容呈现单一化特征，这在一定程度上会阻碍个人对社会环境形成全面的认知。

拓展阅读

回声室效应

"回声室效应"这个术语由心理学家凯斯·桑斯坦（Cass Sustein）提出，指的是网络技术在为人们营造便捷体验的同时，也会在无形中为人们打造一个封闭的、高度同质化的"回声室"。在网络空间内，人们经常接触相对同质化的人群和信息，听到相似的评论，倾向于将其当作真相和真理，在不知不觉中故步自封，甚至偏执极化。

（二）娱乐与休闲需求

用户通过观看电影、电视剧、综艺节目等放松身心、缓解压力，这体现了用户的娱乐与休闲需求。用户对视听内容的需求呈现出多元化、互动化和高品质化的趋势。节奏紧凑的短视频、微短剧等新型内容形式迎合了用户的碎片化娱乐消费需求。

在新媒体时代，互动剧的出现改变了传统的影视作品受众只能被动观看的局面。互动剧《黑镜：潘达斯奈基》（*Black Mirror: Bandersnatch*）（见图3-11），允许用户在关键节点做出选择，决定剧情的走向，在娱乐的同时获得了参与感和沉浸感。

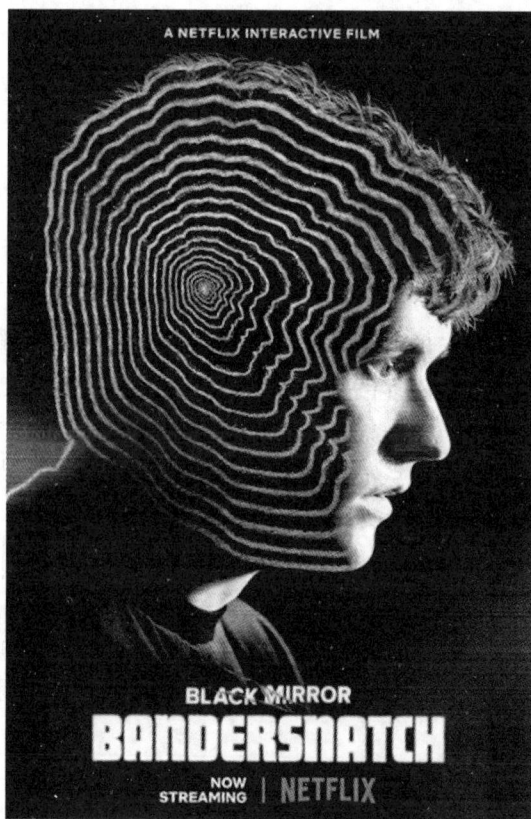

图3-11　《黑镜：潘达斯奈基》海报

新媒体时代也是"耳朵经济"的时代，除了音乐，有声书、播客、广播剧等音频内容也受到用户欢迎。听成了无数用户抵御"屏幕依赖"的方案、避免眼球超负荷的途径、寻求内心安定的办法、追求健康生活方式的出路。一些用户会在喜马拉雅上用耳朵"追"剧，听《大奉打更人》《清明上河图密码》《国色芳华》等热门影视剧的原著有声版；有些用户会在上面听脱口秀，关注"基本无害""不开玩笑"等喜剧演员播客，收获无限欢乐；有些用户会在上面听大师课，听蒋勋讲美学、王德峰讲现代人精神危机、戴锦华讲电影，充实精神世界；有些用户会在上面听亲子内容，用《米小圈上学记》《神探迈克狐》《好奇心出发》等，为孩子打开另一个世界……

三、服务需求

服务需求也是视听传播用户需求中非常重要的一部分，主要包括生活、餐饮、住宿、购物、医疗健康等方面的服务。生活服务主要包括出行服务，如订票、租车、地图、导航等；餐饮服务包括在线点餐和外卖配送、餐厅评价和推荐、美食资讯和烹饪教程等；住宿服务包括酒店预订、房型介绍等；购物服务包装商品信息介绍、用户评价、便捷支付和配送服务等；医疗健康服务包括在线挂号、在线问诊、健康科普知识介绍等。另外，视听传播通过电影、纪录片等形式，为公众提供丰富且直观的健康科普内容。数据显示，超过90%的用户看过健康科普相关视频，并且有半数以上的用户愿意为此类内容付费。[①]另外，视听传播技术在远程医疗中发挥了重要作用。利用视频会议等，患者可以不用前往医院，就能接受专家的诊断和治疗。

在新媒体时代，用户越来越多地依靠网络来获得新信息与新知识，拓展视野，获得学习与工作所需的资源，如通过各种在线教育平台获取各类学科知识、技能培训、职业教育、科普文章资源等，以提升自身素质和能力。由于用户对自我提升和知识获取的需求增加，各类在线教育平台如雨后春笋般涌现，如中国大学MOOC（见图3-12）、网易云课堂（见图3-13）等，提供了丰富的课程视频，涵盖语言学习、职业技能培训等多个领域，满足了用户随时随地学习的需求。

图3-12　中国大学MOOC首页

---

①　从图文到视听：医疗科普新模式更需注重内容有效性[EB/OL]. [2021-06-10]. https://www.peopledata.com.cn/html/NEWS/Dynamics/1840.html.

图3-13　网易云课堂首页

◆ 讨论

1.你最经常使用的视听传播平台是什么？你觉得它满足了你的哪些需求？

2.简述新媒体时代视听传播用户的关系需求、内容需求、服务需求三者之间的关系。

参考文献

[1]曾祥敏.视听传播：主流媒体融合、社交、垂直、智能、沉浸、场景的逻辑演进[M].北京：人民日报出版社，2023.

[2]周勇，赵璇.跨屏时代的视听传播[M].北京：中国人民大学出版社，2021.

[3]陈欣钢.中国故事的媒体产制：视听节目类型研究[M].北京：中国传媒大学出版社，2020.

[4]潘霁.新媒体研究与应用[M].北京：北京大学出版社，2024.

[5]彭兰.新媒体用户研究[M].北京：中国人民大学出版社，2020.

[6]石永军，黄进.视听节目策划实务[M].武汉：华中科技大学出版社，2022.

[7]尼古拉斯·米尔佐夫.视觉文化导论[M].南京：江苏人民出版社，2006.

[8]周宪.视觉文化的转向[M].北京：北京大学出版社，2008.

[9]Van Dijck J, Poell T, De Waal M. The platform society: Public values in a connective world[M]. Oxford: Oxford University Press, 2018.

[10]丹尼尔·米勒，希瑟·A.霍斯特.数码人类学[M].北京：人民出版社，2014.

[11]喻国明，苏健威.生成式人工智能浪潮下的传播革命与媒介生态——从ChatGPT到全面智能化时代的未来[J].新疆师范大学学报（哲学社会科学），2023（5）：81-90.

第四章

视听产品的创作与制作

从传统的电影、广播、电视，到现在的多媒体融合产品，视听产品的创作、生产、发布、传播经历了多次重要的变革。这些变革不仅反映了技术的进步，而且折射出社会文化环境和用户需求的变化。

第一节　视听产品创作与发布方式的变革

视听产品的创作与发布一般要经历前期策划、中期摄录、后期制作、整合发布四个环节。接下来，笔者从这四个环节入手，结合视听产品生产组织方式，简要回顾视听产品创作与发布方式的变革。

一、前期策划：从基础架构到多媒体

前期策划是视听产品创作中至关重要的一个环节，它决定了整个视听产品的基调和方向。策划过程包括主题构思、内容策划、角色设定、场景规划等步骤。随着技术的进步，这些步骤的复杂性和专业性不断提升。

（一）对无声叙事的探索

在无声电影的阶段，前期策划主要是对剧本和剧情等基础框架的简单架构。由于缺乏声音处理技术，产品内容完全依赖视觉叙事和肢体语言，因此创作者们必须特别注重视觉符号和情感表达的清晰性，借助精妙的视觉叙事与肢体语言，构建引人入胜的故事世界。

例如，于1895年在法国上映的无声电影《水浇园丁》讲述了这样一个故事：园丁在花园里手持水管浇水，一名顽童路过时，用脚踩住水管，导致停水，园丁端详水管，正纳闷为何停水，顽童忽然松开脚，水喷了园丁一脸，又急又气的园丁在花园追打顽童。影片通过多层面的叙事，在视觉上呈现了一个丰富的世界。作品强调肢体语言和面部表情在无声环境下的叙事功能，为有声电影的出现奠定了基础。

（二）有声时代的叙事革新

1927年，《爵士歌王》（*The Jazz Singer*）（见图4-1）的上映标志着有声电影的诞生。自此，声音元素开始进入视听产品的创作过程，对白和音效成为创作的核心要素之一，彻底改变了视听内容的创作格局。编剧不仅要考虑故事情节的推进，而且需要精准设计人物对白，以增强情感表达效果，推进剧情发展。

图4-1   《爵士歌王》海报

电视节目也开始融入现场音效、嘉宾对话。1930年，英国广播公司改编和播出了世界上第一部电视剧《花言巧语的人》（*The Man with the Flower in His Mouth*），大胆尝试在播映中使用对白元素。[①]演员在屏幕上出现后便开始对白，直到最后从屏幕上消失。

---

① 李恒基，王汉川，岳晓湄，等.中外影视名作辞典[M].北京：国际文化出版公司，1993.

这一时期的策划工作，更加注重声音与画面的同步和协调，同时注重冲突、悬念、情感、节奏以及叙事视角的变化，以此增强故事的感染力。视听产品的前期策划逐渐演化为更加复杂的过程，前期策划环节涉及产品主题、产品定位、视听元素、分镜头脚本、对白设计、场景设计、传播方式、运营方式等内容。

（三）全媒体策划的兴起

随着技术的进步和受众需求的变化，视听产品的形式从传统的电影、电视剧拓展到短视频、微短剧、网络综艺、纪录片等多种形态。前期策划不再局限于传统的剧本创作，而是涵盖了市场调研、受众画像、IP孵化、跨平台传播策略等全方位内容，成为全面的产品规划。例如，多媒体视听产品《权力的游戏》（Game of Thrones）（见图4-2）在前期策划阶段就制定了详细的全球传播策略和市场营销方案。[①]

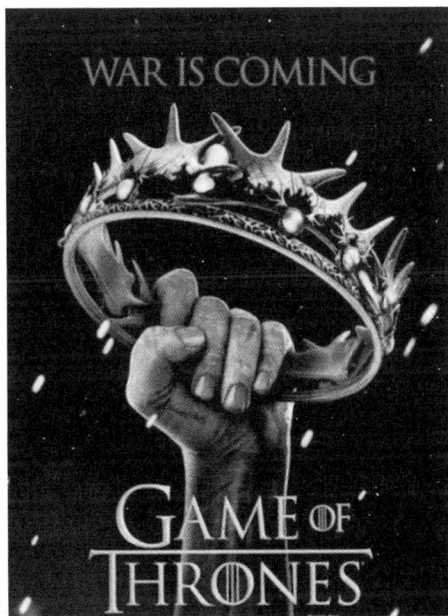

图4-2 《权力的游戏》海报

现代视听产品的商业化特征非常明显。在前期策划环节，创作者需要在创作和市场之间找到平衡点。随着流媒体平台的兴起，视听产品的前期策划还必须考虑各平台的特性和受众群体的多样性。例如，综艺节目《奇葩说》（见图4-3）在前期策划环节就深入分析了年轻受众的喜好，巧妙融合了辩论与娱乐元素，并通过社交媒体互动实现了内容的病毒式传播。[②]

---

① 邱娟.新媒体环境下影视的制作和传播[M].长春：吉林人民出版社，2019.

② 唐英，尚冰靓.大数据背景下网络自制综艺节目的特征及趋势探析——以《奇葩说》为例[J].新闻界，2016（6）：49-52.

图4-3 《奇葩说》标识

　　流媒体平台的崛起为视听产品提供了更广阔的舞台。《延禧攻略》等电视剧充分利用大数据分析，精准定位目标受众，实现了从内容到营销的全方位定制。[①]短视频平台上的微短剧，如《生活对我下手了》，则以其短小精悍、贴近生活的特点，迅速占据受众的碎片时间，展现了视听产品在形式与内容上的多种可能。

◆ **提示**

　　视听产品的策划经历了从简单的视觉叙事到复杂的多媒体融合的复杂而专业的过程，这一过程不仅反映了技术进步对创作流程的影响，而且展现了创作者在构思和规划阶段日益增长的创造力和精细化管理能力。随着媒介生态日益变得多元化，未来视听内容的策划需要更加注重跨平台、跨文化的融合与创新，以满足全球受众日益多样化的需求。

◆ **讨论**

　　请结合具体的视听产品案例，谈谈其前期策划的特点与成效。

二、中期摄录：技术与创意的融合

　　在视听产品创作的中期阶段，技术进步与创意表达的深度融合展现得淋漓尽致，出现了新闻、综艺、直播、短视频、微短剧等丰富多元的视听产品。在这一阶段，创作者不仅需要具备早期电影拍摄的基本原则，而且需要引入多种创新技术。

---

① 赵小波，马雯婕.互动与情感：新时代文化IP的营销传播[J].南京邮电大学学报（社会科学版），2021，23（4）：31-40.

（一）实景拍摄

实景拍摄是一种在真实环境中进行视频拍摄的技术，它不依赖于已经搭建起来的布景，而是直接利用现实中的场景和环境。从早期电影到现代视听产品，实景拍摄始终是视听产品生产的基础。在视听产品创作的早期阶段，受限于摄像技术，导演和摄像师必须依赖自然光线和现场的布景来表达故事情节。拍摄地点的选择和布景的搭建成为作品生产的核心任务。纪录片《中国工厂》（见图4-4）的创作者，利用有限的条件捕捉真实的生活和工作点滴，呈现了中国工厂在时代变革中最真实的样貌。

实景拍摄能够提供真实和自然的画面效果，真实的环境能够更好地还原生活气息。因此，实景拍摄在电视新闻、电视综艺与专题纪录片创作中应用非常广泛。例如，《舌尖上的中国》系列纪录

图4-4 《中国工厂》海报

片，通过精心挑选的实景拍摄现场（见图4-5），结合细腻的摄像技巧，将中国饮食文化的魅力展现得淋漓尽致。许多优秀的短视频和微短剧更是将实景拍摄的优势发挥到极致，以短小精悍的形式，捕捉生活中的精彩瞬间，赢得了广泛的关注。

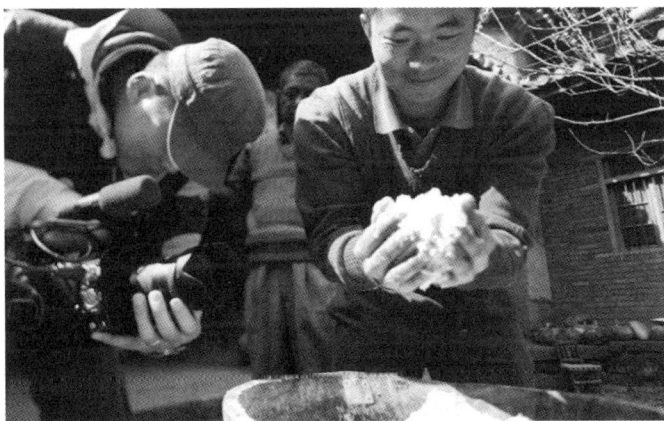

图4-5 《舌尖上的中国》实景拍摄现场

（二）影棚拍摄

进入20世纪，影棚技术的发展使影视制作逐渐从实景拍摄转向影棚拍摄。影棚拍摄是指在专门搭建的影棚内进行的拍摄活动。影棚通常是室内的，配备了专业的摄影设备和灯光系统，可以为视听产品拍摄者提供可控的环境，以生产高质量的影像作品。影棚

不仅包括电影摄影棚，而且包括新闻演播室等。影棚能使得布景的控制更加精确，也为创意特效的实现提供了新的可能性。在影棚内，人们可以根据需求搭建各种场景，如家居环境、城市街道、乡村风景等，为拍摄提供灵活的空间和条件，为创作提供更丰富的视觉效果，影视制作开始进入技术与创意深度融合的阶段。现在，电影、电视剧、综艺节目都离不开影棚拍摄，很多综艺节目都是在大型演播室完成录制，甚至有些视听节目都是在影棚内完成拍摄的，如电视剧《我爱我家》。影棚拍摄支持传统的影视制作和广告拍摄，涵盖了虚拟现实、教育、直播、电商等多个领域，为不同需求提供了灵活多样的解决方案。影棚拍摄能为受众带来新奇的视听体验，也能为视听叙事提供更多的可能性，使视听产品能够表现出更加奇幻和复杂的故事。

（三）计算机制作

20世纪末至21世纪初，数字技术的飞速发展彻底改变了视听产品的生产方式。计算机技术的广泛应用使得特效场景的创造变得更加灵活和逼真。VR和AR技术的引入，进一步扩展了创意表达的边界。在这一阶段，制作团队的构成变得更加多元化，导演、摄像师、灯光师、特效团队等多个角色协同工作，形成了一个完整的数字化生产链条。这些技术也被广泛应用于电视综艺、短视频和微短剧的创作。例如，综艺节目中的虚拟角色互动、短视频中的特效滤镜变换、微短剧中的奇幻场景构建，都离不开数字化技术的支持。这不仅极大地丰富了视听产品的表现形式，而且为创作者提供了无限广阔的创意空间，让技术与创意的融合达到了前所未有的高度。

◆ 提示

从早期的实景拍摄到影棚拍摄，再到数字化时代的创新技术，这一过程不仅是技术发展的体现，而且是创作理念不断演变的结果。在快速变化的媒体环境中，技术与创意的融合持续推动着视听艺术的进步，为受众带来更多元、更精彩、更震撼的视听盛宴。

◆ 思考

请举例说明最新的技术进步为视听产品生产与创作带来了哪些具体的变化和挑战。

三、后期制作：从手工操作到智能化剪辑

无论是电影、电视节目还是新媒体产品，后期制作都是塑造作品最终风貌、提升观赏体验的关键环节。这一环节不仅决定了最终呈现效果的精细度和完成度，而且深刻影响着视听产品的情感传达与叙事深度。

（一）手工剪辑

剪辑，顾名思义，是"修剪"和"编辑"的合称，是指创作者依据特定的创作意识，加工影像素材和声音素材，创造性地把它们处理为一部视听产品。在影视发展初期，手工操作是剪辑的常态。在早期电影的后期制作中，剪辑师使用剪刀将胶片剪断，并完成拼接。后来，电视编辑和广播编辑通过编辑机选择镜头和声音，并进行拼接。创作者凭借精湛的技艺与独到的创意，通过物理剪辑，将镜头和声音串联起来，赋予了影像叙事以时间和空间上的灵活性。20世纪20年代，电影理论家谢尔盖·爱森斯坦（Sergei Eisenstein）提出了蒙太奇理论，强调通过剪辑创造出新的意义。爱森斯坦的代表作《战舰波将金号》（*Battleship Potemkin*）（见图4-6）通过剪辑技术创造了情感和视觉的强烈冲击，成为电影史上的经典，展示了剪辑技术的强大力量。剪辑成为一项精细和复杂的工作，需要全面的技术支持和高超的艺术素养。蒙太奇理论启发了后来的电视综艺在剪辑时控制节奏与情感张力，也启发了短视频、微短剧快速切换与情感浓缩的剪辑技巧。

图4-6　《战舰波将金号》海报

（二）数字剪辑与多轨道声音处理

传统的线性剪辑依赖胶片或磁带，编辑过程复杂，且效率低下。20世纪90年代中期，基于数字技术的非线性编辑（nonlinear edit，NLE）系统大幅提升了剪辑的灵活性与效率。非线性编辑系统允许剪辑师在数字环境中以自由、非线性的方式对素材进行编辑。

这一技术突破不仅简化了剪辑流程，而且赋予了创作前所未有的自由度。《阿甘正传》（*Forrest Gump*）（见图4-7）作为电影界的里程碑，其跨越时空的叙事正是得益于数字剪辑技术的支持。电视综艺、专题纪录片也基于这一技术，实现了镜头间流畅切换与多线叙事的完美融合。

图4-7　《阿甘正传》剧照

◆ 提示

跳跃式剪辑和联想式剪辑等手法，将不同时间段和地点的情节交叉展示，通过场景之间的联想和呼应来传递情感和思想。这种剪辑方式丰富了视听产品的叙事层次，进一步凸显了数字剪辑技术在处理复杂叙事结构方面的优势。

与此同时，多轨道声音处理技术的进步，使得视听产品的声音效果变得更加丰富和多样化。20世纪90年代末，杜比数字（Dolby digital）和数字化影院系统（digital theater system）等多声道音频技术的应用，使得背景音乐、对白、音效等声音元素的整合变得更加复杂和精准，视听产品的音效层次更加丰富。这一时期的技术发展使得声音设计能够通过精细的音效设计，更好地支持影片的情感表达和叙事需求，并增强受众的沉浸感。例如，电影《泰坦尼克号》（*Titanic*）通过多轨道声音处理技术，拥有了高质量的音效表现，不仅包括了复杂的背景音乐，而且精细地处理了对话和环境音效，从而增强了受众对影片场景的沉浸感。影片中的邮轮沉没场景（见图4-8），因其出色的声音设计而显得尤为震撼，体现了多轨道声音处理技术的巨大潜力。

图4-8　《泰坦尼克号》邮轮沉没场景

（三）智能化剪辑与沉浸式体验构建

随着人工智能、大数据、云计算等前沿技术的迅猛发展，智能化剪辑与沉浸式体验成为视听产品后期制作的两大核心驱动力，标志着视听产品后期制作正式迈入了智能化与互动化并进的新纪元。

智能化剪辑技术通过人工智能算法，能够自动分析素材内容，深入解析素材的深层次信息，包括但不限于色彩、构图、运动轨迹、情感表达，从而实现对素材的智能化识别与分类。对于电视综艺而言，智能化剪辑技术能够快速捕捉受众最感兴趣的内容，优化节目节奏；在短视频和微短剧中，智能化剪辑技术则体现为更精准的内容推荐与个性化编辑。沉浸式体验的构建成为视听产品后期制作的另一个重要方向。在后期剪辑阶段，融入实时互动元素成为新的趋势。这种互动可以体现在多个方面，如通过弹幕评论、社交媒体分享、VR 或 AR 技术，受众能够身临其境地进入作品。电视综艺的互动环节、专题纪录片的沉浸式叙事、短视频与微短剧的创意互动，都因此变得更加引人入胜。[①]

◆ 提示

作为当下视听产品生产和创作方式中的新特点，智能化剪辑与实时互动正引领着视听产品后期制作领域的深刻变革。智能化技术的应用提高了产品的制作效率和质量，也为受众带来了更加丰富、多元、互动的视听体验。

◆ 讨论

1. 对比传统剪辑（手工操作、线性编辑）与智能化剪辑（基于 AI 算法、非线性编辑）在技术流程、创作效率、作品质量等方面的差异及其对创作模式的影响。

2. 智能化剪辑时代，创作者应如何保持个人风格与创意的独特性，避免陷入技术依赖和同质化陷阱？

四、整合发布：从单一渠道到精准推送

在早期的发布实践中，视听产品发布的渠道比较单一。从电影院的独家放映，广播、电视的独家播出，逐渐有了录像带、CD、DVD 的普及，以及 MP3、MP4 等产品的发布，每一次技术革新都推动了视听产品发布方式的变革。随着互联网的普及和新媒体技术的不断发展，视听产品的发布方式正逐步向多元化、互动化、融合化方向迈进。从传统的

---

① 韩璐. 融合与互动：弹幕助力电影消费[J]. 当代电影，2015（11）：161-164.

单一发布模式，到如今的数据驱动、技术赋能的精准推送机制，这一转变极大地丰富了用户的视听体验，也深刻地改变了内容生产与传播的机制。

（一）单一渠道发布

20世纪初，视听内容的发布往往依赖有限的渠道和方式。广播节目、电视节目和电影的发布分别通过广播电台、电视台和电影院这类大规模的公共传播平台，传播范围和速度受制于播放技术水平和接收设备（收音机、电视机、电影院）的普及程度。这种较为单一的传播模式不仅限制了受众的选择，难以满足受众日益增长的个性化需求，而且使得产品的传播速度相对缓慢。由于信息不对称，内容生产者往往难以准确把握受众的偏好，导致内容供给与需求之间的错位。

20世纪70年代末至90年代，光盘成为新的传播载体，视听产品的单一发布方式开始受到挑战，不再受限于广播电视节目的播出安排和电影院的放映时间。尽管视听产品的发布方式开始呈现出多样化的趋势，但是广播、电视和电影在这一阶段仍然以单一渠道发布为主，特别是首播广播电视节目和首播电影，都是通过特定的广播频率、电视频道和电影院线向广大受众传播。

（二）多元渠道发布

数字化视听产品的广泛应用，使得内容的复制、分发和存储变得更加便捷和高效。流媒体服务兴起，如优酷、爱奇艺、腾讯视频、Netflix、Hulu和YouTube等平台通过互联网提供按需视频服务，使受众能够根据自己的时间和兴趣选择观看内容。流媒体技术的出现，使得视听内容能够通过网络实时传输至用户终端，实现了从"你播我看"到"在线点播"的转变。

各类在线视频平台、社交媒体、移动应用等新兴渠道为内容生产者提供了更为广阔的传播空间，融合时代的视听媒体拥有了除传统广播、电视、电影之外更为丰富多元的发布渠道。微信、微博、抖音、快手等融合媒体拥有了将自建平台和商业平台相结合的传播平台矩阵。这使得视听产品的传播渠道和传播方式变得更加多样化和个性化，用户的选择范围和自由度大幅提高。应该说，Web 2.0时代的到来，特别是智能手机的普及与移动互联网的发展，彻底改变了视听产品的发布与传播方式。移动优先、多元传播成为融合媒体信息发布的基本策略。

这一时期的发布模式虽然仍然以"广撒网"为主，但创作者已经开始尝试通过标签、分类等方式来引导用户发现感兴趣的内容。

（三）精准推送

人工智能、大数据等技术逐渐成熟，使得视听产品的发布与传播更加智能化、个性化，视听内容的发布与传播迎来了精准推送的新阶段。平台通过收集和分析用户的浏览记录、观看时长、点赞记录、评论记录等行为数据，能够精准描绘出用户的兴趣图谱和偏好特征。基于这些数据，平台可以为用户量身定制推荐内容列表，实现内容的精准触达和有效传播。这种以用户为中心的推送机制不仅提高了内容的传播效率和用户满意度，而且促进了内容生产者与用户之间的深度互动和价值共创。2013年，Netflix《纸牌屋》（*House of Cards*）（见图4-9）的发布，标志着个性化内容推荐系统从理论走向实践的重大跨越。Netflix根据用户的个性化数据，实现了对剧集内容的精准投放与智能推荐，确保了每位用户都能在其首页看到符合自身兴趣的内容，极大地提升了用户体验与观看满意度。这促使更多视听产品开始注重利用技术手段洞察市场需求，实现内容创作的精准化与差异化，推动了视听产品生产与创作方式的革新与发展。

图4-9 《纸牌屋》海报

在未来的发展中，整合发布将成为视听内容传播的重要趋势。一方面，平台将更加注重内容的整合与聚合，通过构建完善的内容生态体系来吸引和留住用户；另一方面，平台将不断优化推送算法和用户体验，提高内容的匹配度和用户黏性。同时，随着5G、VR、AR等新技术的应用和推广，视听内容的发布与传播方式将更加多元化，沉浸式特征更加鲜明，为用户带来更好的视听体验。

◆ 提示

从单一发布到多元发布，再到精准推送，视听产品的发布与传播方式经历了深刻的变革。在这一过程中，技术创新是推动力，受众需求的多元化是导向，而媒介生态的深刻变化则是背景。①

◆ 讨论

1.结合实例讨论如何有效利用社交媒体、流媒体平台等多元发布渠道实现视听产品的传播效果最大化。

2.随着智能设备的崛起，视听产品的传播载体发生了哪些显著变化？这些变化如何影响人们观看和消费视听内容的行为习惯？

五、生产组织方式：从单一化组织到网络化协同

视听产品的早期生产组织方式较为简单，通常由一个制片厂或一个团队完成整个生产过程。随着全球化的深入和数字化技术的普及，生产组织方式逐渐向网络化、跨地域合作的方向发展，逐渐形成复杂而高效的生产组织体系。

（一）早期阶段：手工化与单一化生产

20世纪初，视听产品生产主要以手工化和单一化为主。在默片时代，电影制作通常由小型工作室或独立制片人主导。制作过程中的所有环节，如剧本创作、拍摄、剪辑等，均由一个小团队完成。例如，这一阶段的早期好莱坞制片厂，如环球影业（Universal Pictures）和派拉蒙影业（Paramount Pictures），虽然已经开始形成规模，但依旧维持着较为简单的制作模式。这个阶段的优势在于制作灵活性高，创作者能够快速响应市场和受众的反馈，但由于生产规模和技术手段的限制，作品的复杂程度和技术创新程度相对较低。

（二）中期阶段：工业化与分工化生产

20世纪中叶，随着视听技术的发展和市场需求的扩大，生产组织方式逐渐进入工业化与分工化阶段。这一阶段的代表性事件是好莱坞的"工厂制"模式的成熟。随着制片厂规模扩大，生产流程开始明确分工，如前期制作、拍摄、后期制作等环节分别由不同的部门和团队负责。这一时期诞生的很多影片，如《乱世佳人》（Gone with the Wind）和《大逃亡》（The Great Escape）等，展示了工业化生产的规模和复杂性。电视节目制作也形成了包括剧本创作、演员表演、摄像、灯光、音效等多个技术环节的分工体系。1954

① 李惠敏.媒体矩阵传播路径与方略研究——以《人民日报》融媒体"矩阵"为例[J].东南传播，2018（2）：24-26.

年，美国广播公司推出的剧集《小镇故事》（*The Adventures of Ozzie and Harriet*），展示了电视节目制作的分工化和工业化进程。

（三）现代阶段：数字化与网络化生产

进入21世纪，数字技术的迅猛发展和网络平台的兴起标志着视听产品生产组织方式的重大变革。创作者开始采用数字化制作手段，简化了后期制作流程，优化了视听效果，极大地拓展了创作的可能性。

网络化生产模式也逐渐成为主流，不仅提高了制作效率，而且增加了创作的可能性，使得视听产品能够更好地满足多样化的市场需求。

网络平台的崛起，如YouTube、Netflix、爱奇艺、芒果TV等，改变了视听产品的制作和传播方式。这些平台要求创作者快速制作和发布内容，以满足受众的即时需求，提高了创作者的灵活性和创新性。

此外，众筹平台，如Indiegogo（成立于2008年）和Kickstarter（成立于2009年）的兴起，使得独立创作者能够绕过传统制片厂，直接获得资金支持，制作和发布视听产品。这些平台的成功案例，如电影《电锯惊魂》（*Saw*）的众筹版本，表明了新兴制作模式对传统产业结构的冲击和颠覆。

（四）趋势与展望：智能化与跨界融合

未来的视听产业将更多地依赖云端协同和分布式生产模式。这种模式能够实现全球范围内的远程协作，提高生产效率，并降低生产成本。同时，视听产品生产组织方式将继续受到智能化和跨界融合的推动。人工智能和机器学习的应用将对内容创作、编辑和个性化推荐产生深远影响。视听行业的生产流程将实现全流程数智化和智能化。生成式AI技术的应用将极大地提升内容生产的效率和自动化程度，减少人力和时间成本，推动内容创作的范式革新。与此同时，跨界融合将成为未来的主要趋势。[1]视听产品的制作涉及传统的新闻制作、影视制作，以及目前备受关注的融合游戏、VR和AR等领域。

◆ 提示

视听产品生产组织方式的演变，从手工化与单一化生产，到工业化与分工化生产，再到现代的数字化与网络化生产，反映了技术进步和市场需求的不断变化。这一过程不仅提高了制作效率和创作自由度，而且深刻改变了视听产品的表现形式和传播方式。

---

[1]　廖祥忠.从媒体融合到融合媒体：电视人的抉择与进路[J].现代传播（中国传媒大学学报），2020（1）：1-7.

◆ 讨论

1.在当前环境下，独立制作者与传统制片公司之间是否存在合作的可能性和必要性？如何探索合作模式，以实现资源共享、优势互补？

2.面对智能化和跨界融合的趋势，视听产品创作者应如何调整策略，以适应未来的市场需求？

第二节　视听产品的制作

视听产品制作技术是视听产品生产的基础，经历了从模拟信号到数字信号、从单机到网络、从人工到智能的巨大变革。新兴技术在视听产品制作中的应用日益广泛，为创作者提供了更多的工具和手段，丰富了视听产品的表现形式和内容。

视听产品制作技术种类繁多，体系庞大，本节将从摄录技术、剪辑技术和应用、演播室技术和应用，以及直播技术和应用等方面进行简要介绍。

一、摄录技术

以广播、电视、电影为代表的视听产品摄录技术在发展中经历了从模拟信号到数字化信号、从低分辨率到高分辨率的漫长过程。关键技术的不断突破为视听行业带来了巨大的变革，提高了节目制作质量和效率。

从20世纪初期至20世纪90年代是模拟信号时代，电影以胶片为记录介质，广播和电视以磁带为记录介质。到20世纪后期，广播、电视、电影的摄录技术开始由模拟信号向数字化信号转变。这一时期的摄像机画质有了显著提升，从早期的标清格式（如720×576像素）向高清格式（1920×1080像素）迈进。4K（3840×2160像素）、8K（7680×4320像素）分辨率的出现，为画面提供了更为清晰的图像细节，让受众能够获得更加逼真的视觉体验。

除清晰度以外，帧率也是视觉体验中十分重要的指标。帧率（frame rate）是指视频作品每秒钟显示的图像的帧数。常见的帧率标准包括24fps、30fps、60fps等。帧率越高，视觉暂留效果越流畅，画面的动态感和真实感就越强。高帧率（如120fps以上）能使得视频更加流畅，在体育赛事节目中具有重要的应用价值。

◆ 提示

你关注过的作品之中，超高清、高帧率的作品有哪些？

（一）拍摄

拍摄工作作为视听产品制作的重要环节，其质量直接影响受众的视觉体验和节目效果。每一位视听产品创作者都需要掌握基本的拍摄技术。

1. 拍摄设备

视频采集经历了从照片到胶片，再到数字化等几个阶段。相应地，拍摄设备的类型也十分丰富。

（1）摄像机

人们大致把摄像机分为三类，即广播级、专业级和家用级。广播级摄像机的特点是图像质量高，性能全面，但价格较高；专业级摄像机适用于广播电视以外的专业领域，图像质量略低于广播级，但功能丰富；家用级摄像机体积小、重量轻、操作简单，适合家庭使用。当前，专业高清摄像机在视听产品拍摄中运用得十分广泛，其清晰度也从高清提升至4K和8K，技术指标也迅速提升，其与广播级外采摄像机的差别逐渐缩小，具有体积小、操作简单、易上手、价格亲民等优势。

（2）单反相机

单反，就是单镜头反光，是当今最流行的取景系统之一。大部分数码单反相机都具备拍摄视频的功能。它具有画质较好、携带方便、操作简单、价格低廉、可换镜头等优点，在视听产品的拍摄中成为前期拍摄的主力设备之一。

（3）智能手机

融媒体时代来临，手机从接打电话的通信工具，扩展成为媒体终端，可以接收、拍摄、制作和发布视听产品，尤其是视频号、短视频平台、直播平台的快速兴起，使智能手机成为短视频、直播创作的便捷工具。智能手机普及率高，价格适宜，操作简单，音视频质量好，集拍摄、剪辑、发布于一体。

（4）便携式摄录设备

为了更方便地记录生活、发布信息，一系列携带和操作都非常便捷的佩戴式、手持式、遥控式的摄录设备陆续出现，如GoPro系列运动相机，索尼公司推出的相机遥控工具包（camera remote toolkit），以及大疆公司推出的Osmo Action系列运动相机等。同时，为了适配传统设备，这些公司还逐渐开发出了配套设备，如小型滑轨、摇臂、手持稳定器等，使拍摄更加方便和快捷。

（5）航拍设备

近年来，航拍设备的出现有效解决了高机位镜头的困难。传统空中机位拍摄难度很大，一般需要采用超高摇臂或者直升机拍摄方式，这些拍摄方式需要消耗大量的人力、物力、财力。小型无人航拍机完美解决了这一困难，"上帝视角"的镜头不再是专业创作者的专属，普通公众也可以轻松拥有。例如，DJI Flip是大疆公司推出的自带可折叠全包围桨叶保护罩的航拍无人机（见图4-10），其造型精巧，支持语音操控，不需要遥控器就能从掌上起飞，还可以智能跟拍。

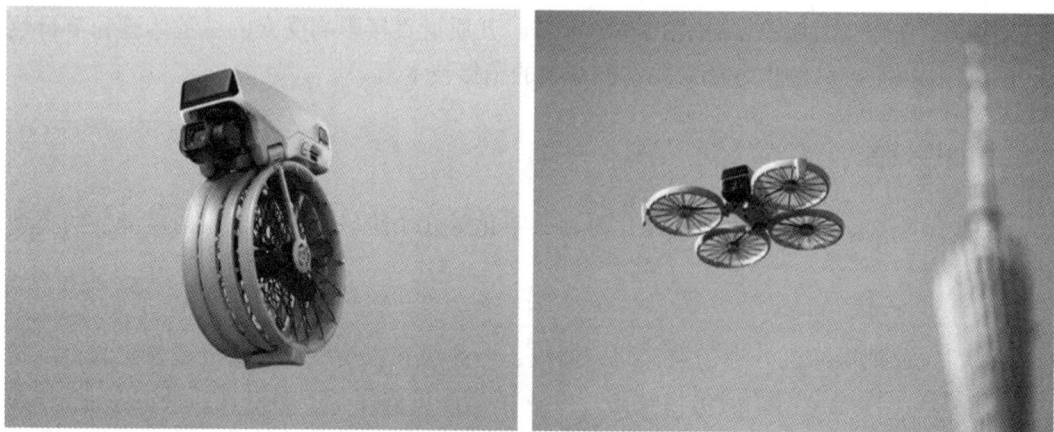

图4-10   DJI Flip航拍无人机

2. 基本拍摄技巧

随着拍摄设备的不断演进和普及，设备操作不再是视频拍摄难点，难度已经转移到了拍摄技巧方面。如何用好手中的拍摄设备是创作者需要思考的重要问题。在讨论拍摄技巧时，我们需要关注以下几点：画面构成、光线运用、镜头运用、画面色彩。

数字资源4-1
拍摄技巧

（二）音频采集

音频采集是指通过拾音与录音设备将声波记录为声音信号的过程。音频采集通常涉及以下几项内容。

1. 声音拾取

这指的是使用麦克风或其他传感器捕捉空气中的声波振动。为此，我们要了解不同麦克风的工作原理和具体特点。同时，我们还需要注意麦克风的摆放和位置。枪式麦克风（见图4-11）要指向声音的来源，保持合适的距离，避免过近导致声音过载或过远导致声音微弱。领夹式麦克风（见图4-12）应尽量靠近声源，但不要影响拍摄效果和被拍摄者的动作。在复杂的环境下，需要使用多个麦克风。在拍摄多人对话场景时，可以为每个主要发言者配备领夹式麦克风，同时使用一个枪式麦克风来收录整体环境声。

数字资源4-2
不同麦克风
的工作原理
和具体特点

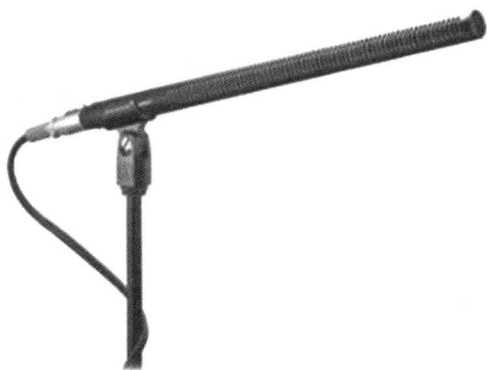

图4-11　枪式麦克风

图4-12　领夹式麦克风

2. 做好防风处理，控制环境噪音

在户外或有风的室内环境中，需要使用防风罩来减少风噪对声音的影响。应尽量选择安静的拍摄场地，关闭不必要的电器，避免可能产生的噪音。

3. 选择适当的采样率、增益和声道等

这些参数决定了音频的质量和文件大小。在摄像机或录音设备上，要合理调整音频增益，确保声音既不会因为过大而导致失真，也不会因为过小而导致音质不佳。

4. 进行音频监测

在拍摄过程中，应通过耳机实时监听收录的声音，及时发现并解决可能出现的问题，如存在杂音、声音中断等。

二、剪辑技术和应用

剪辑是视听产品制作的关键环节，指的是通过组合前期拍摄的素材，优化画面和音频，添加特效和字幕等手段，最终将素材加工为一部完整的作品。目前，人们在剪辑中经常使用的是非线性编辑系统。这是一款基于计算机技术的视频编辑工具，它颠覆了传统的线性编辑方式，允许用户以非顺序的方式对视频素材进行剪辑、拼接和修改。非线性编辑系统通过将视频数据存储在计算机硬盘上，利用剪辑软件进行剪切、拼接、组合和修饰，同时支持颜色、声音和特效等多方面的处理。

视频卡是非线性编辑系统的核心部件。一台普通计算机加上视频卡和编辑软件，就能成为一个基本的非线性编辑系统。视频卡的性能指标从根本上决定着非线性编辑系统质量的好坏。许多视频卡已不再是单纯的视频处理器件，它们集音视频信号的实时采集、压缩、解压、回放于一体。

目前，比较常见的视频剪辑软件主要有两大类。第一类是以索贝、大洋、Adobe Premiere Pro 和 Final Cut Pro 为代表的专业类软件，这类软件相对来说专业度高，硬件要求高，不易上手，但是功能强大；第二类是以剪映、OpenShot 为代表的线上快捷剪辑软件，这类软件对硬件要求低，功能够用，操作简单，有一些预设模板、滤镜和特效可供选择，且支持剪辑内容一键发布。

一般的剪辑工作流程包含以下要点。

（一）素材导入与整理

这指的是将拍摄的视频、音频、图片等素材导入剪辑软件。这一步骤通常包括分类存放素材，即剪辑人员需要对素材进行全面浏览，了解其内容和质量，然后按照场景、角色、镜头类型等进行分类整理，供后续剪辑选取和使用。一般要求在前期拍摄过程中做好场记工作，方便后期对素材进行分类整理。

（二）画面剪辑

画面剪辑是视频后期制作的核心环节，可以分为粗剪和精剪两个步骤。

1. 粗剪

粗剪是对素材进行初步的筛选和组合，其主要目的是快速搭建作品的基本结构，确定大致的镜头顺序和时长，初步呈现出编导想要表达的故事内容和主题。在粗剪过程中，编导可以及早发现拍摄中存在的失误或故事叙述的不清晰性等问题，及时补拍或重拍。

在粗剪过程中，应注意四个方面的问题。一是注意故事的连贯性与逻辑性。编导应当从整理好的素材中挑选出符合故事框架的镜头，按照时间顺序或逻辑顺序进行简单拼接，保证故事的连贯性。二是掌握镜头剪辑的技术特点，即镜头的连贯性，包括动作的连贯性、空间的连贯性和时间的连贯性，避免出现跳跃或不自然的过渡。三是初步把握镜头剪辑的节奏，初步确定影片的整体节奏，如紧张、舒缓或起伏变化。四是要保留多种可能性，不要过分强调某个镜头或顺序，为后续精剪留下调整和优化的空间。

2. 精剪

精剪是在粗剪的基础上，对素材进行精细化雕琢，主要涉及四个重点。一是对影片时长、情节节奏、镜头长度等的精确把控。精剪应根据影片的节奏和情感需要，对每个镜头的时长进行精确到帧的调整，确保画面的流畅性和节奏感。二是加入合适的镜头过渡效果，运用淡入淡出、闪白、叠化等过渡效果，使镜头之间的切换更加自然、流畅，符合影片的整体风格和情感基调。三是调整画面色彩与光影，根据影片的主题和氛围，调整镜头的色彩，使其在整体上呈现出一致的色调和风格。通过调整亮度、对比度、阴影等参数，突出主体，营造特定的氛围感。四是对录制的声音素材进行剪辑，去除杂音和不必要的部分，并进行混音处理，使声音层次更加丰富、清晰。选择合适的音乐和音效，并精确调整其起始点和音量，以增强作品的氛围和情感冲击力。

在精剪过程中，应当遵循"精剪五原则"。第一个原则是逻辑连贯，即按照事件发展的时间顺序、空间顺序或因果关系等逻辑进行组接，让受众能够清晰地理解内容。第二个原则与景别匹配有关，相邻镜头的景别要有变化，如从全景切换到中景或近景，避免景别跳跃造成的不舒适感，但也要注意，景别的过渡不要过于频繁和杂乱。第三个原则是动作衔接流畅自然，如果两个镜头中的人物或物体动作是连续的，那么就要确保剪辑时动作的流畅和自然。这就要求我们在前期拍摄运动镜头时，要有意识地保证运动镜头的起幅和落幅，以便后期剪辑。第四个原则是轴线原则，即遵守轴线规律。保证在同一场景中，人物或物体的运动方向和位置关系在镜头切换时保持一致，避免方向混乱。第五个原则是注意把握剪辑节奏。各镜头和段落时长合理。根据内容的重要性和节奏的需要，合理安排每个镜头的时长。紧张的情节镜头切换快，舒缓的部分镜头切换可以适当慢一些。

（三）声音处理

声音处理涉及多个方面，包括添加合适的音效和配乐、音效的调整、音量平衡、声音的同步以及音质的优化等。良好的声音处理能够增强视听产品的氛围和情感表达效果，提升视听产品的质量和感染力，为受众带来更加沉浸式的体验。

声音处理的原则有音质优化、自然过渡、发挥不同声音的作用、实现声音与画面的配合、体现声音与画面节奏的配合等。

数字资源4-3
声音处理的
原则

（四）字幕添加

字幕添加是视频后期制作的重要环节之一。字幕有两个基本功能：一是提示画面中的人声，如同期声字幕；二是提示字幕条，如人物信息、栏目信息、新闻标题等提示性信息。

当代视听产品中的字幕具有以下功能。

一是强调功能。字幕的强调功能主要体现在通过字幕突出视频中的关键信息，以帮助受众更好地理解和记忆内容。强调性字幕可以外化人物语言的情感色彩，如通过动画效果或动态字幕来强化人物的情绪。这种强调可以通过多种方式实现，包括字体加粗、放大字号、改变颜色、使用动态效果等。例如，综艺节目《了不起的挑战》利用字幕呈现人物的情感，提升了节目效果（见图4-13）。

图4-13   《了不起的挑战》字幕

二是装饰功能。字幕可以通过艺术字体、动态效果等手段美化视频内容，增加视觉冲击力和趣味性。例如，在创意视频中，装饰性字幕可以使用艺术字体和动态效果来增强观看的节奏感。字幕还可以参与画面构图，通过字体的大小、颜色、风格变化等，为视频增添美感。例如，综艺节目《花儿与少年》字幕中呈现了很多关键信息，字幕成为画面之外的另一种内容补给方式。这种表达符合节目整体基调，同时也用优美的文字勾勒出新的画面（见图4-14）。

图4-14   《花儿与少年》字幕

字幕不仅是辅助受众理解视听产品的工具，而且是提升视听产品吸引力和传播效果的重要手段。

（五）节目包装与调色

1. 节目包装

节目包装是指对视听产品整体形象的塑造，包括标识、声音、片头、片尾、字幕、特效等元素的设计与应用。好的节目包装需要将这些元素有机地结合在一起，形成统一的整体，从而突出节目的个性特征和品牌价值。

节目包装要注意整体性与统一性，必须确保色彩、音乐、风格、标志等各方面的统一性，以保持节目的整体性和品牌识别度。例如，《新闻调查》注重研究真问题，探索新表达，以记者调查采访的形式，探寻事实真相，追求理性，其片头以黑白两色为主，以突出其深刻低调的风格（见图4-15）。

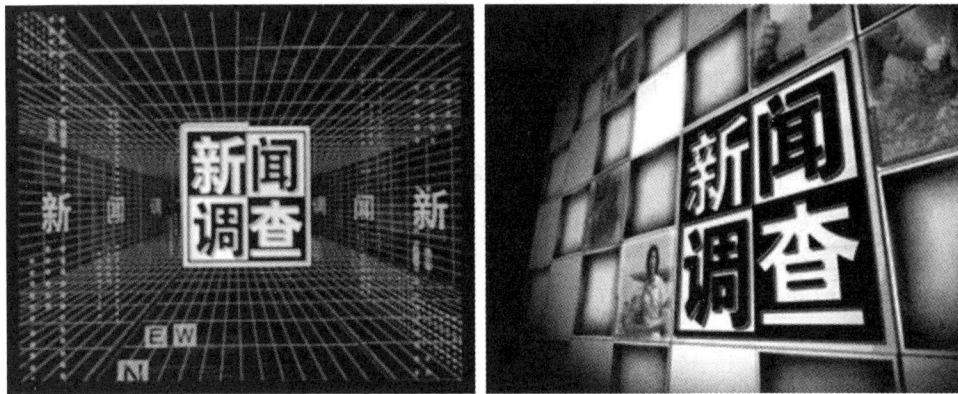

图4-15　《新闻调查》片头节选

常用的节目包装软件有 After Effects（AE）、Maya、Adobe Illustrator 等。在线包装技术是近年来发展迅速的一种技术，它能够实时渲染和处理视频内容，广泛应用于新闻直播、体育赛事转播等场景中。这种技术不仅提高了节目的制作速度和美观度，而且通过虚拟演播室和网络技术的结合，为受众创造了更加绚丽的视觉体验。

2. 节目调色

节目调色主要指的是调整画面的色彩平衡、明暗度和色温等，以确保画面的整体性和一致性。节目调色不仅能够改善拍摄过程中因光线条件变化导致的画面色彩问题，而且能通过色彩特效增强节目的视觉效果。

数字资源4-4
节目调色方法

色彩搭配原则是人们在节目调色过程中应当遵守的规则，即遵循色彩搭配的基本原理，如互补色、相邻色的运用，创造出和谐或对比强烈的视觉效果。

常用的调色软件有 Adobe Photoshop、DaVinci Resolve、ColorDirector 等。现在，剪辑软件中一般都有调色功能，但是相对而言调色功能都不够精细。在影视后期制作中，一般还是使用专业软件来完成调色。

三、演播室技术和应用

演播室作为棚内节目制作的核心场所，其技术发展水平直接影响着视听节目的质量和传播效果。从早期简单的设备配置，到如今高度集成化、智能化的系统，演播室技术和应用经历了多次变革，为节目制作带来了更加丰富的思路。

（一）演播室系统的构成

一个完整的演播室系统主要包含以下五个部分。

一是摄像系统，包括高清摄像机、镜头、云台等设备，负责拍摄节目画面，保证提供清晰、稳定、色彩鲜艳的图像。

二是灯光系统。合理的灯光布局和调节可以营造出不同的氛围和效果，突出人物和场景的不同特点。

三是音频系统，包括麦克风、调音台、音响等设备，确保声音清晰、饱满和平衡。

四是导播与切换系统，能实现多机位画面的切换、特效添加和信号输出，是节目制作的核心控制部分。

五是其他辅助运行系统，包括屏幕控制系统、图文字幕包装系统、通话系统以及安全运行保障系统等。

（二）演播室的功能与要求

1. 视频方面

演播室最好采用具有讯道功能的摄像机。这种摄像机的优势在于：制作多人参与的节目时，摄像师可以专心于运镜和构图，曝光、白平衡等由摄像机控制单元（camera control unit，CCU）专人负责。制作新闻节目时，可由CCU人员直接控制摄像机，不需要另配摄像帅，能节省演播室人力资源。

2. 音频方面

演播室需同时配备有线和无线麦克风，以便根据不同节目的需求选择相应的麦克风。应选择专业的广播级调音台，调音台最好具有延时功能，这样人们就可以对音频做延时处理，确保被摄人口型和声音对应。

3. 制作方面

要考虑演播室内视频路数和户外回传视频路数，切换台输入接口要尽可能多于演播室内视频路数和户外回传视频路数的总和，并留有余地。

4. 信号接入方面

演播室不仅能够接入厅内信号，而且能够接入户外信号，需考虑户外信号的多样性。需要在制作系统加入5G接收机、网络解码器、视频光端机等，全方位满足各类信号的接入需求。

5. 功能分区方面

演播室应满足多样化节目形式需要，在分区上应考虑充分利用室内空间，做好功能设计。可以将一个演播室划分为绿箱抠像区、LED大屏区、实景背景区等，以满足不同类型节目的制作需求。

图4-16中展示了一个多功能演播室的功能分区。演播室包括四个子功能区：绿箱抠像区、XR大屏区、实景录制区（包含大屏和主播台）和摄像工作区。

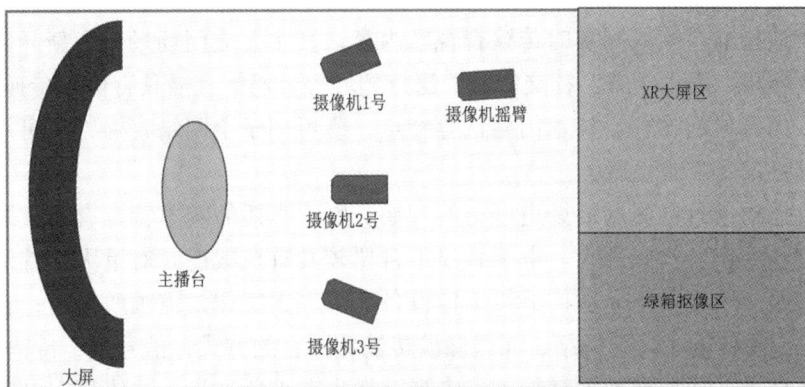

图4-16　多功能演播室的功能分区

当前，各种新型演播室技术不断涌现。2021年发布的《广播电视和网络视听"十四五"科技发展规划》提出，要运用VR、AR、MR和超高清等技术，推出全息化、可视化及沉浸式、交互式内容产品，丰富智慧广电的传播形态、传播样式。为响应政策，相关部门开始对现有的演播室进行改造。其中，辽宁广播电视台根据节目制作和产业发展的需要，对演播室进行升级，使用XR沉浸式演播室技术，并配合虚拟渲染服务器，建成了沉浸式演播室（见图4-17）。

数字资源4-5
新型演播室技术

图4-17　辽宁广播电视台建成的沉浸式演播室

四、直播技术和应用

（一）直播的种类

直播是一种通过信息技术网络实时传输视频或音频数据的传播方式，使受众能够即时观看正在发生的事件。按照呈现形态，可以将直播分为演播室直播、现场直播、演播室＋现场直播等。按照传播渠道，可以将直播分为网络直播和电视直播。

网络直播指通过互联网实时传输音视频内容，其主要应用场景包含新闻领域、教育领域、商业领域、娱乐领域、社交领域、医疗领域等。网络直播具有信息传递实时性强、互动性强、内容灵活多样、技术门槛低等特点，既可用于全网络直播，又可用于一定范围内或针对特定受众的直播。

电视直播指通过电视网络渠道进行的直播。电视直播的基本特点有：主题重大、流程清晰、制作严谨、投入巨大。电视直播平台比较具有权威性，对重大事件的直播报道容易让人信服。电视直播采用广播级摄像设备完成采集工作，声画质量高；在信号传输方面，采用卫星传输、光纤网络、无线微波传输相结合的方式，信号强，传输流畅。

在网络直播迅猛发展的大背景下，电视直播也在不断进步。这体现在电视直播的画面质量不断提升，4K已逐渐普及，8K等更高分辨率的电视直播也开始出现。另外，电视直播能够实现多平台分发，互动性不断增强，能够进入更广阔的用户市场。

（二）直播系统结构要件

除了最简单的带货直播、探店直播等，网络直播和电视直播一般都包含以下结构要件。

1. 视频要件

视频要件包括摄像机系统、摄像机控制单元、资料系统、运动系统（滑轨、吊臂、车辆等）、稳定系统（三脚架等）、航拍系统等。通过这些要件，人们能够将现场画面以多机位、多角度、多景别等方式和事先录制好的资料画面混合编排，为受众呈现全景式现场内容。

2. 音频要件

直播系统的音频要件包括录音系统、收音系统、分音系统、调音系统等。

3. 制播要件

制播要件是整个直播系统的中心，在直播系统中处于核心位置。前端的机位画面、音频信号最终汇集于制播系统。制播系统根据不同的场景和需求，能对声画进行调度、切换、编排、播发。制播要件包括切换台、监视器、测试仪、字幕机、编解码器、推流电脑等。

4.沟通要件

直播意味着前后方的分离。这时，前后方的沟通显得尤为重要。后方的导播需要通过一套清晰、稳定的通信系统和前方记者、摄像师保持联系。

以上四个要件是一般直播系统应该具有的结构要件。直播系统正是通过这些结构要件的组合搭配和相互协作，高效地进行着直播节目的制作与播出。

（三）现场直播节目的系统建构

现场直播是无依托直播，完全依靠现场搭建的电子现场制作（electronic field production，EFP）系统完成整个直播过程。电子现场制作系统分为有线制作系统和无线制作系统。有线制作系统通过电缆将摄像机和制播系统连接起来。无线制作系统通过无线编码器来传输音视频信号。同时，电子现场制作系统还可以和演播室直播系统相连，构成两级直播系统，形成室内与户外相结合的直播形式。这种直播形式已成为新闻直播的主流形式。

电子现场制作系统的核心是便携式制播系统，具有集成度高、功能丰富（往往集切换、字幕、特效、推流等于一体）、方便携带、价格低廉等特点，适合小型媒体和小微制作公司在现场直播时使用。便携式制播系统的主体是一体式直播机（见图4-18）。

图4-18　一体式直播机

此外，航空箱式制播系统（见图4-19）应用也比较广泛。这类系统将航空箱作为集成平台，将所有制播设备集成在箱内。这类系统具有硬件集成度高（所有设备均为硬件）、系统运行稳定性强等优点，但也存在体积大、重量大、操作不便、便携性差、价格昂贵等问题。

图4-19　航空箱式制播系统

目前，有的专业媒体机构会采用高清电视转播车系统。该系统的构成结构要件与电子现场制作系统、航空箱式制播系统比较相似，但设备更专业，讯道与通路更多。为了保证播出安全，高清电视转播车系统往往有备用系统，其造价昂贵，功能强大，结构较为复杂。

◆ 讨论

观看《创造营2021》成团之夜直播和一场抖音带货直播，思考它们在设备选择和技术要求上有何不同。

第三节　视听产品创作实践：以短视频为例

视听产品涉及传统媒介、网络媒介、新媒体直播等各个方面，如何创作出好的视听产品是一个大课题。本节将以短视频为例，讲述视听产品的创作实践。

短视频是一种时长不超过10分钟（通常在5分钟以内）的视频产品，主要通过短视频平台和社交媒体平台进行传播。这类视频因其短小精悍、制作门槛低、互动性强等特点，迅速成为互联网内容传播的重要形式和人们获取信息、娱乐消遣、社交互动的重要方式。如何创作出受众愿意观看、评论与转发的产品，是短视频创作者面临的重要挑战。

一、短视频创意策划

短视频的成功首先离不开优秀的创意与策划。创意并不是天马行空，而是符合短视频创作基本规律的想法与点子。策划则是将好的创意进行具体化与可操作化的计划和安排。

（一）短视频创意策划的内容

1. 明确目标受众

在进行短视频创意策划之前，首先要明确目标受众，了解目标受众的年龄、性别、兴趣爱好、消费习惯等方面的信息，以便制作出符合他们需求的短视频。

2. 确定主题

根据目标受众的需求，确定短视频的主题，如美食主题、旅游主题、搞笑主题等。主题要具有新颖性、趣味性和实用性，不能面面俱到，要能够吸引受众的注意力。

3. 制定内容方案

内容方案包括短视频的内容、形式、风格等方面的设计。内容要有亮点，形式要新颖，风格要独特，能够为受众带来不一样的视觉和听觉体验。

4. 拍摄与制作

根据内容方案进行拍摄和制作的具体安排。确定拍摄风格，拍摄风格是短视频的外在表现形式，它包括画面的色调、构图、拍摄角度等。

5. 发布与推广

在完成拍摄和制作之后，要选择合适的时间和渠道发布短视频。同时，要进行有效的推广，提高短视频的曝光率和传播效果。

◆ **讨论**

如何策划教师节主题系列短视频？

（二）短视频创意的来源

贴近生活、关注热点、满足用户需求是短视频创意的根本，也是短视频创作的根基。创作者可以从以下方面展开思考。

1. 生活点滴

生活是创意的源泉，创作者可以在自己的日常生活中寻找灵感。例如，记录自己制作美食的过程、旅行经历、养宠物的趣事等，都可以成为短视频的内容。

2. 热点话题

创作者关注社会热点话题，结合热点话题进行创意策划，也可以吸引更多用户的关注。例如，在某个重大事件发生时，创作者可以制作相关的短视频，表达自己的观点和看法。

3. 传统文化

中华优秀传统文化中蕴含着丰富的创意资源。创作者可以将传统文化与现代元素相结合，制作出具有特色的短视频。例如，可以将古诗词、传统节日、民间艺术等融入短视频，展现传统文化的魅力。

4. 受众需求

了解受众的需求和偏好，根据受众的需求进行创意策划，可以提高短视频的针对性和实用性。例如，创作者可以尝试制作一些优秀影视剧鉴赏类、生活技巧类短视频，满足用户的娱乐和生活需求。

二、短视频剧本创作

（一）短视频剧本的特点

优秀的短视频剧本一般情节完整，脉络清晰。创作者要确定主题和故事核心，能够用一句话阐述整个作品的主要内容和自己要表达的核心思想。情节推进要符合逻辑和时代特征。

创作者要懂得把握节奏、设计悬念。俗话说，好的开始是成功的一半，在剧本创作过程中，创作者需要尽力设计引人入胜的开端，迅速吸引受众的注意力。故事情节要跌宕起伏，节奏要紧凑有力，适当设置悬念。创作者还可以尝试设计令人难忘的结尾，为受众留下回味和思考的空间。

优秀的短视频剧本还需要贴近实际生活，有真情实感。创作者需要为主要角色设定鲜明的性格特点。

（二）短视频剧本创作流程

首先是一句话剧本。所谓"一句话剧本"，就是用一句话概括主要故事和剧本中心思想。这一方面能够明确剧本核心内涵，防止后期创作出现偏差；另一方面，在剧本审核、经费申请、宣传推广等环节能够一语中的，清晰明白，节省沟通成本。

其次是文学脚本创作。创作者根据前期既定思想丰富剧本的具体内容，形成一个文学样式的故事性脚本。这包括把故事按照不同的场景进行划分，并简要描述每个场景的内容，展开具体的对话和动作描写等。

最后是规划分镜脚本。导演和摄像师根据文字脚本撰写分镜头脚本。分镜头脚本规定每个镜头的内容、景别、台词、时长等，是将文字脚本转化为具体视听内容的工具。它详细规划了每个镜头的拍摄细节，包括景别、时间长度、画面内容、音乐等，是拍摄和后期制作的直接指导。

◆ 讨论

分析一部短视频的剧本创作流程，反推整个产品的策划创意过程。

三、短视频创作流程

（一）短视频拍摄

拍摄是短视频实际创作的起点，它为整个视听产品奠定了基础。在拍摄中，创作者根据短视频主题和风格，确定构图、光影、角度、场景、运镜等画面构成要素。这些要素将直接影响最终产品的呈现效果和质量。

1. 拍摄准备

（1）组建拍摄团队

如果计划拍摄的短视频比较复杂，就需要组建一个拍摄团队。拍摄团队一般包括主创团队，如导演、摄像师、演员、场记等，还包括辅助成员，如化妆师、道具师等。有的短视频是由团队完成创作的，有的短视频从策划、拍摄到剪辑都是一个人独立完成的，虽然是一个人，但也要有明确的分工意识，才能够顺利地完成短视频制作的所有流程。

（2）选择合适的拍摄设备

目前，常用的短视频拍摄设备有智能手机、摄像机等。在选择拍摄设备时，需要考虑设备的画质、稳定性、便携性、成本等因素。

高清摄像机在拍摄视频上有自身的优势，如画质出色，稳定性和可靠性高，能适应高要求、高强度的长时间拍摄任务。但是，与智能手机等的轻量化设备相比，高清摄像机最大的缺点就是机身比较重，携带不便，操作门槛高。

随着视频采集设备和技术的不断更新，家用级设备性能越来越好，运动相机、航拍无人机成为很多创作者喜爱的设备。高端智能手机画质也越来越好，能满足普通的短视频拍摄需要。另外，高端智能手机最大的好处就是拍摄、剪辑、发布一体化，工作效率高。

（3）选择拍摄场地

选择拍摄场地时，需要考虑场地的环境、光线、背景、收声条件等因素。同时，也要注意场地的安全性和合法性，避免在拍摄过程中出现纠纷。

（4）准备拍摄道具

为了增强短视频的画面感和吸引力，需要根据脚本内容和拍摄风格，选择合适的服装和道具。

2. 拍摄过程

短视频的拍摄是记录画面，更是一种讲述故事的方式。拍摄短视频时，需要根据脚本的要求，通过不同的镜头语言来展现故事的发展和人物的情感变化。

（1）画面构图

画面构图是短视频拍摄的重要内容，它直接影响短视频的美观性和吸引力。在画面构图方面，要注意画面构成，主次分布合理，画面分布均衡。同时，也可以运用一些构图技巧，如三分法、对称构图法、黄金分割点构图法等，来增强画面的表现力。

拓展阅读

原始粗糙的原生态呈现

一般来说，普通创作者没有经过专业训练，其拍摄的短视频没有构图、色彩、角度方面的讲究，剪辑也不够规范，带给受众的是一种原始粗糙的体验。在突发、戏谑等情境中，这种状态能获得一部分受众的认可。有时候，短视频创作者有意追求这样的呈现状态，故意不讲究画面的构图、角度、运镜等，通过这种原始粗糙的原生态呈现来展现自己的观点和风格，这与书法中的拙楷体有相似之处。

（2）合适的景别和拍摄角度

景别和拍摄角度直接影响短视频的视角和效果。拍摄短视频时，为了凸显生活气息，多采用平角拍摄，景别多为中近景，这更加符合拍摄者的主观视角的特点。但是，在拍摄过程中，也可以适当加入远景和特写镜头，使画面更加丰富、有层次感。

数字资源4-6
景别和拍摄
角度的种类
与作用

（3）光和色彩

光是短视频拍摄中需要考虑的关键因素，它直接影响短视频的画质和效果。短视频创作更多地依赖自然光，展现生活化场景，创作者要多探索自然光的特点，利用好自然光。例如，早晨和傍晚时分，光线柔和且温暖，色彩丰富，适合营造浪漫、温馨的氛围；中午的阳光直射且强烈，容易产生硬阴影，可利用遮光板或寻找阴影处拍摄；阴天光线均匀，没有明显的阴影，适合拍摄需要柔和光线的场景。同时，创作者也可以了解更多的布光知识，在拍摄过程中进行简单的补光，使画面的视觉效果更好。

充足的光和正确的色彩处理可以极大地提升短视频的观赏体验。应尽量选择在自然光下进行拍摄，并注意光的角度和强度。此外，可以通过后期调整和应用滤镜来增强短视频的色彩和氛围。与传统的拍摄方式相比，还可以尝试一些有创意的拍摄角度，使短视频更具吸引力。

数字资源4-7
光的方向
及特征

（4）运动镜头的拍摄

运动镜头主要包括推、拉、摇、移、跟、升、降七种。其中，推镜头用于突出主体，引导受众的注意力；拉镜头用于展示环境，增加纵深感；摇镜头用于介绍场景，跟随人物或物体移动。拍摄时，摄像机要保持平稳，移动时可以通过稳定器或使用滑轨等方式实现。同时，在拍摄运动镜头时，要注意保持足够的起幅和落幅，以便后期剪辑。短视频创作一般使用智能手机或者其他便携式拍摄设备，固定镜头和运动镜头使用较多。在拍摄固定镜头时，应当注意构图，尽量做到简洁明了、摆放有序；在运动镜头的拍摄过程中，应当注意镜头运动的清晰、平稳、有序。

（5）收音

拍摄短视频时，声音的收录分为两种：一种是生活化收录，另一种是专业化收录。其中，生活化收录不太讲究收录的质量和效果，解决的是"有没有"的问题，在拍摄时，可以使用拍摄设备自带的收录功能进行声音收录。例如，用智能手机拍摄视频时，声音也同步被手机收录。在收音过程中，要注意为麦克风做好防风处理。如果条件允许，最好为发言者配置领夹式麦克风，确保收音清晰完整。

（二）短视频剪辑

1. 导入素材

将收集的素材导入剪辑软件，如Adobe Premiere Pro、Final Cut Pro、剪映等。

2. 粗剪

根据脚本或创意要求，将素材初步拼接，形成一个完整的框架，确保故事在逻辑上的连贯性和完整性。删除多余的片段，保留最有价值的内容，特别是包含关键信息的镜头。

3. 精剪

调整镜头节奏，保证前后镜头在逻辑上的连贯性。确保每个镜头的剪辑点选择准确，镜头内容表达完整，以保证视频的视觉流畅性和受众的观看体验。优化画面衔接，使用转场效果（如淡入淡出、叠化等），使视频逻辑清晰，过渡自然，减少受众的视觉疲劳。保证视频紧凑短小，一般时长控制在5分钟以内。

4. 音频剪辑

平衡音量，添加背景音乐和音效，确保音频与画面协调。使用一般的视频剪辑软件即可以完成音频剪辑。在音频剪辑中，包含关键信息的声音要突出，应当注意使声音与画面协调，选择合适的声音接入方式，同时适当加入环境声，为受众营造身临其境之感。

5. 添加特效和字幕

根据需要，添加滤镜、动画、字幕等，增强短视频的表现力和解释力。

6. 调色和参数调整

调整色彩、亮度、对比度等参数，使短视频画面更加自然，更有视觉吸引力。

7. 导出视频

根据发布平台的要求，选择合适的分辨率和格式，完成视频导出。

四、短视频发布与推广

（一）短视频发布的基本流程

完成短视频制作，根据目标受众和视频的内容特点，选择合适的短视频平台进行发布。选择合适的平台是短视频发布中的重要工作。短视频的创作者要了解各平台的特点，以及短视频的目标受众。一般来说，大部分短视频创作者是没有经过专业训练的普通人，他们会根据自己对各短视频平台的偏好进行选择和发布。追求流量最大化的自媒体创作者则会尽可能在多个平台发布短视频作品。

要注意保持发布内容的主题一致性和风格统一性。在短视频账号的培育过程中，要关注垂类细分市场，不断持续关注同一类型话题或发布同一主题作品，可持续吸引相关话题受众。否则，就不利于短视频作品的推广。

制定合适的发布策略。发布策略的制定直接影响短视频的曝光率和传播效果。在制定发布策略时，需要考虑发布的时间、频率、标题、标签等因素。同时，也可以运用一些发布技巧，如预热、互动、合作等，来提高短视频的曝光率和传播效果。为了提高点击率，创作者可以撰写吸引人的标题和描述，以突出短视频的亮点、关键信息、热门关键词，提高搜索率与曝光率。创作者还可以添加相关话题和标签，利用平台热门话题和与短视频内容相关的标签，为短视频争取更多曝光机会。选择合适的发布时间，根据目标受众的在线活跃时间和短视频的内容特点，选择在适宜的时间发布短视频。

（二）短视频推广与营销

推广与营销是短视频发布后的重要环节，它可以帮助短视频获得更多的关注和流量。创作者可以通过社交媒体推广、搜索引擎优化、广告投放等，来提高短视频的曝光率和传播效果，也可以利用平台的推广工具，如抖音的Dou＋、快手的粉条等，进行付费推广，扩大短视频的传播范围，同时还可以与其他短视频创作者合作，互相推广，共同提高影响力。

要注重与受众互动，回复评论和私信。要特别关注平台提供的数据指标，如播放量、点赞数、评论数、转发量、完播率等，根据数据了解并分析受众的喜好和行为，优化后续的短视频创作内容和发布方式。要严格遵守平台的内容规范，尊重知识产权，避免违规导致视频被限流或下架。

总之，成功的短视频推广与营销需要精心策划、持续优化，并与受众保持良好的互动，以提升短视频的影响力和传播效果。

◆ 讨论

《逃山人英博物馆》的发布与推广策略有哪些？

参考文献

[1]邱娟.新媒体环境下影视的制作和传播[M].长春：吉林人民出版社，2019.

[2]韩璐.融合与互动：弹幕助力电影消费[J].当代电影，2015（11）：161-164.

[3]李恒基，王汉川，岳晓湄，等.中外影视名作辞典[M].北京：国际文化出版公司，1993.

[4]李惠敏.媒体矩阵传播路径与方略研究——以《人民日报》融媒体"矩阵"为例[J].东南传播，2018（2）：24-26.

[5]廖祥忠.从媒体融合到融合媒体：电视人的抉择与进路[J].现代传播（中国传媒大学学报），2020（1）：1-7.

[6]卢英锁.广播电视的数字化、网络化趋势——非线性编辑系统综述[J].现代电视技术，2002（5）：45-54.

[7]唐英，尚冰靓.大数据背景下网络自制综艺节目的特征及趋势探析——以《奇葩说》为例[J].新闻界，2016（6）：49-52.

[8]周建青.新媒体视听节目制作[M].北京：北京大学出版社，2019.

[9]张蓝姗.短视频创意与制作[M].北京：清华大学出版社，2023.

[10]赵小波，马雯婕.互动与情感：新时代文化IP的营销传播[J].南京邮电大学学报（社会科学版），2021（4）：31-40.

第五章

视听场景的建构与作用

第一节　理解视听场景

目前，智能视听技术在生活场景中的应用越来越广泛，受众可以更便捷舒适地接收信息。在这个注重体验的时代，数字视听成为营造场景的重要应用。视听场景覆盖了新闻传播、移动社交、广告营销、学校教育、体育比赛、居家养老等领域。

那么，什么是视听场景？

一、视听场景概述

（一）视听场景的定义

场景通常被定义为具有一定时间和地点的景象，由人物、事件和环境组成，承担着社会构成物的生产与再生产职能。[①]视听传播因其具备传播的特性而与场景联系紧密。

我们可以将视听场景简单理解为视听信息的接收、使用环境。准确来说，视听场景指由视听媒介、视听信息、使用者、特定地点以及时间共同构成，在视听信息传播、接

---

① Lefebvre H. The Production of Space[M]. Translated by Nicholson-Smith D. Cambridge: Blackwell Publishing Ltd., 1991.

收、交互过程中形成的一种总体关系,包括沉浸式、交互式和全息式的视觉与听觉信息呈现方式,以及通过视频和音频技术构建的多感官体验环境。

视听媒介、视听信息、使用者、特定地点以及时间等元素相互联系,相互作用,不断变化,可以产生不同的视听场景。不同的视听场景体现不同媒介的传播偏好,产生不同的视听产业,并创造不同的价值和文化。例如,在电影院观影的视听场景中,舒适的环境、高质量的设备和优质的影片,可以让受众产生良好的观影体验。同时,这种良好的体验也推动了电影产业和电影文化的发展。

随着数字化、网络化和智能化的发展,视听场景的应用范围不断扩展与融合。例如,在智能家居中,人们可以通过智能设备进行互动,享受个性化的视听服务。此外,网络视听成为广泛应用人工智能技术的核心场景,围绕影视剧、短视频、网络直播等形态,在深度合成、视频修复及智能推荐等方面取得了显著进展。随着5G、人工智能技术的进一步发展,沉浸式、交互式和全息式的信息呈现方式获得了更为广泛的应用,并且可以通过数字符号的重塑实现物理场景的建构,进而唤醒人们对熟悉情景的情感体验,从而推动视听行业的深度变革和创新。2024年11月,第五届长三角国际文化产业博览会在国家会展中心(上海)拉开帷幕。人们在现场体验了沉浸式剧场、情绪疗愈空间等创新项目,以及大空间虚拟现实、全场景混合现实、智能装备等新技术。

◆ **思考**

传统视听场景与智能视听场景的根本性区别有哪些?

(二)传统视听场景与智能视听场景

在探讨视听场景的演进时,我们需要区分传统视听场景与智能视听场景。

传统视听场景,受时空的限制,以满足目标用户基本的直播与点播需求为主,互动形式呈现单向化和滞后化等特点。传统视听场景包括电影院、拥有电视的客厅、拥有收音机的车载环境等。

智能视听场景依托虚拟现实、5G技术等,不断探索目标用户与视听场景之间互动体验与功能的多样性。智能视听场景能够在第一时间敏锐捕捉到用户的疑问与需求,并迅速做出响应,从而全方位满足用户的多元化需求与期待。智能视听场景包括拥有电脑、智能手机的个人居住环境、移动场景、虚拟场景等。

传统视听场景与智能视听场景在技术基础、生态系统构建、用户互动以及智能化程度上存在明显的差异。在传播方式上,传统视听场景拥有固定的地点,如车载广播与私家车内部空间紧密联结(见图5-1),以及电视与家庭住宅生活空间深度融合。这种关联模式在时间的推移中逐渐固化,导致传播媒介与形式趋向单一化。然而,与之形成鲜明对比的是,智能视听技术以其全时空覆盖、全领域渗透的独特优势,打破了传统视听场景的界限，实现了多终端的无缝互联与互通，进一步引领着多元化的感官交互体验，让用户沉浸在互动感强烈的视听新世界之中。例如，位于上海的《普罗维登》沉浸式剧场（见图5-2），迄今已上演超过200场，成为备受年轻人欢迎的上海新地标。人们进入剧场前，可以抽签选角色，寄存行李，然后就能登上火车，穿越到鱼龙混杂的普罗维登小镇，开启一场别开生面的冒险之旅。此外，智能视听场景具备语音控制、情感识别、个性化推荐等高级功能，构建了全新的、开放的生态系统，推动视听传播场景向更高层次的智能化和多元化方向发展。

图5-1　车载广播与私家车内部空间紧密联结

图5-2　《普罗维登》沉浸式剧场

二、视听场景的构成

视听场景的构成要件包括视听场所、视听媒介与互动方式、视听产品、受众需求、时间等。

（一）视听场所

视听场所，也称视听空间，是视听消费者接受视听产品时所处的场所。视听场所可以是家庭中的客厅、独立的房间，也可以是公共电影院、广场、地铁、电梯等，还可以是剧场、音乐厅等其他提供视听服务的商业空间。视听场所不仅为视听场景的建构提供了叙事背景和环境，而且通过场所空间造型、色彩搭配、视觉和听觉效果的结合来影响受众的沉浸感和情感体验。空间的安排和设计能够影响受众对视听产品的理解和感受，通过空间的调度和布局，视听传播者可以引导受众的注意力，塑造特定的情境氛围，并传达特定的情感和主题。

现代虚拟数智技术的发展，如环幕投影、AR、VR 等技术，极大地丰富了视听空间的表现形式，使得空间戏剧化、数据可视化、场景感知化。

（二）视听媒介与互动方式

视听媒介与互动方式是视听场景建构的重要元素。

视听媒介能够提升受众的沉浸感和体验质量，还能通过互动方式增强受众的参与感和情感共鸣。视听设备在创造沉浸式体验方面起着基础性作用。例如，可以通过高质量的视听设备（如投影仪、音响系统和交互式显示屏）来营造特定氛围，激发受众的情感共鸣。AR、VR 等技术的应用，使得受众能够在虚拟世界中与内容互动，从而突破传统线性叙事的限制。互动式参与能够使受众从被动的接受者转变为积极的参与者，从而增强体验的主动性。此外，声音互动装置通过结合声音和视觉元素，能创造全新的沉浸式体验，使受众能够直接感知并融入场景。

（三）视听产品

视听产品是视听场景建构中的具体呈现内容。视听产品的定义本身就强调了视觉艺术与听觉艺术的融合，这种融合通过动态图像和音频元素的结合，形成具有叙事性和情感表达力的作品。现代视听产品构建通常依赖多感官的融合，并不局限于视听两种感官，能增强受众的沉浸感和体验感。如 VR 技术被广泛应用于视听场景中，能模拟风、雨、温度变化等物理效果，并通过动态的光影效果提升视听产品的生动性和趣味性；4D 动感影院通过场景识别技术和触觉反馈模块，将视觉、听觉和触觉相结合，为受众提供全方位的感官体验。另外，在视听产品中，声音不仅能够增强画面的情感表达效果，而且能在某种程度上独立于视觉内容，并通过不同的聆听模式重新定义视听关系，产生新的意义。[1]这种观点强调了声音在塑造受众感知中的重要性。

---

① 米歇尔·希翁.视听：幻觉的构建[M].黄英侠，译.北京：北京联合出版公司，2014.

（四）受众需求

受众对视听产品的需求，包括视听体验、性价比、服务质量、设计美观度和智能操作等方面。受众需求是多维度的，不局限于功能上的满足，还包括情感上的共鸣和心理上的满足。受众需求直接影响视听产品的设计和功能。例如，电视大屏的智能化发展需要关注受众的差异化需求，提供游戏、线上教学等多样化服务。此外，智能家居和车载视听场景的发展也强调了受众需求的重要性。

受众需求与场景适配是视听内容生产的核心。短视频平台通过优化内容生态，增强场景适配，满足了受众在不同情境下的需求。例如，在抖音平台上，很多商家通过"短视频＋行业＋场景故事"实现广告无缝嵌入和店铺推广，从而实现公域流量变现。受众需求是视听场景建构的基础，更是推动视听产业创新和发展的关键因素。

（五）时间

首先，时间影响视听产品的生产。视听产品通过时间维度将音频和视频结合在一起，形成独特的叙事结构。这种叙事结构包括场景、动作和人物的安排，还通过时间线索、逻辑线索来引导受众的内容感知和情感体验。

其次，时间影响视听产品的传播。传播者需要时间来进行视听产品的推广和传播，受众也需要花时间来接收和感知视听产品。一般情况下，能够吸引受众花更多时间的视听产品，也能够收获受众的喜爱与认可。

最后，时间影响视听文化的产生。在视听场景中，时间对受众视觉和听觉的影响可能是短期的，也可能是长期的。即使这种影响在短期内无法完全显现出来，但随着时间的推移，视听场景会逐渐形成特定的精神或风格，即视听文化。

三、视听场景的作用

视听场景在视听传播和视听产业发展中发挥着重要作用。我们可以从以下几个方面进行阐述。

（一）增强感知与理解

视听产品通过将视觉和听觉元素相结合，显著增强了受众的感知和理解能力。视觉元素使信息更加形象具体，而听觉元素则通过声音营造情感氛围，共同提升受众的感受和体验。例如，IMAX技术和环绕声设计可以提供逼真的3D影像效果和身临其境的观影体验。此外，声音合成技术通过创造身临其境的音频环境，能够激发受众的情感反应，从而强化沉浸式体验。

视听场所的设计，如空间布局、灯光、音响等，都会对受众的体验产生重要影响。例如，电影院的声学环境能提供沉浸式的音效体验，高品质的扬声器系统和吸声材料可以确保声音的真实再现，从而提升受众的视听感受。另外，5D 技术使得受众能够完全沉浸在虚拟现实中，成为自己视角和视野范围的掌控者。技术的进步不仅提升了受众的视听体验，而且提升了他们对故事的理解和参与度。

（二）改善社交与互动

视听场景通过其互动性和社交属性，增强了信息传递的力度和广度。视听媒体的互动性使得受众不仅能够接收信息，而且能通过评论、点赞、分享等方式参与其中，从而促进社交互动。例如，弹幕功能允许受众在观看视频时实时交流，这种互动满足了现代人对即时社交的需求。

视听场所，如电影院、剧场、家庭的客厅等，通过集体观影或演出的形式，为受众提供了共同体验的社交环境。这增强了受众的黏性，还促进了人际关系的建立和认同感的形成。此外，视听内容在社交媒体上的传播也进一步强化了这种社交效应，受众可以通过分享和讨论视听内容来加强彼此之间的联系。

（三）强化情感联系

视听与空间的结合能够通过音乐和图像等元素的组合，激发受众的情感共鸣。例如，视听节目《声生不息·家年华》（见图 5-3）对中国音乐发展史和百年来人们的生活与精神面貌进行了不同主题切面的划分，为受众呈现了中国音乐的特征样貌、时代变迁、年代特色，以歌声记录中国音乐的发展历程。其视觉表现和音乐叙事，加强了受众的情感联系，强化了身份认同与文化认同。这种情感联系不局限于个体，还能够在群体效应的作用下拓展影响范围，增强受众的归属感。

图 5-3　《声生不息·家年华》海报

在视听表演中，声音和图像成为表达过程的一部分，共同促进艺术作品的意义生产和表现。这些表演通过情感记忆、感官刺激、身体互动和沉浸式体验等多种方式，增强了受众与场所的联系，还激发了受众的情感和精神参与。这种参与体现在受众对表演内容的感知上，还通过情感共鸣和记忆重构，深化了受众对场所和文化的认同感。

（四）促进学习与推理

跨模态生成任务（如基于无声视频生成对应的音频）和迁移学习（如将一个模型学到的知识应用到另一个模型上）在视听场景中得到了广泛应用。其中，迁移学习利用不同模态之间的语义一致性，促进了跨模态信息检索和推理的发展。视听场景导向的跨模态推理不仅需要理解单帧图像中的内容，而且需要捕捉多帧事件的时间性、因果性和动态性。环境声音也可以增强受众对视觉对象位置的记忆，这表明视听关联在塑造视觉记忆系统中发挥着重要作用，能够显著增强受众的记忆能力。

此外，注意力机制在视听场景中也发挥着关键作用。跨模态注意力融合方式，可以提高特征匹配度和模型性能，使个体能够在复杂的情境中进行有效推理。例如，中国人民大学高瓴人工智能学院提出了一种动态视听场景下的空间–时序问答模型，让AI能像人一样观看和聆听乐器演奏，并对给定的视音问题做出跨模态时空推理。[①]

（五）加强文化认同与传承

技术赋能下的视听场景通过创新性的叙事方式和视觉设计，增强了受众的文化认同感和情感共鸣，为传统文化的表达提供了新的媒介和形式。例如，《登场了！北京中轴线》（见图5-4）通过多元化的网络视听形式，结合视、味、触、听四大感官体验，通过意象化声音增强了受众的多维感官体验，优化了情感共鸣和感知的过程。在这一过程中，画面布局、角色刻画、节奏变化等视听要素相互支撑，实现了高保真声音环境的创造，通过声音的节奏变化来表现情绪变化，共同搭建起叙事脉络，让受众在沉浸式的环境中感受北京中轴线的历史底蕴与文化内涵，从而激发民族文化自信。

图5-4　《登场了！北京中轴线》节选

---

① 李光耀，卫雅珂，田亚鹏，等.人大高瓴人工智能学院让AI学会了听音乐，还开源9288个视频数据集[EB/OL].[2022-04-19].https://m.thepaper.cn/baijiahao_17672813.

（六）开发与拓展市场

不同视听场景能够满足不同受众群体的需求。视听产业通过提供多样化的视听产品和优质的服务，推动产业的发展。例如，针对新闻服务、家庭影院、个人、娱乐等细分市场，视听企业可以开发差异化的产品和服务，以满足受众对高品质、个性化体验的需求。此外，通过与电信运营商和互联网公司合作，视听企业可以共同开发新的市场应用场景，如基于5G和物联网技术的视听解决方案。

更为重要的是，视听产业通过与其他行业的跨界合作，拓展了视听场景的应用领域。视听技术与智能家居、智慧城市、旅游、教育、医疗等行业的合作，推动了视听技术在这些领域的应用。这种跨界融合为视听产品创造了更多发展机遇，也为各行业提供了创新性的消费场景和解决方案。直播电商的兴起为视听产业及传统企业转型创造了新模式和新机会。短视频平台通过内容引流、电商营销，逐步完善了在线支付业务，形成了完整的短视频电商产业生态。短视频和直播电商的融合也催生了多种新型商业模式。这些模式提升了视听内容的商业价值，推动着数字经济的发展。为此，短视频平台需要不断优化和升级扶持政策。例如，2024年1月，抖音平台在北京举办了"辰星计划"发布会，宣布将给予精品微短剧创作者资金和流量扶持，传递了抖音平台推动微短剧高质量、精品化发展的意愿，助力更多合作伙伴进行内容探索。

政府政策的支持也为视听产业的跨界发展提供了有力保障。2023年12月，工业和信息化部等七部门发布的《关于加快推进视听电子产业高质量发展的指导意见》，强调了推动视听产业高质量发展的重要性，并鼓励企业打造自有品牌，拓展海外市场。

第二节　视听场景的类别与特点

视听场景是由空间（场所）、时间、内容产品、媒介、受众等基本要素构成的。拥有不同基本要素的视听场景呈现出不同的特点。

一、传统视听场景

（一）广播场景

广播是一种利用无线电波或导线传送声音的媒体，它具有传播范围广、速度快等优点，但也存在局限性，如不可重复收听等。在互联网时代到来之前，广播听众的收听行为被定义为"习惯性收听"，是特定时段、特定频率的特定节目与广播听众的特定收听诉求相结合而产生的目的性收听，是一种弱选择行为。[①]除了新闻类节目，传统的夜间谈话节目、音乐节目等都以主播独特的声音特质和个性解读吸引了无数关注者。

1. 广播场景的特点

（1）听众需求的多元化

听众是通过各类终端接收广播内容的群体。不同的听众群体有各自的偏好与需求。了解这些偏好与需求有助于广播更好地定位其内容和服务，促进广播节目的多元化演进。听众由于时间、地点、需求、情绪和场合的不同，会产生不同的内容需求。

（2）场所的多样性

广播可以有多种收听场所，不同的场所对应着听众对广播内容的不同需求。广播展现了其强大的伴随性和实用性，以适应多种收听环境。晨练的绿道、上班的车载场景、临睡前的卧室，听众在这些场所会产生不同的内容需求，形成内容需求的场景化特点。例如，车载广播的内容需要符合驾驶场景的需求，提供实时更新的路况信息、音乐、新闻资讯等。同时，广播的伴随性特质使其能够伴随听众的日常生活，在一定程度上打破时空的局限性。

（3）终端的多样性

从传统的收音机到智能音箱、手机 App 等，广播终端的多样性体现在形态、交互方式以及应用场景等多个方面，为听众提供了更加个性化的收听体验。

（4）互动性的提升

多样化的传播渠道增强了广播与听众、环境的互动性。在线广播平台允许听众通过社交媒体实时参与讨论，发送音频、图片、视频、实时评论等，增强了听众的参与感，营造了一种共在的场景。

2. 广播场景的作用

（1）在社会维度上促进文化传承和信息传递

广播作为重要的信息传播媒介，凭借其大众属性，能够及时向公众传达多种消息，有助于文化传承和形成社会共识。同时，广播在应急场景中发挥着不可替代的作用。在自然灾害、战争或电力通信中断等极端情况下，广播能够作为"最后一道防线"，通过声音传递信息，保障公共安全。

（2）在个人维度上激发情感共鸣，促进自我提升

广播节目为听众提供了多样化的娱乐内容，能帮助听众放松心情，缓解听众面临的压力，通过声音构建"想象的在场"，从而激发听众产生共情。同时，通过有声书等内容，个人能在日常生活中获取知识信息，并持续学习，实现自我提升。

---

① 牛存有.大音频时代广播的发展方向[J].中国广播，2019（1）：47-51.

（3）在经济维度上促进"耳朵经济"的发展

广播场景拥有巨大的听众群体和广告市场，能够为有需求的企业提供有效的推广渠道。同时，广播场景的多样化发展催生了新的经济形态，如"堵车经济"，这为广播带来了新的商业机会，"耳朵经济"已成为新的经济增长引擎。

（二）电视场景

传统视听场景中的电视，是指在20世纪中叶之后广泛应用于家庭和公共场所的电视设备，其特点是通过有线或无线方式接收信号，在电视机上进行即时信息传播和内容输送。[①]传统电视场景主要涉及家庭中的新闻、教育等领域。空间布局与装饰对电视场景影响较大，房间大小、光线、家具布置、装饰细节等，共同构建了电视场景的物理空间，直接影响着观看者的舒适度与沉浸感。

1. 电视场景的特点

（1）家庭性和亲密感

电视常被称为家庭媒体，通常被放置在家庭客厅或卧室等较为亲密的空间，成为家庭成员共享娱乐和获取信息的中心（见图5-5）。这种场景强调了家庭成员之间的互动和共享体验，如家庭成员一起观看综艺节目或电影，增强了家庭的凝聚力。

图5-5　传统电视场景——家庭

注：由奇域AI生成。

---

① 席树芃.媒介融合背景下的电视"再定义"——对"电视之死"学术争论的思考[J].今传媒，2019，27（2）：55-56.

（2）多样化

电视可以依据多样化的使用情境与受众需求进行定制化设置，形成多样化的场景。在家庭之外的公共场景中，电视通常用于集体观看或展示，如商场外的电视通常播放相关品牌促销活动信息。这种场景强调了电视作为信息传播和社交工具的功能，能够吸引大量受众并引发讨论。

（3）沉浸感

电视将高分辨率大屏幕、高质量音响系统、亲密的成员及良好的观影环境相结合，更容易让受众获得沉浸式的体验，同时还可能影响他们对信息的关注度和信任度。

（4）个性化和互动性

随着智能电视的发展，家庭场景中的电视逐渐具备了个性化和互动性特点。受众可以通过智能电视进行个性化内容定制、语音控制、节目回放等操作，能够根据个人兴趣选择观看内容。

2. 电视场景的作用

（1）形成家庭纽带

电视场景是家庭信息获取和娱乐休闲的重要组成部分。观看电视这种共同的活动促进了家庭成员间的互动和情感交流，增强了家庭成员之间的联系。此外，电视节目也可以成为家庭讨论和分享的话题，进一步强化家庭成员之间的理解和沟通。电视场景还可以打造生活仪式。例如，家庭成员围坐在一起观看中央广播电视总台推出的春节联欢晚会仍然是许多家庭除夕夜不可或缺的内容，成为家庭的重要仪式。

（2）引发情感共鸣

受众通过收看电视节目，能够增强情感体验和情感记忆。他们既可能对精心策划和制作的节目内容产生共鸣，也可能将自己的生活经历与节目内容联系起来，从而产生共情。这种共鸣和共情在提升受众对节目的认可度的同时，也能使电视和受众之间、不同受众群体之间的情感联系不断加深，对受众的认知、情感和行为倾向产生深远的影响。

（3）提升社会认知

电视作为文化载体，能反映社会风貌，包括经济关系、政治关系、思想关系等，促进文化理解与社会认知。电视通过展现多样化的生活故事，描绘各种社会现象和人物关系，潜移默化地影响受众的行为准则与道德观念。

（4）刺激产业发展和消费

一方面，电视场景具有良好的广告效应。电视场景可以借助高曝光率和强影响力的优势，帮助品牌在消费市场进行推广，从而促进商品销售。在为品牌带来可观的经济效益的同时，电视也为视听产业带来了广告收入。另一方面，电视场景有助于消费意识的形成。电视文化对商品或服务的消费具有显著的引导作用，能够影响消费者的消费意识和消费倾向，形成消费热点。

（三）电影场景

在电影创作中，电影场景是不可或缺的重要元素，通过特定的时空环境展示故事情节、人物行为和情感变化，是推动剧情发展、塑造角色和营造情感氛围的关键。在视听场景中，电影场景并不局限于为叙事服务的内容场景，还包括电影消费的场景，即电影院。

1. 电影场景的特点

电影院内部的设计和布局，如柔和的灯光、独特的装饰，以及受众沉浸式的观影体验，都能使受众专注于电影内容。早期电影院的建筑和装饰风格非常鲜明，多通过华丽的建筑风格、富有创意的雕塑和精心设计的照明系统，营造出神秘而梦幻的氛围，以此吸引大量受众。例如，位于上海的国泰电影院（见图5-6），原名国泰大戏院，建于1930年，1932年正式对外营业，建筑属于典型的装饰艺术派风格。

图5-6　国泰电影院

2. 电影场景的作用

（1）提供文化娱乐服务

电影场景的核心是为受众提供高质量的视听体验，确保受众能够在愉悦的环境中享受电影。电影承载着丰富的价值和意义，它提供了娱乐、艺术、教育和社会影响等多重层面的服务。电影的存在帮助受众感受、思考和理解世界，丰富受众的精神生活。同时，通过观看电影，受众可以接触不同的文化、价值观和生活方式。还有一些内涵深刻的电影作品能激发受众关注一些以往被忽略的社会问题和群体。

（2）促进经济发展

2024年，中国电影市场年度总票房为425.02亿元，共有79部影片实现票房过亿。2025年春节档电影《哪吒之魔童闹海》（见图5-7），票房登顶全球动画电影票房榜，为行业注入强劲活力，展现了中国电影市场的韧性与潜力。国务院发布的《关于促进服务消费高质量发展的意见》提到，要刺激文化娱乐消费，丰富影片供给，支持以分线发行等差异化模式发行影片，进一步促进电影关联消费。电影场景作为商业设施，具有吸引人流、增加消费和提高周边商铺人气的作用。在很多城市，电影院通常位于大型购物中心的顶层，能够顺理成章地把低层客流引至高层，拉动潜在的消费需求。

图5-7　《哪吒之魔童闹海》海报

（3）社交功能明显

电影院不仅是观看电影的地方，而且是人们社交的重要场所。人们常常和朋友、家人一起观看电影，以此增进感情。在黑暗的影院中，人们共同体验电影带来的情感波动，这种共享的经历使得人与人之间的联系更加紧密。

二、移动数字视听场景

移动数字视听场景指的是依靠移动设备（如智能手机、平板电脑等）进行的视听活动，这些活动覆盖了人们日常生活中的各种场景，包括居家、户外等（见图5-8）。随着移动互联网和智能设备的普及，移动数字视听场景已经嵌入人们的日常生活。

图5-8　人们在居家、户外环境中使用手机

注：由奇域AI生成。

（一）移动数字视听场景的特点

1. 场景隐私化

以智能手机、平板电脑为代表的移动数字视听场景，首先体现出场景隐私化的特点——个人并不希望旁人了解其观看的内容和使用习惯，除非个人主动分享。因此，回避旁人的目光以及为设备设置密码，是保护个人隐私的主要手段。另外，匿名化和数据脱敏也是常见的隐私保护技术。这些技术能去除用户记录中的标识符信息，如姓名、身份证号、设备ID等。

2. 内容个性化

用户能够摆脱被动接受内容的限制，根据自身需求进行内容选择和定制，形成个性化的使用场景。通过流媒体技术，用户可以实时播放或点播音频、视频等多媒体内容。Netflix和Hulu等流媒体服务平台为满足用户对定制化在线体验的需求，推出了个性化信息服务功能，通过建立和更新用户画像、优化推荐算法、收集和利用用户反馈等方式，有效解决用户个性化需求与内容多元化供给之间存在的问题。移动数字视听场景还能够根据用户的地理位置、时间、行为习惯等数据提供个性化的推荐和服务。

3. 使用碎片化

现代人生活节奏快，时间分散，在使用移动设备时往往同时进行多项活动，形成高频次、短时间、碎片化的使用场景，需要在短时间内获取有价值的信息或娱乐内容。短视频凭借碎片化、娱乐化、个性化的特征，能够无缝融入用户的日常生活，充分利用碎片时间，因而成为当下炙手可热的视听产品。移动数字视听场景的碎片化特征是技术进步、用户行为变化以及社会文化趋势等多种因素共同作用的结果。

4. 场景多元化

移动视听行为已经渗透到生活的各个领域，包括居家、车载、户外等固定和移动场景。用户可以在任何时间、任何地点通过移动设备观看视频内容、收听音频内容，如在通勤途中听有声书、在家中观看电视剧或电影、在户外使用手机观看直播等。同时，移动视听行为可以实现跨场景的融合——不局限于单一场景，而是能够跨越多个场景。例如，用户在通勤途中通过手机听音乐，到家后连接智能音箱，继续听音乐。

5. 社交虚拟化

虚拟化的社交叙事正在成为一种趋势。用户在平台上被赋予了以虚拟形象为典型特征的第二身份，并通过第二身份在虚拟场景中进行社交和娱乐。虚拟数字人拥有人的外观，具有特定的相貌、性别和性格等人物特征，拥有人的行为方式，具有用语言、面部表情和肢体动作表达的能力，未来有可能在社交媒体、在线游戏、虚拟会议等场景中扮演重要角色，模拟人类行为。

（二）移动数字视听场景的作用

1. 更好地满足个性化需求

移动视听平台通过分析用户的场景需求，提供定制化的内容和服务。例如，车载音频平台针对车主的需求，提供专属的音频娱乐解决方案；在居家场景中，移动视听平台则可能提供亲子陪伴或休闲娱乐的内容。这种基于场景的服务适配能力，使得移动视听平台能够更好地满足用户的个性化需求。

2. 推动产业融合与创新

移动视听技术与VR、AR、5G等新技术的结合，正在推动视听产业的深度融合与创新。从内容推送，到内容创作、用户交互和用户生成，移动视听技术有力地推动了视听产业的智能化发展。例如，虚拟现实技术被应用于演艺演出、赛事转播等领域，为用户带来了全新的视听体验。

3. 促进数字经济发展

移动视听产业链的拓展，覆盖了全场景服务，并与实体经济紧密结合，形成新的经济格局。移动视听平台可以通过场景化营销，为品牌创造更大的商业价值。例如，在酒店、出行、社区等场景中，移动视听平台可以通过人脸识别、位置感知等技术，提供个性化的天气信息、服务信息与商品推荐，从而为数字经济的发展注入力量。

三、强迫性视听场景

在多种视听场景中，按用户自主行为维度，可以划分出主动性视听场景和强迫性视听场景。在主动性视听场景中，用户通常需要主动探索和参与，才能获取信息。在大部分广播、电视、电影和移动数字视听场景中，用户是相对主动的。强迫性视听场景，也称被动性视听场景，用户如果深处其中，就只能被动地接受视听内容。

（一）强迫性视听场景的种类

1. 电梯屏

电梯屏因其独特的位置和超高的曝光机会，成为重要的广告载体。许多品牌选择在电梯屏上投放广告，以达到提高品牌知名度和吸引潜在消费者的目的。在电梯这一封闭空间中，用户往往无法通过自由移动来逃避广告，只能被动地接受广告内容，这使得电梯广告（见图5-9）成为一种具有显著强迫性的媒介形式。

图 5-9　电梯广告

注：由奇域AI生成。

2. 户外大屏

户外大屏（见图5-10）的强迫性主要体现为其应用非常广泛。由于被广泛应用于日常生活，且难以被用户避免，户外大屏在一定程度上呈现出强迫性的特点。此外，户外大屏通常具有更高的亮度和对比度，能够摆脱恶劣环境和天气导致的光线影响，输出清晰的图像和视频，这也使得户外大屏在视觉上更为突出，以较强的视觉冲击力和吸引力提升了其强迫性。

图5-10 户外大屏

注：由奇域AI生成。

3. 公交、地铁、高铁屏

公交、地铁、高铁等公共交通工具拥有的屏幕呈现出数量众多、伴随性强的特征，能够使用户在强迫性的环境中无意识地接收信息。同时，用户在这类视听场景中汇聚并高频次流转，使这类视听场景具有流动性强、成本较低、精准投送的优势。需要注意的是，公交、地铁和高铁上的强迫性广告需要遵循一定的规范，品牌需要确保广告内容合法、合规，保持合理的播放频次和音量。

（二）强迫性视听场景的作用

1. 信息告知作用

在相关的场景中发布的天气信息、道路信息、航班信息、安全救援知识等内容，能起到信息告知的作用，对于身处场景的用户是具有使用价值的。

2. 广告作用

很多品牌会选择在强迫性视听场景中发布商业广告，此时，商业广告的到达率相对较高。例如，在列车车厢里，大多数用户都会有意或无意地观看广告。但是，这种强迫性的观看通常无法创造良好的体验，可能导致广告效果降低。

3. 有利于人们的社交回避

在某些空间里，人们与陌生人之间的距离远低于心理学上的安全距离。例如，电梯的封闭空间使人们汇聚在一起，有可能让人感到心理不适。在这种情况下，为了避免尴尬和不适感，人们会将注意力转移到电梯广告上，以此来转移与陌生人的社交压力。

第三节　视听场景与元宇宙

元宇宙是一个什么样的场景？它是视听场景的虚拟延伸吗？或者，它是由虚拟的视听场景构成的？

一、元宇宙：虚实共生

◆ 思考

元宇宙与场景有什么联系？

（一）什么是元宇宙？

"元宇宙"（Metaverse）这个概念源于 1992 年出版的科幻小说《雪崩》（*Snow Crash*）。在这部小说中，作者创造了一个与社会紧密联系的三维数字空间，这个空间与现实世界平行，在现实世界中地理位置彼此隔绝的人们可以通过各自的"化身"进行交流。2021年被称为元宇宙元年，标志着元宇宙这一概念进入大众视野。虽然这个概念受到国内外学者和业界的广泛关注，但人们并未对其定义达成共识。新华社在官方网站上将元宇宙定义为"整合多种新技术而产生的新型虚实相融的互联网应用和社会形态"[①]。《中国元宇宙白皮书》将元宇宙定义为"下一代的互联网，具有沉浸式体验的互联网，人们目前

---

① 什么是元宇宙？为何要关注它？——解码元宇宙[EB/OL]. [2021-11-19]. https://www.news.cn/2021-11/19/c_1128081263.htm.

能够想象到的互联网的终极形态"①。2022年9月，全国科学技术名词审定委员会在北京举办元宇宙及核心术语概念研讨会，与会人员经过深入研讨，对"元宇宙""化身""数字人"这三个核心概念的名称、释义形成共识。其中，全国科学技术名词审定委员会将元宇宙定义为"人类运用数字技术构建的，由现实世界映射或超越现实世界，可与现实世界交互的虚拟世界"②。

（二）元宇宙与视听场景

元宇宙是一个独立于现实世界的虚拟空间，通过先进的视听技术，将虚拟事物的价值提升至接近现实的水平。在元宇宙中，视听场景是其核心组成部分，通过 VR、AR、MR 等技术，构建沉浸式的视听场景。可以说，元宇宙是由一个个虚拟的视听场景构成的，这些场景具有高度的沉浸感和交互性，为人类提供了全新的视听体验和交互体验。

1. 场景创设

在元宇宙时代，人类依靠虚拟现实技术，塑造社会景观场域，在线打造拟态式数字文化景观，通过场域符号建设、固有情绪反应在虚拟世界中形成趋同性的认知表达和情绪出口，从而形成集体记忆和公共认知。2022年11月，全球首个景区元宇宙平台"张家界星球"（见图5-11）在湖南张家界正式发布，世界首座虚拟山峰命名权拍卖报名同时启动，用户只需要支付1元报名费，即可参与体验和竞拍。2023年，"张家界星球"全面升级，在数智场景上，逐步将张家界景区从之前的袁家界区域，拓展到天子山、杨家界、黄石寨等区域，全视角超写实还原景区全貌。在数实互动方面，"张家界星球"在山峰云游体验、山峰命名权玩法、拓展山峰数字权益创新玩法上都进行了升级，并创新了线上线下互动。

图5-11　"张家界星球"界面

①　龚才春.中国元宇宙白皮书[EB/OL]. [2022-01-26]. https://www.digitalelite.cn/h-nd-2909.html.

②　"元宇宙"等如何定名释义？全国科技名词委研讨会形成共识[EB/OL]. [2022-09-15].http://finance.people.com.cn/n1/2022/0915/c1004-32526554.html.

154

　　万物皆可"云"的兴起让人类社会虚拟化的脚步进一步加速，固定边界的空间逐渐延伸为无边界、多维度、可融合又可消弭、可变速又可暂停的虚拟时空，在传播内容、拟态场景之间建立起更加丰富的情感互动体验和情感脉络连接。在元宇宙中，视听场景扮演着至关重要的角色。视听场景是元宇宙的基础架构和载体，也是连接虚拟世界与现实世界的桥梁。

数字资源 5-1

实时云渲染、XR 云互动：

"张家界星球"元宇宙备受游人青睐

数字资源 5-2

元宇宙场景的主要体现

2. 应用场景

　　元宇宙的应用场景非常广泛，涵盖教育、工业、娱乐、商业、医疗、旅游等多个领域。其中，在教育领域，元宇宙可以提供虚拟实验室和沉浸式学习环境；在工业领域，元宇宙可以用于模拟生产流程和设备维护；在娱乐领域，元宇宙则提供了虚拟音乐会和虚拟游戏（见图5-12）。元宇宙中的视听场景不局限于传统的视听内容，还包括虚拟偶像、虚拟演唱会、虚拟游戏等多种形式。例如，2025年1月，四川网络春晚通过网络平台在线直播，为人们带来了一场视觉与听觉的双重享受。节目组通过VR技术创作了种类丰富的沉浸式视听节目，展示了元宇宙虚拟场景与现实人物的有机结合。

图 5-12　虚拟音乐会、虚拟游戏

注：由奇域AI生成。

3. 内容体系

元宇宙的内容体系主要由两类内容构成：一是传统网络内容的立体化呈现，如虚拟旅游景点、虚拟会议空间等；二是文化和创意产业在元宇宙中的创新内容，如虚拟艺术品、数字资产、数字视听产品等。此外，元宇宙还涉及虚拟经济、虚拟社交网络和虚拟情境等。

◆ 讨论

你身边有哪些"场景＋AI"落地现实的应用？它们将来会成为元宇宙的组成部分吗？

二、元宇宙中视听场景的构建与作用

在元宇宙中，视听场景的构建是一个多维度的过程，涉及技术、内容、经济、安全、社交和基础设施等多个要素。这些要素相互作用，共同构成虚拟场景网络，用户可以在其中自由探索、交互和创造，形成充满活力且可持续发展的虚拟生态系统，并且通过VR、AR等技术将现实与虚拟空间相结合，创造出沉浸式、互动性强的元宇宙视听场景。

（一）元宇宙中视听场景的构建

1. 技术和数据的融合

元宇宙的构建依赖多种先进技术的融合，包括AI、VR、AR、MR、XR、区块链、数字孪生、5G、6G、云计算、物联网技术等。这些技术共同作用，为元宇宙构建沉浸式体验、实时互动和高度逼真的虚拟场景提供了强大的技术基础。例如，元宇宙利用XR和数字孪生技术，将现实世界的元素映射到虚拟世界中，形成高度平行于现实世界的虚拟社会样态，用户可以在其中自由穿梭，体验沉浸式和互动式场景。

在元宇宙中，视听场景的一个重要特征就是虚实融合，即通过技术手段将虚拟世界与现实世界相结合。这种融合不仅体现在场景的构建上，而且体现在用户的行为数据上，即在现实场景中加入虚拟元素，或在虚拟场景中引入现实数据。例如，数字孪生技术可以将现实世界的物理实体或系统进行数字化处理，并在虚拟世界中创建精确的镜像。该技术能实时收集现实世界的传感器数据，将数据映射到虚拟环境中，从而实现虚实融合。

2. 高度拟真性和跨时空的同步性

高度拟真性和跨时空的同步性是元宇宙视听场景构建的基础条件。在现实世界中发生的一切与虚拟空间相对应，通过特殊的文化符号在数字空间中进行重现，此时，物理符号成为虚拟空间与现实空间的连接点。在依赖虚拟仿真技术打造的"拟态环境"中，互动效果受虚拟环境与现实环境差异的影响。如果虚拟空间中的符号与现实环境的元素差距过大，那么用户也不会在其中获得真实感，其体验感也难以达到身临其境的状态。赛博朋克电影[①]，就是通过空间建构和场景对立来突出其主题，用户不会在陌生空间中有距离感。电影制作者通过整合视觉和听觉信息，增强用户对环境的感知和理解。《银翼杀手2049》（见图5-13）、《头号玩家》（见图5-14）就是其中的典型代表。影片中采用的前沿技术，为观众呈现了充满奇幻色彩的世界。

图5-13　《银翼杀手2049》剧照

图5-14　《头号玩家》海报

3. 视听场景的隐喻氛围营造

元宇宙视听场景的隐喻氛围营造是将复杂而多样化的抽象概念进行具象化处理，即将抽象或难以用语言陈述清楚的概念转化为具体可感的形象，为场景增添多层次的解读空间。其中，隐喻和象征是表达深层次意义的重要手段。创作者可以在视听场景中利用

---

① 赛博朋克电影是科幻电影的一个分支，大多以先进的技术为主题，围绕黑客、AI及人类之间的矛盾展开。"赛博朋克"是cyberpunk的音译，其灵感来自单词cybernetics与punk。

物体、动作、眼神、姿势、表情等符号元素，激发受众的思维活动，而隐喻的不确定性也为受众留下了自主理解和感受的空间，从而延伸出具有个人色彩的隐喻解读的过程。

　　数字人作为连接虚拟空间与实在场景的主体，存在于数字视听虚拟场域中，能够通过技术得到近乎真实的反馈信息。在一个独立的全新场景中，视觉、听觉、嗅觉、味觉、触觉都得到放大，用户需要在元宇宙中构建新的故事。例如，中国国家博物馆虚拟数智人讲解员艾雯雯（见图5-15），由旁观者转变为听众、策划者乃至参与者，拥有多重身份。智慧融合，数字赋能，虚拟数智人艾雯雯，开启了中国国家博物馆"上云用数赋智"①新的打开方式。

图5-15　虚拟数智人讲解员艾雯雯

4. 交互社区的创建

　　从文化空间到不限制、跨时空的虚拟世界，视听场景通过视听符号建构的场域营造虚拟社区，通过虚拟空间的数字符号和对象物的记忆符号，展示元宇宙虚拟社会互动的功能属性。为建设交互社区，用户需要创建自己的虚拟身份，这是他们在元宇宙中的数字化代表。此外，可以通过3D建模工具（如Unity或Unreal Engine）创建虚拟环境和视听交互场景。为了促进社区内的互动，可以开发或集成多种交互功能，如实时语音交流、虚拟聊天室、多人游戏等，这可以帮助用户更好地了解彼此并建立联系。社区需要打造凝聚共识的社区文化，这是成员之间建立信任和友谊的基础。虚拟社区可以通过组织线上和线下活动、提供奖励机制等方式激发用户的参与热情，吸引用户关注和参与社区活动，并逐步强化社区文化。

---

① "上云用数赋智"是指通过构建"政府引导—平台赋能—龙头引领—协会服务—机构支撑"的联合推进机制，带动中小微企业数字化转型。"上云"的重点是推行普惠性云服务支持政策，"用数"的重点是更深层次推进大数据融合应用，"赋智"的重点是支持企业智能化改造。

（二）元宇宙中视听场景的作用

1. 推动内容生产和社区交互的变革

元宇宙作为高度沉浸和互动的虚拟空间，为跨媒介叙事提供了理想的平台。跨媒介叙事（transmedia storytelling）作为当代叙事艺术的新形态，与传统叙事不同。跨媒介叙事是多模式、互文性、分散式的，是文字、图像、声音、视频等多种模态的融合，旨在发挥媒体间的联觉效应，增强故事的沉浸感，使受众能够在多感官层面体验和感知故

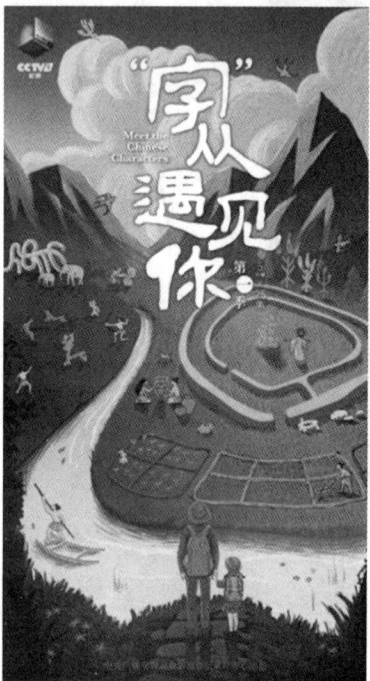

图5-16　《"字"从遇见你》海报

事。①亨利·詹金斯（Henry Jenkins）率先提出此概念，强调其是技术融合，更是对传媒生态的全面重构，涵盖技术、产业、市场、内容及受众等多个维度，为故事的展开提供了丰富的视角和层次。②在元宇宙场景中，通过结合VR、AR、MR等技术，元宇宙能够打破传统媒介的限制，实现虚实共生的空间叙事，从而增强用户的沉浸感和参与感。这种沉浸感不局限于视觉和听觉，还包括触觉、嗅觉等多感官的融合，使用户能够全身心地投入到叙事中。例如，通过空间音频和触觉反馈，用户可以感受到故事环境的真实性和生动性。这种跨媒介叙事还涉及多种媒介的互动和融合，形成多模态的叙事空间。例如，纪录片《"字"从遇见你》（见图5-16）通过跨媒介叙事解读传统文化，呈现汉字之美，使宏大的历史微观化，厚重的内容年轻化，静态的媒介动态化。此外，跨媒介叙事还可以通过VR、AR、MR等技术，进一步拓展叙事的空间和形式，同时通过多种媒介的有机整合和互动，创造全新的叙事体验。

元宇宙场景中的跨媒介叙事的核心在于元素分散与整合，也就是说，一个虚构文本的完整元素被系统地分散在多个传播渠道上，营造出一种统一而协调的叙事氛围。这种叙事方式打破了传统叙事的边界。通过跨媒介叙事，受众能多角度、多层次地探索和理解故事，从而获得更加丰富和深刻的感受。这种创新性的叙事实践不仅丰富了故事的表现形式，而且提升了受众对故事的理解和体验。

2. 促进数字产业融合发展

元宇宙推动了视听产业的智能化转型。从2022年开始，相关部门积极响应国家关于

---

① 陈盼盼，孙绍勇.中华文化对外传播的跨媒介叙事机理、挑战与对策[J].甘肃社会科学，2024（6）：51-59.

② 亨利·詹金斯.融合文化：新媒体和旧媒体的冲突地带[M].杜永明，译.北京：商务印书馆，2012.

发展数字经济的号召，纷纷出台支持元宇宙产业发展的政策和专项措施。2024年10月，安徽省启动了元宇宙应用场景案例征集工作，挖掘和展示创新应用场景。2024年12月，南京市发布了人工智能和元宇宙示范应用场景需求及典型案例，推动数字技术与实体经济的深度融合。各地在推动元宇宙技术发展和应用的同时，通过政策支持加速城市数字化转型、数字经济的发展和元宇宙产业融合。

元宇宙通过技术创新和模式创新，为商业模式带来了全新的机遇和挑战，逐渐成为推动现代经济和社会发展的重要力量。元宇宙中的虚拟土地、数字艺术品、游戏道具等虚拟资产成为新的经济形态，推动数字经济的发展。非同质化代币（non-fungible token，NFT）和去中心化金融（decentralized finance，DeFi）等新兴模式，为企业提供了新的盈利途径。[①]此外，各地还通过建设元宇宙产业园区、打造示范应用场景等方式，促进元宇宙技术在文旅、工业、教育、医疗等领域的应用，推出虚拟旅行、产品协同设计、沉浸式学习、远程医疗培训项目等，实现虚拟世界与现实世界的无缝连接，提升实体经济的效率和创新能力，促进不同产业之间的相互渗透，形成了新的产业生态。"2023遇兔呈祥大湾区广东卫视春节晚会"，是广东卫视推出的元宇宙晚会，通过新开发的元宇宙场景，以高品质视听服务为切入点，构建更开放的生态体系，打造更融合的网络，实现更便捷的交互，提供更多态的内容、更精准的供给、更沉浸的体验和更智慧的服务，展示了元宇宙在大型活动中的应用潜力。

3. 提升用户体验，促进价值共创

元宇宙的核心体验具有沉浸感、互动性和持久性。用户可以通过数字替身在元宇宙中进行社交、工作和娱乐活动，实现与现实世界的无缝连接。元宇宙的视听场景不仅打破了传统视听场景的边界，而且通过超高清技术、全景视频、自由视点视频等技术手段，提升了用户的沉浸感和交互体验。借助前沿技术，通过实时渲染和高精度虚拟场景创建，视听场景实现了从三维到四维和五维、从实体到虚拟的跨越，模糊了现实环境与虚拟视听场景的边界，为用户创造了沉浸式体验和虚实结合的视听感受。例如，在家庭元宇宙场景中，用户能借助VR技术体验沉浸式的娱乐方式，如VR影视、VR游戏等。

此外，元宇宙还强调用户的参与感和创造能力，使用户从被动的体验者转变为积极的参与者。通过精心设计的互动环节和情感交流，用户在享受产品和服务的过程中，能够产生强烈的情感认同和归属感。同时，元宇宙提倡用户参与产品或服务的设计、使用和互动过程，通过自身知识和技能对视听场景和产品功能进行自我生产和改进、自由搭配、风格设定和创新组合，从而主动创造价值。这种价值的共创模式强调了用户在元宇宙视听场景价值生成中的核心地位。

---

① 袁园，杨永忠.走向元宇宙：一种新型数字经济的机理与逻辑[J].深圳大学学报（人文社会科学版），2022（1）：84-94.

4. 推动数字生态构建

在以元宇宙为代表的数字化浪潮中，视听场景的发展正经历着深刻的创新性变革，这一变革主要体现在数字生态逻辑的全面应用和创新推动上。通过引入 VR、AR、MR 和 XR 等技术，创作者极大地提升了内容生产的效率和质量。依托这些技术，创作者能够完成视频编辑、特效生成、元数据管理等任务，降低了制作成本，提高了创作灵活性。除此之外，AI 技术也被用于分析用户数据和偏好，实现个性化内容创作。同时，智能基础设施的建设也为内容生产提供了强大的技术支持。

构建数字生态的核心任务在于推动各大数字平台间的无缝对接，通过开放共享的数据资源，形成一种连接企业、个人的数字生态，确保所有参与者，包括企业和个人，在不同场景中都能实现流畅的互联互通。同时，数字生态运用数字化技术挖掘数据深层逻辑，充分释放数字技术在生态环境治理中的叠加、聚合、倍增效应，深化了产业协同。数字生态的构建远不止于技术革新，还在更深层次促进了产业结构的重塑，贯穿了产业链的每个环节，从内容的创意构思、精细制作到精准分发，无一不在数字生态的推动下实现优化与升级。

5. 加快多场景融合

元宇宙视听景观需要支持多种终端和应用场景，以推动元宇宙视听产业的创新和发展。元宇宙平台技术架构采用前后端分离的模式，使得前端和后端可以独立开发、测试和部署。在元宇宙视听场景设计中，这种架构可以支持高并发的数据处理和实时互动功能。随着技术的演进，从传统视听传播到网络直播，乃至虚拟现实、增强现实等新型体验，视听场景的应用场景变得越来越多元化。平台架构在其中作为支撑点，在确保这些多样化场景稳定运行的同时，也保持了高度的可配置与可扩展能力。

6. 塑造 AI 美学

AI 美学是人类审美意识对 AI 功能、审美以及实践认知的美学呈现。随着 AI 技术的迅速发展，AI 美学成为一个新的研究领域，它探索如何通过机器学习算法创造和评价美的概念。AI 美学挑战了传统艺术的定义，也开辟了艺术创作的新途径。机器能够在分析大量艺术作品后，学习美的规律，并用这些规律创造出新的艺术作品。数字化与艺术化的融合，是 AI 美学的典型特征。作为国内首部 AI 全流程微短剧，《中国神话》（见图 5-17）的美术、分镜、视频、配音、配乐均由 AI 完成。《中国神话》共六集，分别为《补天》《逐日》《奔月》《填海》《尝百草》《治水》，体现了 AI 影像生成技术与中华优秀传统文化的结合，借助 AI 技术拓展人们对神话的常规想象，展现民族精神的时代回响。微短剧《AI 看典籍》（见图 5-18）以史志、文学、农学、茶学、医药学等典籍为创作蓝本，通过 AI 解读中华文明经久不衰的密码。

元宇宙生成式博物馆的数字时空，能完成真实化或写意化的空间再现，审美化的感知在这一过程中成为可能。随着技术的发展，现代艺术和媒介开始挑战柏拉图式的摹仿观念。生成式AI图像和3D电影等技术能够创造出逼真的视觉效果，使得受众难以分辨真假。这模糊了现实与虚拟的界限，还赋予了影像新的认识功能，使其在某种程度上超越了柏拉图所批判的"影子"的局限。

图5-17　《中国神话》海报

图5-18　《AI看典籍》节选

◆ 讨论

1.在元宇宙视听场景中，如何进行内容制作方面的创新？
2.元宇宙数字生态发展的方向是什么？

参考文献

[1]Lefebvre H. The production of space[M].Translated by Nicholson-Smith D. Cambridge: Wiley-Blackwell, 1991.

[2]米歇尔·希翁.视听：幻觉的构建[M].黄英侠，译.北京：北京联合出版公司，2014.

[3]李光耀，卫雅珂，田亚鹏，等.人大高瓴人工智能学院让AI学会了听音乐，还开源9288个视频数据集[EB/OL].[2022-04-19].https://m.thepaper.cn/baijiahao_17672813.

[4]席树芃.媒介融合背景下的电视"再定义"[J].今传媒，2019，27（2）：55-56.

[5]什么是元宇宙？为何要关注它？——解码元宇宙[EB/OL].[2021-11-19].https://www.news.cn/2021-11/19/c_1128081263.htm.

[6]龚才春.中国元宇宙白皮书[EB/OL].[2022-01-26].https://www.digitalelite.cn/h-nd-2909.html.

[7]"元宇宙"等如何定名释义？全国科技名词委研讨会形成共识[EB/OL].[2022-09-15].http://finance.people.com.cn/n1/2022/0915/c1004-32526554.html.

[8]陈盼盼，孙绍勇.中华文化对外传播的跨媒介叙事机理、挑战与对策[J].甘肃社会科学，2024（6）：51-59.

[9]亨利·詹金斯.融合文化：新媒体和旧媒体的冲突地带[M].杜永明，译.北京：商务印书馆，2012.

[10]袁园，杨永忠.走向元宇宙：一种新型数字经济的机理与逻辑[J].深圳大学学报（人文社会科学版），2022（1）：84-94.

第六章

视听传播效果与评价方法

人们在进行了视听传播之后，一般都想了解传播的效果。我们将在本章中探讨如何评价视听传播效果，重点介绍视听传播效果评价的常用标准和一般方法，包括市场评价、专业评价和复合评价。

第一节　视听传播效果：外在特征和理论内涵

效果研究在传播学中占据重要地位，传播效果既是传播的起点，也是传播的归宿。近年来，随着数字技术的发展，视听传播呈现出技术驱动、用户参与、去中心化等特征，如何准确评价视听传播效果引起了人们的广泛关注。

◆ 思考

受众在视听传播效果的形成中起什么作用？

一、视听传播效果的概念、特征、作用方式

（一）视听传播效果的概念

视听传播效果是一个多维度、复合且弹性的概念，涵盖微观和宏观两个层面，与媒介场景和活动紧密相关。

微观上，视听传播效果指传播行为对受众认知、态度和行为的影响；宏观上，视听传播效果指大众传媒对个体和社会的整体作用，其结果受环境、媒介类型、策略、受众背景及心理状态等因素影响。

作为人类的交流活动，视听传播体现出社会化特征和目的导向。许多研究者从不同角度定义视听传播效果。祁林关注视觉文化的影响力，视其为视觉传播效果。[①]周勇和赵璇在测量层面建立了跨屏时代的理论和方法。[②]随着媒介形态的变迁和功能的多元化，媒介形态变迁使视听传播效果的定义更加宽泛。罗莹和刘冰将网络信息传播效果定义为对信息受众的影响。[③]王秀丽等人则将社会化媒体效果定义为用户及其内容对个人、组织及社会带来的线上及线下的认知、态度或行为改变。[④]

（二）视听传播效果的特征

1. 互惠性

视听传播效果的互惠性体现了传播活动与效果间的动态循环关系。媒体机构通过系统监测和评价，量化成效并揭示受众偏好，进而优化传播策略，推动视听传播质量的提升。这种互惠性作为视听传播生态系统发展的核心动力，为实现更有效、精准的传播提供了基础。然而，互惠性也可能导致媒体机构过度关注短期效果或量化指标，忽视内容质量的长期影响。

2. 叠加性

视听传播效果的叠加性体现了短期效果和长期效果的统一性，以及多重因素在传播过程中的综合作用。这一特征表明，视听传播影响是随时间不断累积和深化的过程，强调短期效果与长期效果相互影响、逐步积累。传播环境、内容质量和受众特征这三个关键因素的不同组合，共同塑造了视听传播的整体效果和影响力。

3. 可衡量性

视听传播效果的可衡量性为视听传播的科学管理提供了基础，即视听传播效果可以通过播放量、观看时长等数据呈现出来。媒体机构结合定量、定性方法分析受众反应，优化传播策略，促进传播活动的持续改进和资源的精准配置。但是，由于深层次、长期效果难以完全被量化，媒体机构需要全面评估传播的多维效果，确保传播策略的科学性与有效性。

---

① 祁林.传播学视野中视觉文化研究的谱系[J].国际新闻界，2011（6）：6-12＋27.

② 周勇，赵璇.跨屏时代的视听传播[M].北京：中国人民大学出版社，2021.

③ 罗莹，刘冰.网络信息传播效果研究[J].情报科学，2009，27（10）：1487-1491.

④ 王秀丽，赵雯雯，袁天添.社会化媒体效果测量与评估指标研究综述[J].国际新闻界，2017，39（4）：6-24.

4. 与受众的不可分离性

受众在视听传播中居于核心地位，这贯穿内容创作、渠道选择和效果评价环节，直接影响传播效果。受众概念随技术发展不断演变，从广播时代的被动听众、电视普及期的观众，发展为数字媒体时代的用户或内容创造者，这一演变过程凸显了受众主动性和参与度的显著提升，深刻影响了视听传播的效果形成机制。

（三）视听传播效果的作用方式

视听传播效果主要体现在认知、情感和行为三个层面，传播活动的最终目标是通过影响这些层面来实现预期的传播效果。

1. 认知响应

认知响应是视听传播效果的首要作用方式，涉及受众接收信息后的思维过程和知识结构变化，主要体现在信息理解、记忆和评估方面。视听传播通过将声音与图像相结合来吸引受众的注意力，提高信息的可理解性，并影响受众的认知。

认知响应受到受众知识水平、认知能力及信息呈现方式的影响。数字时代的信息过载可能导致表层认知，个性化算法则可能强化偏见。因此，受众的媒介素养和批判性思维能力成为应对这些挑战的关键。

2. 情感响应

情感响应是视听传播效果中表现更直接且强烈的作用方式，由视听内容激发的情绪变化产生。视听传播的多感官刺激特性是引发情感响应的主要原因：声音通过音调、节奏和音量营造氛围，图像通过色彩、构图和动态传递情感，两者结合，能创造丰富的感官体验。

情感响应常与认知和行为相关，如纪录片激发受众对相关议题的关注，公益广告激发受众的责任感。在社交媒体时代，短视频、表情包等使情感化传播更加普遍，为传媒机构提供了新机会，同时也带来了在信息碎片化环境中维持深度情感连接的挑战。

3. 行为响应

行为响应是视听传播效果的最终目标，体现为受众的实际行动改变。行为响应可以表现为即时的微小改变（如购买产品），或长期的重大调整（如养成环保习惯）。视听传播通过提供行为示范、情感激励和信息知识来影响受众的行为。

行为响应通常由认知和情感综合驱动。例如，健康节目能帮助受众积累知识（认知），激发受众对身心健康的渴望（情感），最终促使受众改变习惯（行为）。数字时代，社交媒体和直播平台提升行为示范效能，但信息过载可能削弱单一内容的影响，如何实现持续行为改变仍是当前视听传播领域的重要课题。

◆ 讨论

观看李宁"我，一切皆有可能"系列的宣传视频（可以在李宁官方网站或社交媒体平台上找到），分析这个系列的视频如何在受众的认知、情感和行为三个层面发挥作用。

二、视听传播效果研究理论

人类对视听传播效果的理论考察有着悠久的历史。笔者基于受众认知决策过程的基本规律，将视听传播效果研究理论分为显性引导和隐性轻推两大模式，并介绍经典的理论。

（一）显性引导模式

劝服理论是显性引导模式的典型代表。卡尔·霍夫兰（Carl Hovland）等学者通过大量心理实验研究发现，传播效果受多种因素影响，单一的大众传播难以直接改变受众的态度。丹尼斯·麦奎尔（Denis McQuail）等学者基于此，提出了传播/说服过程的输入输出矩阵模型，该模型包含5个输入要素（信源、信息、接收者、渠道和语境）及12个输出阶段，强调接收者的主动参与和思考。[①]

（二）隐性轻推模式

隐性轻推模式基于自由主义家长制原则，利用非经济刺激与形式变换激活受众直觉，简化决策过程，以实现传播目标。这种模式利用了人们认知决策过程中的局限性和行为偏差，是一种更高级、潜力更大，但也可能更具风险的决策辅助方式。

1. 涵化理论

涵化理论由格伯纳（George Gerbner）于20世纪60年代末提出，源于对美国暴力犯罪问题和电视普及影响的研究。其核心观点认为，大众媒体提供的"象征性现实"对人们认知世界有深远影响，导致主观现实与客观现实产生偏离。格伯纳还提出了"主流化"概念，指出长期接触电视的不同背景的观众，其社会现实观会趋于一致，这种趋同是向统治精英设定的意识形态靠拢，揭示了大众媒体在社会意识形态塑造中的关键作用。

---

① 丹尼斯·麦奎尔，斯文·温德尔.大众传播模式论[M].祝建华，译.上海：上海译文出版社，2008.

◆ 讨论

《感动中国》是中央广播电视总台打造的精神品牌栏目，已经连续举办多年，通过多种投票方式选取年度令人感动的人物和团队，被誉为"中国人的年度精神史诗"。该节目是如何体现涵化理论的？

2. 框架理论

框架理论源于戈夫曼（E. Goffman）等人的研究，20世纪80年代被引入新闻传播领域。该理论认为，大众传播是建构现实及其意义的活动。新闻框架源于媒体立场、编辑方针及与事件的利益关系，通过特定符号体系在新闻文本中表现出来。作为定性新闻事件的主导性框架，对受众认知和反应有重要影响。

3. 创新扩散理论

罗杰斯（E. M. Rogers）提出的创新扩散理论阐述了新观念和产品通过媒介影响人们接受的过程，这个过程包括认知、说服、决策、实施和确认五个阶段。该理论强调大众传播在认知阶段传递信息，而人际传播在说服阶段改变个体观念，形成多级传播模式，为人们理解创新在社会中的传播和接受过程提供了系统框架。

4. 议程设置理论

麦库姆斯（Maxwell McCombs）和肖（Donald Shaw）提出的议程设置理论阐述了大众传播对公众议事日程的影响。该理论包含三个层次：基础议程设置影响人们"想什么"；属性议程设置影响人们"怎么想"；网络议程设置则关注媒介建构议题的关联网络。这三个层次揭示了从认知到态度再到关联构建的复杂过程。

◆ 讨论

很多新闻App都在为用户推送新闻，这些推送体现了议程设置理论吗？

三、视听传播的多维效果

视听传播效果是现代传播学的核心议题之一。接下来，笔者将从五个关键角度探讨视听传播效果的多维意义，包括短期与长期效用，以及对视听内容生产者、消费者和监管者的意义，全面展现视听传播在当代传播生态中的关键作用。

（一）短期效用

首先，视听传播能有效实现创作者的预期目标，通过精心设计的内容迅速吸引受众的注意力，传递信息，并引发受众的情感共鸣。这使视听传播成为实现短期传播目标的有力工具。

其次，视听传播促进了信息的高效流通，尤其适用于危机沟通等场景，多感官刺激提升了信息吸收率，能突破语言和文化障碍。

最后，它能有效激活市场活力，通过吸引力强的内容提升品牌知名度、刺激消费，并在社交媒体中进行病毒式传播。

总之，这些短期效用共同彰显了视听传播在现代传播实践中的核心地位。

（二）长期效用

第一，持续的视听传播能够巩固并塑造主流舆论。通过系统传播正面内容，视听传播能够促进稳定的舆论氛围的形成。

第二，视听传播在引领价值导向方面发挥了重要作用。视听作品通过传播核心价值观，引导公众树立正确的世界观，推动社会进步。

第三，长期视听传播对凝聚社会共识具有深远影响。通过文化符号和情感体验，视听节目能搭建起与受众沟通的桥梁，增强社会凝聚力。

（三）对视听内容生产者的意义

第一，深入理解视听传播效果能够指导视听内容生产者优化内容设计。生产者可以根据传播效果分析，精准把握受众需求，以提升内容质量，增强视听产品的吸引力与竞争力。

第二，视听传播效果研究为优化传播渠道选择提供了重要依据，使生产者能够更准确地评估各渠道的传播效能，制定精准的分发策略，提高内容的影响力和资源利用效率。

第三，对传播效果的重视促使生产者建立起完整的内容生态系统，从调研到评估，推动行业发展和创新。

（四）对视听内容消费者的意义

首先，通过深入分析视听内容消费者（即受众）的行为和偏好，生产者能够更精准地满足消费者的多元化需求，提供贴合消费者需求的个性化内容和服务。

其次，视听传播效果的优化能直接提升消费者的观看体验，通过高质量的内容和技术创新，增强消费者观看的沉浸感。

　　最后，视听传播效果研究能促进个性化推荐系统的完善，利用算法实现精准推荐，提高内容获取效率，提升消费者的视听体验。

（五）对视听内容监管者的意义

　　首先，深入分析视听传播效果和影响因素有助于监管者完善监管机制，制定更为科学有效的评估标准，建立和完善敏感内容预警机制。

　　其次，视听传播效果研究为优化内容生态提供了指导。监管者可以据此鼓励优质内容生产，及时干预存在潜在风险的内容，促进行业良性发展。

　　最后，对传播效果的把握使监管者能更有效地引导社会价值观，精准设计正向内容，在重大社会议题或公共危机中凝聚共识、传播正能量，平衡创作自由与公共利益。

◆ 思考

　　如何在追求短期传播效果和实现长期社会价值之间取得平衡？请从视听内容生产者、消费者和监管者的角度分析可行的策略。

第二节　视听传播效果评价的定义、思路与功能

　　视听传播效果评价是传播实践的关键环节，能反映视听传播活动的成效，也为优化视听传播策略提供了重要依据。本节将从多元视角解读视听传播效果评价的内涵，探讨评价思路。通过系统梳理这些内容，我们将揭示视听传播效果评价在当代传播生态中的核心功能与价值，为理解和改进传播实践提供思路。

一、视听传播效果评价的定义

◆ 思考

　　视听传播效果评价是一种主观活动还是客观活动？若是主观活动，应持有怎样的立场？若是客观活动，应遵循哪些标准？

　　视听传播效果评价是一种系统性方法，用于衡量和分析视听内容的影响力、覆盖范围和受众反应。它涵盖内容质量、传播范围、受众参与度和社会影响力等多个维度，其核心目标是通过优化传播策略，提高传播效率，实现信息的有效传递和社会价值的最大化。

（一）研究者视角的视听传播效果评价

1. 主要内容

传播学和新媒体研究领域的研究者将视听传播效果评价视为核心议题和重要指标。他们关注以下内容。

（1）理论框架

这指的是研究者们运用议程设置、沉默螺旋等理论构建评价模型，解释媒体对公众认知和社会舆论的影响。

（2）方法论

研究者们开发并应用定量和定性研究方法，如内容分析、受众调查、实验研究等，全面评估视听传播效果。

（3）跨学科研究

研究者们结合传播学、社会学、心理学、文化学等学科知识，对视听传播效果进行评价。例如，将性别研究与传播学研究结合，探讨媒介对社会性别发展的影响。

（4）历史脉络

研究者们关注本领域学术研究和传媒实践的历史、现状和未来趋势。

2. 优势和不足

研究者视角的视听传播效果评价具有以下优势：理论基础扎实，拥有系统性的解释框架；研究方法严谨，采用科学的定量和定性方法；拥有跨学科视野，从多角度分析问题；坚持长期性研究，追踪视听传播效果的长期变化。

其不足体现在以下方面：实用性有限，即过于理论化，难以直接应用；研究周期长，研究可能滞后于快速变化的媒体环境；样本具有局限性，受研究资源限制，样本可能不够全面；研究假设可能与现实情况存在偏差。

（二）媒体从业者视角的视听传播效果评价

1. 主要内容

对于一线媒体从业者而言，视听传播效果评价是指导工作和优化策略的重要工具。

视听传播效果评价以实践为导向，注重评价结果的实际应用。从业者会结合评价结果调整内容生产和传播策略。评价受数据驱动，依赖点击率、观看时长、互动率、转化率等指标。考虑到不同平台（如微信公众号、微博、小红书）的传播效果不同，从业者需要进行整合评估。此外，从业者还要积极探索新的评价方式，如与学术机构合作开展研究，通过主流媒体宣传研究成果等。

拓展阅读

微博热搜榜

微博热搜榜是典型的媒体从业者视角的传播效果评价工具，基于话题讨论量、阅读量、转发量等数据指标，每分钟更新，强调实时传播效果。从业者可以通过热搜指数直观地了解话题传播范围和话题影响力，快速调整内容策略，推出更具吸引力的话题。微博热搜榜也被用作广告投放的参考，体现了人们对商业价值的关注。然而，这种评价方式也存在局限性，如可能忽视内容质量，过度追求短期热度等。

2. 优势和不足

媒体从业者视角的视听传播效果评价具有以下优势：实践性强，能够快速获取反馈；数据丰富，拥有大量一手的用户行为数据；灵活性强，能够根据市场热度迅速调整策略；拥有创新导向，可以不断尝试新的传播方式、技术和平台。

其不足体现在以下方面：理论基础薄弱，可能过于依赖经验而忽视系统性分析；存在短期效应偏好，可能过分关注短期效果而忽视长期影响；因具有商业导向，可能过度追求点击率等表面指标；评价标准单一，可能忽视内容的社会价值和文化影响。

（三）政府政策制定者视角的视听传播效果评价

1. 主要内容

政府部门将视听传播效果评价视为文化治理和舆论引导的重要工具。视听传播效果评价为制定文化发展政策提供了重要依据。例如，2022年8月发布的《"十四五"文化发展规划》就强调了加强传播效果评价的重要性。政府部门为了顺利开展评价工作，会加强评价机制建设，例如提出并建立健全媒体自评、媒体互评和重点点评相结合的新闻阅评机制，以全面评价传播效果。政府部门重视提升国家文化软实力，推动重大学术成果的国际化传播，这也是传播效果评价的重要内容。另外，政府部门关注视听传播的社会效益，评价标准不仅包括传播范围和受众反应，而且包括视听传播对社会价值观、文化认同等方面的影响。

拓展阅读

广播电视节目收视综合评价大数据系统开通试运行

2018年12月，由国家广播电视总局委托广播电视规划院基于自主技术建设的广播电视节目收视综合评价大数据系统正式开通试运行。不同于传统的在样本户基础上的收视率统计方式，这个"全网络、全样本、大数据、云计算"的节目收视综合评价系统，不仅更适用于当前电视节目观看方式多渠道、多样化的新趋势，而且通过数据抗干扰能力的提高，有望从根本上治理收视率造假问题。

新系统实时回传的海量数据采集模式，极大地弥补了传统数据采集方式的不足。传统的样本户采集方式主要采用目前世界上最为普遍的两种方式——日记卡和收视率测量仪。日记卡是由样本户填写收视日记卡，调查员上门采集数据进行统计。收视率测量仪则类似电视机机顶盒，为样本户配有专门的遥控器，他们在收看电视时，分别按下代表个人信息的代码键，在频道停留一定时间，收视数据就会被记录下来，并通过电话自动回传给调查公司。这两种传统方式样本户的规模都非常有限，大大削弱了收视率数据的代表性和可信度。

广播电视节目收视综合评价大数据系统基于"全网络、全样本、大数据、云计算"技术，通过全量样本统计提升数据的代表性和可信度。它能对节目的传播力、引导力、影响力和公信力进行深度分析，指导节目制作全过程，有效推动行业健康发展，同时有望解决收视率造假等问题。

2. 优势和不足

政府政策制定者视角的视听传播效果评价具有以下优势：从宏观角度来看，能够从国家战略需求层面考虑传播效果；从资源整合角度来看，可以调动多方资源进行系统、全面评估；从政策导向角度来看，评价结果能直接影响政策制定和制度安排；从长期规划角度来看，注重传播的长期社会效益。

其不足体现在以下方面：操作性不强，政策层面的评价可能缺乏具体实施细节；灵活性不足，政策调整周期长，难以快速应对媒体环境的变化；评价标准/权重可能受政治因素影响；创新性不够，相对稳定和保守，对评价技术的追踪相对薄弱。

综上所述，理想的视听传播效果评价应该是学术研究、媒体实践和政府政策三者的有机结合。学术研究提供理论基础和科学方法，媒体实践提供一线数据和快速反馈，政府政策则提供宏观指导和长期规划。只有整合这三个视角，才能构建全面、科学、有效的视听传播效果评价体系。

二、视听传播效果评价的思路

视听传播效果评价是一个系统化的过程，用于全面衡量传播成效。其评价体系从简单到复杂、从单一到多元不断演变，但核心环节始终包括数据选择、数据采集、数据分析和报告生成。

数据选择是评价的基础，需要明确目标并确定所需的定量和定性数据类型。数据采集阶段涉及传统方法（如问卷调查、访谈）和新兴技术（如大数据分析、社交媒体监测）。即便在早期的传播实践中，人们也十分重视通过多种渠道收集公众反馈以评估传播效果。数据分析是评价的核心，数据分析通过多种技术与指标（如收视率、情感分析）衡量传播效果。报告生成是指将分析结果转化为简洁、直观且可操作的材料，为优化传播策略提供支持。

（一）用于分析和评价的数据类型

1. 横截面数据

横截面数据是指在同一时间，不同统计单位相同统计指标组成的数据列，是样本数据中的常见类型之一。它反映同一时间点不同个体的状态，适合进行比较和分析，但无法显示数据随时间的变化情况，例如，对100名观众进行问卷调查，了解其对节目的评价。这类数据可用于分析群体间的差异，但不能反映动态变化情况。

2. 时间序列数据

时间序列数据是同一研究对象在不同时间点的连续数据。其特点是能反映变量随时间的变化趋势，适合进行趋势分析和预测，如记录某节目每期播出后的收视率变化情况，这有助于分析节目效果的季节性波动和长期走势。

3. 面板数据

面板数据又称混合数据或纵横数据，它结合了横截面数据和时间序列数据的特征，指的是在多个时间点对多个研究对象的观测数据，既包含个体差异，也反映时间趋势，如对100名固定观众进行为期10周的追踪调查，记录其对某节目的评价和变化，这种数据可同时用于分析群体差异和个体演变。

🔴 拓展阅读

尼尔森的面板数据研究

尼尔森（Nielsen）公司是全球著名的市场监测和数据分析企业，1923年由现代市场研究行业的奠基人之一阿瑟·查尔斯·尼尔森（Arthur Charles Nielsen）创立。尼尔森公司根据客户的具体需求来定制调查方案。对于一般性的调查需求，尼尔森拥有一套在全球范围内得到认可的专有调查产品和方法，为客户提供最有力的数据。自2020年起，尼尔森公司选取约45000个美国家庭作为固定样本，通过在电视上安装特殊的测量设备，每天收集流媒体观看数据。这些数据包括观看平台、具体内容、观看时长、时间段和使用设备的类型等多维度信息。这些面板数据使研究者能够追踪同一家庭长期的观看行为变化，进行平台竞争分析、内容效果评估、用户行为洞察和广告效果分析。

（二）数据采集方法

1. 问卷调查

问卷调查指通过结构化问题收集受众的意见和行为信息，适合进行大规模样本研究。问卷可以通过多种渠道发放。这种数据采集方法标准化程度高，便于统计分析，但受众回答问题的深度有限。该方法主要用于测量受众对节目的满意度、理解程度等。

2. 焦点小组访谈

由6—10人组成小组，进行主题讨论，研究者通过群体互动获取深入的见解。这种数据采集方法适合探索复杂的问题，但受众可能受群体思维的影响。常用于了解受众对节目的反应和建议。

3. 深度访谈

这指的是通过一对一对话，来获取受众个体的观点，灵活性高，适合探讨复杂的话题。这种方法虽比较耗时，样本量也比较小，但可以帮助研究者深入了解受众个体的动机和态度，多用于收集意见领袖的见解。

4. 大数据观测

这指的是利用技术分析海量数据，整合观看行为、互动数据等多维度信息。这种方法能提供实时客观的洞察，但通常会面临数据质量和隐私保护等挑战。

5. 社交媒体监测

这指的是分析社交媒体平台上的用户讨论和分享行为，快速获取实时反馈，适合评价视听传播效果，但可能存在数据代表性偏差。

6. 实时弹窗调查

这指的是在受众观看节目时收集他们的即时反馈，可以有效减少回忆偏差。这种方法即时性强，但可能影响受众的观看体验。

7. 网络信息抓取

这需要运用自动采集网络数据的程序，可以快速获取大量信息，但需要注意操作是否符合相关规范。

（三）数据清洗与分析

数据清洗与分析是影响评价可靠性和有效性的关键环节，涵盖从数据收集到结果呈现的多个步骤。

视听传播领域的数据来源多样，包括问卷调查数据、收视率数据和社交媒体互动数据等。每种数据的收集方法不同，可能存在的问题也不一样，研究者需要综合做出考虑。如图6-1所示，数据清洗包括有效标志过滤、唯一标志过滤、缺失数据填充、错误数据修复等内容。此外，在数据清洗过程中，需要应对和过滤社交媒体垃圾信息和季节性因素等带来的挑战。

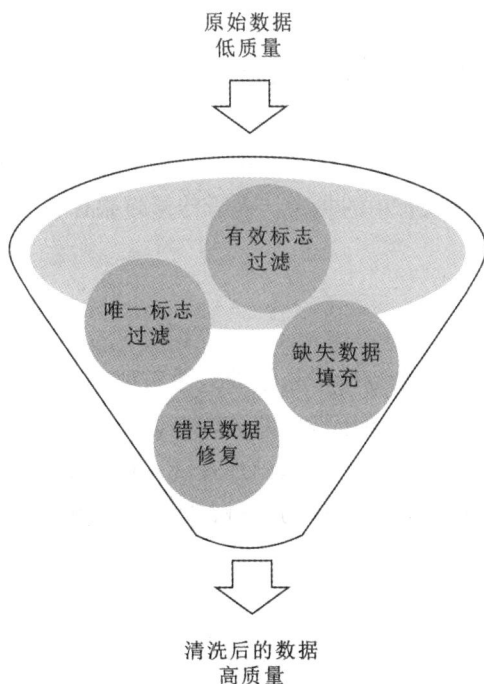

图6-1　数据清洗的原理

数据清洗完成后，就进入数据分析阶段。采用哪种数据分析方法取决于要研究的问题和数据的特性，常用的数据分析方法有描述性统计、推断统计、时间序列分析和文本分析等。如今，大数据技术应用广泛，研究者可以使用机器学习算法构建预测模型，进行聚类分析，发现依靠传统方法难以察觉的数据模式。

数据可视化能直观地展示分析结果，呈现数据模式，并降低复杂信息的理解门槛，已成为传播效果评价报告的主流。研究者必须重视研究伦理和隐私保护问题，确保数据匿名化，防止隐私泄露。

（四）报告撰写

视听传播效果评价报告的撰写应该注重以下几个方面的内容。首先，报告中要明确评价目的、对象和方法，详述数据收集与分析技术。其次，要客观呈现评价结果，结合定量和定性数据分析，突出传播效果特征。最后，报告中应该包含图表等可视化元素，以便更直观地展示数据。

数字资源6-1
2024年巴黎
奥运会直播
研究报告

在报告中，研究者应该对评价结果进行深入解读，分析影响传播效果的各种因素，并提出有针对性的改进建议。在报告的结论部分，应该总结主要发现，并指出未来研究或实践的方向。报告需结构清晰、逻辑严密、语言简洁，确保读者能轻松理解全过程与结论。

三、视听传播效果评价的功能

视听传播效果评价在视听传播的全链条中发挥着关键作用，从内容创作到传播策略，再到政策制定，都能从中获取有用的参考。视听传播效果评价具有以下功能。

（一）策划视听节目

视听传播效果评价在节目策划阶段扮演着至关重要的角色。通过分析历史数据和当前市场趋势，创作者可以更准确地把握受众需求和喜好。例如，通过分析不同类型节目的收视率、点击量、完播率等指标，可以识别最受欢迎的节目内容类型、主题和表现形式。这些数据能够帮助创作者选择合适的题材，指导节目的整体结构设计、主持人选择以及播出时段安排等。

（二）优化视听产品

视听传播效果评价在优化视听产品中发挥着重要作用。通过实时监测和分析受众观看行为、互动数据及反馈意见，创作者可以快速识别视听产品的优势和劣势。例如，在网络短剧中，通过分析完播率、弹幕密度、评论情感等指标，创作者能够精准分析受众的偏好和兴趣，指导编剧调整剧情，强化吸引力，并改进或删除不受欢迎的内容，从而提升网络短剧的整体质量。

（三）指导媒体运营

视听传播效果评价为媒体平台运营和风险管理提供了科学依据。通过分析播放量、互动率等数据，创作者可以优化内容策略，如调整播出时间和个性化推荐；同时，通过实时监测受众评论和社交媒体反馈，创作者能及时发现并应对潜在风险。这种数据驱动的方式既提升了受众的观看体验，又能确保视听产品的健康规范运营。

（四）助力广告投放

视听传播效果评价为广告商精准投放广告和优化广告投放策略提供了支持。通过分析目标受众的观看行为、兴趣偏好和互动模式，广告商可以更有效地选择投放渠道和内容类型，如根据不同受众群体的内容偏好和活跃时段制定投放策略，精准触达潜在受众。同时，实时效果评价（如点击率、转化率等）使广告商能够迅速调整广告投放策略，优化广告内容和形式，从而提升投资回报率。

拓展阅读

基于视听传播效果评价优化营销策略的实践

某品牌通过视听传播效果评价优化其营销策略，取得了显著成效。数据分析显示，其目标客户（18—35岁年轻女性）主要活跃于抖音和淘宝直播平台。基于此发现，该品牌在抖音发起了"某品牌眼影挑战"话题，通过实时数据监测优化活动规则和奖励机制，最终吸引了超100万用户参与，大幅提升了品牌知名度。在淘宝直播平台，该品牌通过数据分析优化了直播排期和产品策略，确定晚上8：00—10：00为直播黄金时段，集中安排当红主播在此时段直播。通过分析用户行为数据，该品牌调整了产品展示顺序和促销策略，如将热门眼影安排在直播开始后30分钟推出，以确保最大观看量和转化率。这些基于数据的精准营销策略最终助力该品牌在2020年天猫"双11"期间获得了可观的销售业绩。

（五）辅助政府宏观指导

视听传播效果评价为政府制定文化产业政策和监管措施提供了重要依据。通过分析全国视听内容消费趋势、用户偏好和市场格局，政府可以更精准地把握行业发展方向，制定符合国情的产业扶持政策。例如，通过分析市场份额和增长趋势，政府可以识别需要重点扶持的领域，如纪录片和科教节目；通过用户年龄分布和地域差异数据分析，政府可以制定文化惠民政策，促进优质内容的传播。

（六）巩固主流舆论

视听传播效果评价在巩固和壮大主流舆论方面发挥着关键作用。全面评估主流媒体视听内容的传播效果，可以提升主流舆论的影响力，扩大主流舆论的覆盖面。例如，分析重大新闻事件、解读重要政策的短视频的播放量、转发量、评论等指标，可以用于评估主流声音在不同人群中的接受度和传播效果。这些数据能帮助主流媒体优化内容策略，提升传播效果，并为政府制定舆论引导策略提供依据，确保主流价值观和正能量信息有效触达受众。

◆ 讨论

"新华视点"是新华社倾力打造的一个深度报道专栏，内容涉及大政方针、社会经济、文化教育、百姓生活等诸多方面的热点和焦点问题。请观看"新华视点"近期推出的短视频，思考以下问题：如何在保持主流舆论导向的同时，利用数据驱动的内容策略来优化视听传播效果？面对年轻的受众和快速变化的新媒体环境，应如何平衡传统新闻价值与创新传播形式？

第三节　视听传播效果评价的标准与方法

视听传播效果评价是衡量传播活动成效的关键环节。本节将从三个层面展开讨论：一是以收听率、收视率、占有率等为代表的市场评价指标，反映传播内容的受众规模与影响力；二是包括中国广播电视大奖、中国电影华表奖、中国新闻奖、普利策奖等在内的专业评价体系；三是学界和业界开发的复合评价模型，致力于实现多维度的综合评估。

一、视听传播效果的市场评价

这涉及视听传播效果评价的一般性、共识性、基础性指标。这些指标广泛应用于国内外传媒活动实践。

（一）收听率

收听率是广播时代评价广播节目的核心指标，也是现在评价音频产品的重要指标之一，是指在某个时间段内收听某个广播/音频节目的听众数量与总体目标听众数量的比例。这个指标可以帮助创作者了解节目的受欢迎程度。

收听率的计算通常通过抽样调查完成。第三方调查公司通常使用电子设备（如个人测量仪）记录听众的收听习惯，或通过问卷调查收集数据。

（二）收视率

收视率是衡量电视节目受欢迎程度的关键指标，计算方式与收听率相同，是特定时间内观看某节目的观众数量占观众总数的比例。收视率是电视台和广告商评估节目吸引力的重要依据。

可以通过两种方法测量收视率：日记卡法和收视率测量仪法。日记卡法通过抽样调查，定期收集用户填写的调查表；收视率测量仪法指的是在样本户家中安装可以传输数据的测量仪，从而获取电视观众的收视信息。收视率数据通常由专业市场调查公司采集，按小时、天或周汇总并进行分析。

（三）占有率

占有率，又称市场份额，是指特定时间段内某电视节目或频道的观众数量占正在看电视的观众总数的比例。它是衡量节目或频道相对受欢迎程度的重要指标，反映了其在特定时间段内的市场份额。与收视率不同，占有率重点关注收看特定节目的观众与正在看电视的观众的比例，因此能更直观地反映特定节目在同类节目竞争中的表现。占有率是评估节目竞争力的重要工具。

拓展阅读

占有率、收视率与开机率

占有率实际上是由收视率和开机率推导出来的，公式为：占有率=收视率/开机率。开机率是正在观看电视的总人数占电视观众总人数的比例。这意味着收视率高的节目不一定占有率高，收视率低的节目不一定占有率低——因为还要看开机率。

一个收视率为0.5%的节目，如果播出时间是开机率仅为2%的凌晨，其占有率为：0.5%/2%=25%，占有率极高。其实，一个拥有极强市场竞争力的节目应该收视率和占有率都高。

例如，中央广播电视总台（简称总台）公布的2025年春节联欢晚会（简称春晚）收视数据显示，截至2025年1月29日2时，春晚全媒体累计触达168亿人次，比2024年增长了18.31%，其中移动端受众规模3.72亿人，比2024年增长了52.46%；总台春晚在全国电视市场的直播总收视份额达 78.88%，创近 12 年以来收视新高。总台春晚转播频道的直播总收视份额达 50.93%，央视综合频道（CCTV-1）直播收视份额达 35.19%，均创近 14 年以来收视新高。[1]

◆ 思考

请分别列举一档收视率较高但占有率较低、收视率较低但占有率较高的节目。

（四）忠诚度

忠诚度是指消费者对某品牌、产品或服务的持续偏好和重复购买的程度。在视听传播领域，它反映了受众对特定节目、频道或媒体平台的持续关注和偏好程度。高忠诚度意味着受众愿意反复选择同一节目或频道，而非随意更换。

忠诚度的计算涉及三个指标。

一是重复收看率，指一定时间内多次收看同一节目的受众比例。

二是平均收看时间，指受众在某节目或频道上花费的平均时间。

三是受众保留率，指一段时间内继续收看某节目的受众比例。

这些指标可以通过测量设备或问卷调查获得。

◆ 思考

忠诚度与公信力之间是什么关系？

（五）美誉度

美誉度是指受众对特定节目、频道或媒体平台的正面评价和认可程度。它反映了受众对媒体内容质量、价值观和品牌形象的总体感知和满意度，是衡量媒体品牌形象的重要指标。高美誉度意味着受众对节目内容、制作质量和社会责任等评价较高，通常与受众的忠诚度和满意度密切相关。

美誉度的测量通常通过以下方式进行：一是问卷调查，即收集受众对节目、频道或媒体平台的看法和评价；二是社交媒体分析，即监测和分析社交媒体上的评论和讨论；三是焦点小组讨论，即组织小规模讨论会，深入了解受众的感受。可以将这些方法结合使用，以获得更全面的美誉度评估。

---

[1]　270亿次！2025年总台春晚传播数据再创新高[EB/OL]. [2025-01-29].https://www.cctv.com/2025/01/29/ARTIvS7dW-YLDfA8m9VfxWssN250129.shtml.

拓展阅读

《地球脉动》收获忠诚度与美誉度

《地球脉动》(*Planet Earth*)是由英国广播公司推出的纪录片，于2006年首次播出，迄今已更新至第三季。这部气势磅礴的纪录片以卓越的制作质量、震撼的视觉效果和深刻的环保主题收获了很高的美誉度，也收获了无数观众的赞叹。人们对其普遍给予高度评价，认为该纪录片既是视觉盛宴，又具有教育意义。这种正面评价提升了英国广播公司的品牌形象，使其吸引了大量观众和广告商的关注。

（六）投入产出比

投入产出比是经济学概念，表示投资和回报的比例。在视听传播领域，投入产出比指节目、频道或媒体项目投入的资源（如资金、时间和人力）与产生的收益（如广告收入、订阅费和品牌价值提升）之间的比例关系。它是衡量节目、频道或媒体项目经济效益的重要指标，反映了节目、频道或媒体项目的投资回报情况。高投入产出比意味着以较少的投入获得较大的收益，表明经济效益较好。

随着媒体行业竞争加剧，投入产出比成为重要的财务分析工具，能帮助人们在资源配置和战略决策中做出明智选择。

（七）点击量

点击量指受众点击某视频、音频或其他多媒体内容的次数。点击量反映了受众对内容的兴趣和互动程度，是评估数字内容在线表现的基础指标，也是衡量内容吸引力的直观数据。

点击量呈现了受众点击某一内容的次数，它的计算相对简单，通常由媒体平台的后台系统自动统计并实时更新。需要注意的是，点击量不等同于实际观看时间或观看完成率，因此，在分析内容效果时，通常需要结合其他指标进行综合评估。

◆ 提示

由于点击量通常是由媒体平台自己统计的，数据的可信度和可对比度存在一定的不确定性。

（八）独立访客数

独立访客数指特定时间段内访问网站或数字内容的独立用户的数量。每个用户在该时间段内只被计算一次，无论访问次数多少。这是评估网站或数字内容受欢迎程度的重要指标，能帮助人们了解有多少用户对内容感兴趣。随着互联网不断普及，传统的流量统计方法（如总点击量）显得不够全面，这是因为它无法区分重复访问的访客和新访客。

独立访客数的引入为人们提供了衡量内容实际覆盖范围和吸引新用户能力的更精确的方法。人们通常通过浏览器数据或用户IP地址来识别和区分不同用户，系统会在特定时间段内（如一天、一周或一个月）确保每个用户只被计算一次。

（九）日活跃用户数与月活跃用户数

在视听传播领域，日活跃用户数（简称日活）和月活跃用户数（简称月活）是衡量用户活跃度的重要指标。日活指每天至少使用一次产品的独立用户数，反映产品的日常吸引力和用户黏性；月活表示每月至少使用一次产品的独立用户数，显示产品的总体覆盖范围和用户基础稳定性。人们主要依赖用户识别技术来计算这些指标，如用户登录信息、设备ID或浏览器数据，确保特定时间段内每个用户只被计算一次。

通过分析日活和月活数据，人们可以了解用户活跃度，评估参与和留存率，识别增长趋势和潜在问题，制定增长策略。投资者和分析师也经常使用这些指标评估媒体平台的市场表现和增长潜力。

（十）停留时长与用户流失率

停留时长指用户访问网站或使用应用的总时间，用于衡量用户对内容的兴趣和参与度。用户停留时长越长，通常意味着内容越有吸引力，用户参与度越高。

用户流失率是流失用户的数量与总用户数量的比例，是判断用户减少情况的主要指标，直接反映产品与运营现状。分析用户流失率时，需要排除干扰数据，选定合理的对比数据。例如，在促销活动期间激增的不稳定用户数量不应作为基数，低质量用户也应定期清理，以保证数据的有效性。

（十一）评论量、点赞量、转发量、收藏率、完播率

评论量、点赞量和转发量分别反映用户对内容的参与度、认可度，以及内容的传播广度。评论量统计特定内容的评论总数，点赞量指的是某一内容在特定时间内获得的点赞数与总浏览量的比例，转发量统计用户分享内容的频次。这些数据通常由平台分析工具自动收集整理，为创作者提供即时反馈。

收藏率和完播率则评估内容质量和用户参与度。收藏率是用户将内容添加到收藏夹的比例，反映内容的长期价值，计算方法是收藏次数除以总观看次数，然后乘以100%。完播率指用户完整观看视频的比例，计算方法是完整观看用户数除以总观看用户数，然后乘以100%。高完播率通常表明内容能成功吸引并保持用户的注意力。

◆ 讨论

结合你喜欢的一个短视频作品，讨论上述五个指标。

评论量、点赞量和转发量是互动指标，能体现用户从被动接收到积极参与的转变，使传播模式由单向转变为网状；收藏率、完播率则反映内容的长期价值和用户黏性。

随着大数据和人工智能技术的应用，视听传播效果评价方法已从简单的数量统计发展为多维度的用户行为分析，为内容创作和平台运营提供了更精准的决策支持。

二、视听传播效果的专业评价

视听传播效果的专业评价由视听行业或新闻行业权威机构执行，通过严格评选，衡量作品的质量和影响力。代表性专业评价，如中国广播电视大奖、中国电影华表奖、中国新闻奖和国际范围内的普利策奖，用于评估作品的思想性、艺术性、技术水平，以及新闻报道的真实性、时效性和社会影响力，为作品创作提供方向性指引。随着技术不断发展，以及传播渠道不断变得多元化，专业评价的范围与标准也在不断演进。

◆ 思考

当专业评价的标准和市场评价的标准冲突时，我们应如何权衡和取舍？

（一）中国广播电视大奖

中国广播电视大奖是由中国国家广播电视总局主办的广播电视奖项，创办于2020年，包括中国电视剧飞天奖、中国广播电视节目奖等。

中国广播电视大奖评选标准非常严格。以中国电视剧飞天奖为例，它是中国电视剧领域的最高荣誉之一，评选标准注重作品的思想性、艺术性和观赏性，尤其强调作品在传播主流价值观、弘扬正能量方面的贡献。中国电视剧飞天奖的奖杯设计灵感来源于敦煌壁画中的"飞天女神"形象（见图6-2），具有深厚的文化底蕴，象征着中国电视剧在艺术上的腾飞和升华。

图6-2　中国电视剧飞天奖奖杯

（二）中国电影华表奖

　　中国电影华表奖是由国家电影局主办的中国电影奖项，与中国电影金鸡奖、大众电影百花奖并称中国内地电影三大奖。它属于鼓励性质的电影奖项，体现了党和国家对电影事业的鼓励和支持。参评作品需要在思想性、艺术性、技术水平、社会影响和创新性等方面达到较高标准。评选过程通常包括初选、复选和终选等多个环节，由行业专家、学者和相关部门代表组成评审委员会，以确保评选的公正性和专业性。中国电影华表奖的奖杯图案以北京天安门城楼前的华表为主体，以中国地图为底座，整体设计庄重肃穆（见图6-3）。

图6-3　中国电影华表奖奖杯

（三）中国新闻奖

中国新闻奖是中国新闻界的最高荣誉，由中华全国新闻工作者协会（简称中国记协）。这个奖项于1990年创办，经过30多年的发展，已经拥有了一套制度完备、程序严谨的评奖体系。

中国新闻奖的评选标准严格而全面，主要包括思想性、专业性和社会影响力三个方面。思想深刻是政治标准，要求作品体现正确的政治方向和价值导向；制作精良是专业标准，强调新闻报道的质量和技巧；社会反响好是群众标准，关注作品对社会的影响和受众的接受度。这三个标准相互补充，共同确保了获奖作品的高质量和代表性。

中国新闻奖的评选涵盖多个新闻类别，如文字消息、评论、专题、广播电视以及媒体融合等，评选范围为经国家正式批准的报社（报业集团）、通讯社、广播电台、电视台以及新闻宣传主管部门和新闻单位主办的具有登载新闻业务资质的新闻网站。参评作品为以上新闻单位原创，由新闻工作者采写制作，并在上一年度内刊播的新闻作品；报刊在上一年度刊发的新闻论文；媒体融合奖项作品要求在以上新闻单位移动端发布，应用数字技术、移动互联网技术进行融合传播。在视听内容方面，设有新闻专题、系列报道、新闻访谈、新闻直播、新闻编排和新闻纪录片等基础奖项。

（四）普利策奖

普利策奖（The Pulitzer Prizes），又称普利策新闻奖，是根据美国报业巨头约瑟夫·普利策（Joseph Pulitzer）的遗愿于1917年设立的奖项，后发展为美国新闻界的最高荣誉奖，表彰杰出的新闻作品，还涵盖了文学和音乐作品。其中，新闻类奖项包括普通新闻报道奖、突发新闻报道奖、调查性报道奖、最佳专栏奖等多个类别；文学类奖项包括小说奖、戏剧奖、诗歌奖等。这种多元化的奖项设置体现了普利策奖对多个领域的全面关注。普利策奖的评选标准严格而全面。以

图6-4 普利策奖牌

新闻类奖项为例，评审委员会关注作品的原创性、影响力、报道质量及社会效果。对于视觉新闻，还会考虑绘图质量和视觉效果。获奖者除了得到奖金，还能获得奖牌（见图6-4）。

近年来，普利策奖不断适应媒体技术的发展趋势，强调对视听内容的认可和奖励。2020年，普利策新闻类奖项新增了音频报道奖项，这标志着该奖项对音频新闻内容的正式认可。更值得注意的是，从2024年开始，普利策奖进一步放宽了规定，允许广播和音频类数字新闻参与评选，这些变化反映了其对多媒体融合趋势的响应。

三、视听传播效果的复合评价

社交平台的兴起使视听产品呈现出碎片化特征，受众从被动接收信息转变为主动选择内容。这一转变意味着受众的行为能直接反馈其喜好和视听产品的传播效果，推动了传统的受众测量向用户研究转变，并扩展了视听传播效果的测量维度。学界联手业界，针对这一变化提出了新的评估指标体系。例如，周勇和陈慧茹基于多级传播理论，构建了以视听信息发布、获取和多级传播为核心的指标体系[①]；赵彤提出了融合传播力、引导力、影响力和信任度的评价体系[②]；喻国明和刘旸则倡导"全媒体收视率"概念，建议通过多渠道数据挖掘构建全面的指标体系[③]。

（一）广播电视节目综合评价体系

早在2011年，中央电视台就发布了"栏目综合评价体系优化方案暨年度品牌栏目评选方案"，这是业内广泛认可的、包含复合指标和相应权重的广播电视节目综合评价模型，标志着传播效果评价由单一转向多维、由简单转向复杂、由平面转向立体的开创性尝试和宝贵实践。[④]该体系强调传播在价值导向和经营模式方面的创新，因为这既是一种效果评价机制，也是一种激励和管理机制，还是一种导向机制；强调传播的社会效果评价，对市场因素略有淡化，注重广播电视节目的专业品质。

（二）政务短视频传播效果评价指标体系

政务短视频传播效果评价指标体系（见图6-5）是由于晶和谢泽杭在2020年提出的。该体系从供给侧系统、传播系统、需求侧系统和社会影响系统四个方面入手，运用德尔菲法、灰色关联度分析法和层次分析法，构建了包含4个系统、14个要素的综合评价指标体系。这个体系考虑了短视频内容的质量和吸引力，还关注了传播渠道的效率、受众的接受度以及社会影响力等多个维度，使政府部门能更全面地了解短视频传播效果，从而优化传播策略。[⑤]

---

① 周勇，陈慧茹.多级传播路径下的网络视听信息影响力评估体系建构[J].现代传播（中国传媒大学学报），2013，35（3）：123-128.

② 赵彤.媒体融合传播效果评估的路径、模型与验证[J].新闻记者，2018（3）：79-82.

③ 喻国明，刘旸.媒介融合时代基于大数据的传媒生产创新[J].新闻战线，2015（9）：24-28.

④ 刘燕南.解读央视新评价体系新形势下的中国电视传播效果评估[EB/OL].[2011-12-18].https://m.fx361.cc/news/2011/1218/25080425.html.

⑤ 于晶，谢泽杭.政务短视频传播效果评价指标体系构建[J].华南理工大学学报（社会科学版），2020，22（6）：117-127.

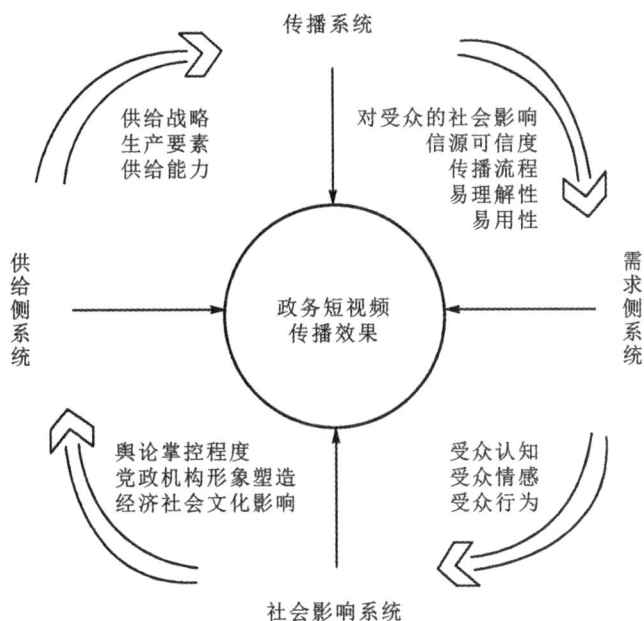

图6-5 政务短视频传播效果评价指标体系

（三）突发事件中微博意见领袖筛选指标体系

随着微博在中国传播生态中的重要性日益提升，尤其是在突发事件报道中的作用日渐显著，有学者开发了专门用于筛选微博意见领袖的指标体系。这个体系考虑了用户活跃度、影响力、覆盖度、认同度等因素，旨在识别和评估在突发事件传播中起关键作用的微博用户。研究方法从意见领袖、微博、突发事件的概念出发，结合传播学经典理论和最新文献，从突发事件中的微博传播、意见领袖研究概况、非微博意见领袖研究以及微博意见领袖研究四个角度展开全方位解析（见表6-1）。[①]

表6-1 突发事件中微博意见领袖筛选指标体系的维度和内涵

一级指标	内涵
用户活跃度	衡量一个用户每天主动参与微博活动的积极程度
用户影响力	如果意见领袖只发布微博，但微博不被其他人转发或者评论，意见领袖就无法影响其他人的态度；用户参与话题的传播力也是评估意见领袖影响力的重要参考

① 臧嘉诚.突发事件中微博意见领袖筛选指标体系研究[EB/OL]. [2015-03-17]. http://media.people.com.cn/n/2015/0317/c150621-26707454.html.

续表

一级指标	内涵
用户覆盖度	用户覆盖度是衡量用户影响力的重要方面，它能表现活跃粉丝的数量，对微博信息的传播具有重要作用
用户认同度	意见领袖是意见的引导者，具有较强的号召力和说服力，因此要剔除那些有较高回复量，但其观点获得较少认同的用户

（四）微信公众号传播力评价指标体系

清博大数据公司开发的微信传播力指数（we-chat communication index，WCI）是评估微信传播效果的重要模型。基于微信传播力指数构建的微信公众号传播力评价指标体系的科学性也得到了校验和认可，拥有稳定的、规模化的、动态更新的数据支撑，已经成为业内和学界进行微信公众号传播力评价的权威标准。该体系包含两个一级指标、六个二级指标（见表6-2）。[①]

表6-2　微信公众号传播力评价指标体系的指标

一级指标	二级指标
阅读指数	日均阅读数
	篇均阅读数
	最高阅读数
点赞指数	日均点赞数
	篇均点赞数
	最高点赞数

（五）尼尔森评价服务指标体系

尼尔森公司建立的评价服务指标体系在市场营销和媒体监测领域受到广泛认可。该体系主要包括以下指标：一是营销效果评估指标，如品牌知名度、购买意向等；二是跨平台媒体监测，同时追踪传统电视和数字平台的数据；三是媒介效果评估指标，包括广告到达率、频次等。该体系的特点是全面性和适应性，能够结合定量和定性数据持续更新，以适应新的媒体环境，为决策提供完整的市场洞察。

---

① 向安玲，沈阳.微信公众号传播力评价指标体系（WCI）优化方法研究[J].全球传媒学刊，2019（2）：170-182.

（六）百度指数

百度指数是以百度海量网民行为数据为基础的数据分析平台，是当前互联网乃至整个数据时代最重要的统计分析工具之一，能为企业营销决策提供关键依据。其核心功能包括分析关键词搜索趋势、洞察用户需求、监测舆情动向和定位用户特征，使人们能深入了解特定关键词在百度搜索中的热度变化，从而把握公众关注热点的走向。

在功能设计上，百度指数提供了单个、比较和累加等多样化的检索方式，可同时分析几个关键词的叠加数据，满足不同场景的分析需求。

◆ 讨论

1. 在评估一个大型视听项目（如网络综艺节目）的传播效果时，你会选择哪些指标？如何收集相关数据？

2. 一个能同时反映传统媒体和新媒体传播效果的评价体系应具备哪些指标？

第四节 视听传播效果评价的发展趋势与面临的挑战

数字技术的迅猛发展和传播格局的深刻变革为视听传播效果评价带来前所未有的机遇与挑战。本节将聚焦视听传播效果评价在未来的走向及面临的困境，探讨其发展趋势。

一、视听传播效果评价的发展趋势

◆ 讨论

数据、算法和算力被视作人工智能时代数字经济的三大支柱，它们相互依存，共同促进，共同推动数字经济的蓬勃发展。就视听传播效果评价而言，它们可能产生哪些积极或消极影响？

（一）广告效果评价的智能化

1. 基于机器学习的广告效果评价

随着机器学习技术深入发展，人们开始在广告效果评价领域应用这一技术。机器学习被用于预测广告点击率，如基于神经网络的模型可以用来评价广告效果。通过建立更复杂的模型，人们可以提高广告效果评价的准确性和精度。[①]

2. 基于区块链技术的广告效果评价

区块链技术为广告行业的革新提供了全新的技术支持和解决思路。通过区块链技术，人们可以实现广告投放过程中数据的去中心化操作，有助于减少广告欺诈、提升用户体验、进行品牌信息整合与关系管理，并建立高效可靠的广告产业生态网络。区块链技术为广告效果评价构建了多方协同的信任范式，为解决广告行业的信任危机创造了新的可能。[②]

（二）从视听传播效果评价到舆情识别

云计算技术为视听传播领域带来了革命性的变革。云计算技术的并行计算能力显著提升了网络舆情获取的准确度和效率，为传播效果评价提供了实时、全面的数据支持。[③]该技术推动了信息传递、分享、可视化以及大数据分析的创新应用，为精准评价传播效果奠定了技术基础。

在云传播时代，传统媒体和新媒体纷纷向云端化、平台化转型，以新华社的"现场云"新闻在线生产系统为例，其吸引了大量媒体和机构入驻，体现了云平台在整合资源、提升效率方面的优势。[④]通过使用云计算技术，传媒机构能够优化内容采集和制作流程，实现资源共享和跨部门协作，从而提高传播效果评价的全面性和准确性。

在舆情分析中，基于云计算技术的聚类方法，如藤蔓式串并行聚类方法，利用云计算的并行计算能力，能实现海量舆情的快速、精准处理，为优化传播策略提供数据驱动的决策支持，加速传播效果评价体系向智能化、动态化方向发展。

◖ 拓展阅读

新华智云：基于实时计算打造的舆情分析平台

新华智云是一家致力于通过大数据技术驱动媒体变革的公司，其推出的数芯实时舆情分析平台旨在满足用户的一系列舆情分析需求，包括对事件、新闻、媒体、人物等多方面的抓取、识别、聚合、热度分析以及可视化展示。它的数据架构如图6-6所示。

---

① 熊强，郑建华.基于机器学习的平面公益广告效果评价研究[J].包装工程，2023，44（20）：451-459.

② 王菲，姚京宏.构建全新信任范式：论区块链对广告业的变革[J].当代传播，2021（5）：82-86.

③ 陈雪刚.基于云计算的网络舆情藤蔓式串并行聚类方法研究[J].情报杂志，2017，36（2）：122-126＋107.

④ 张昆.拥抱人类传播史上的新时代——兼评《云传播时代》一书[J].新闻与写作，2019（6）：69-73.

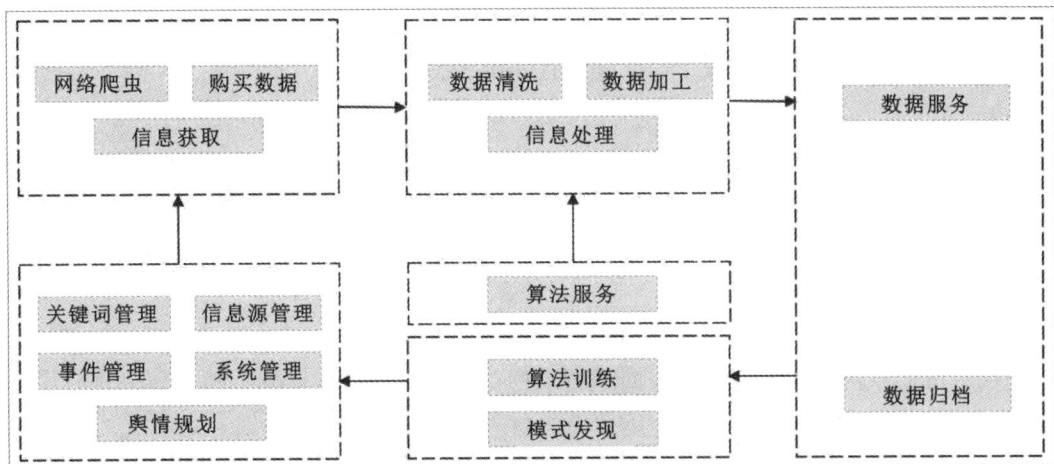

图6-6　新华智云的数据架构

（三）生成式人工智能助力数据挖掘

生成式人工智能与大数据技术的融合在视听传播效果评价领域掀起了一场变革，将视听传播效果评价转变为多维、动态的智能化分析。这一技术融合实现了对传播效果的全方位、实时追踪与深入分析，提供了更加智能化、精细化的评估方案。生成式人工智能在数据挖掘和分析方面展现出卓越能力，能够处理海量的复杂数据，自动提取有价值的信息，识别传播趋势、受众情感和舆论走向，进行收视数据洞察，自动生成分析报告和摘要，甚至预测未来的传播趋势和效果。

我们需要警惕的是生成式人工智能可能带来的"人工智能幻觉"问题。一些不准确甚至虚假的内容可能影响评价结果。因此，我们必须建立严格的验证机制，确保数据分析结果的准确性和可靠性。尽管生成式人工智能在数据挖掘和视听传播效果评价领域展现出巨大潜力，但其应用仍需谨慎，需要在创新与审慎之间寻求平衡，以充分发挥其优势，同时规避潜在的风险。

◆ 思考

1. 在使用AI系统（如阿里云的解决方案）进行广告效果评价和优化时，如何平衡系统的自动化决策与人为干预？

2. 考虑到生成式人工智能可能产生的"人工智能幻觉"问题，我们应该如何设计有效的人机协作机制，以确保评价结果的准确性和可靠性，同时更好地发挥生成式人工智能在数据处理和洞察方面的优势？

二、视听传播效果评价面临的挑战

视听传播效果评价在当前复杂的媒体环境中面临多重挑战。这些挑战包括评价者的权威性、评价体系的科学性、数据失真与造假，以及生成式人工智能技术带来的变革。

（一）评价者的权威性

视听传播效果评价者的权威性面临着市场竞争带来的严峻挑战。随着数字化时代的到来，传统的评价机构不再是唯一的权威评价者。新兴的数据分析公司、社交媒体平台和独立评价者纷纷涌入这一领域，提供各种形式的传播效果分析和评价服务。这种多元化趋势丰富了评价视角，但也导致了评价市场的分散化和碎片化。在激烈的竞争环境下，一些评价机构为了吸引客户和维持市场份额，可能会采取夸大效果、片面解读数据等策略，这无疑削弱了评价结果的可信度和权威性。

此外，经营压力也迫使一些评价机构不得不在商业利益和职业操守之间做出权衡。为了获得更多的商业合作机会和资金支持，少数评价机构可能会倾向于发布对客户有利的评价结果，或者调整评价标准，以迎合特定群体的需求，这种做法损害了评价的公正性和客观性。长期来看，这种趋势可能导致市场对评价结果的信任度下降，进而影响视听传播效果评价在行业决策和学术研究中的指导作用。要维护和提升评价者的权威性，离不开健全的行业自律机制，离不开透明的评价方法和结果，也离不开多方监督。

（二）评价体系的科学性

评价体系的科学性是确保视听传播效果评价准确性和可靠性的关键，然而，当前评价体系的科学性面临着来自多方面的挑战。首先，难以保证评价机构的客观立场。受市场竞争和商业利益影响，部分评价机构可能采用有利于特定客户或产业的标准，导致评结果存在偏差。其次，评价指标的完备性和时效性也面临考验。传统指标，如收视率、点击量等，难以全面反映视听内容传播效果，需要将社交媒体互动、用户情感反馈、跨平台传播等新兴因素纳入考量范围，但这些指标的权重分配和量化方法还存在争议。最后，监测传播效果的数据来源全面性也是一个突出问题。在碎片化媒体环境中，用户行为数据分散于不同平台和设备，受限于技术和隐私保护规定，这些数据的全面收集和整合面临重重困难。不一致的数据口径和参差不齐的数据质量进一步增加了分析难度。为提升评价体系的科学性，业界、学界和技术部门需要共同努力，持续优化评价指标体系，开发更先进的数据采集和分析技术，并建立统一的行业标准。

（三）数据失真与造假

数据失真主要源于技术局限和方法缺陷。采样偏差、测量误差或数据覆盖不全面等因素都可能导致数据失真。例如，传统电视收视率调查可能忽视了移动设备和网络平台的观看行为，导致数据不能全面反映实际收视情况。同时，跨平台数据整合时的口径不一致，也可能导致数据失真。这类数据失真虽不是评价机构蓄意为之，但同样会导致评价结果的失实，影响决策的科学性。

数据造假则指的是一些机构或个人蓄意制造虚假数据或污染数据。例如，在传统的收视调查中，某些机构会购买收视样本户，从而拥有较高的收视率。又如，一些视频平台可能通过"刷量"等手段人为提高播放量和互动数据，以吸引广告投放或提升市场估值。部分内容创作者也可能利用虚假账号来操纵点赞、评论数据，以获得更多曝光和收益。这些行为不仅扭曲了真实的传播效果，而且会导致资源错配，破坏行业生态。更严重的是，这些行为可能误导公众认知，影响社会舆论走向。

（四）生成式人工智能技术带来的变革

生成式人工智能为视听传播效果评价带来了革命性的机遇。这项技术可以快速分析海量数据，提取深层次内容特征和用户反应模式数据，大幅提升评价的精准性与效率；能够实时处理复杂的用户行为数据，如情感反应、观看习惯、互动模式，提供全面深入的洞察，并模拟场景和虚拟用户，预测传播趋势，生成个性化评价报告。生成式人工智能驱动的评价系统具备学习和自我优化能力，能持续提升适应性和准确性，为行业决策提供更科学和更有前瞻性的支持。

然而，生成式人工智能的应用也可能面临诸多风险，比较典型的就是"黑箱"问题。这里的"黑箱"指的是生成式人工智能内部决策过程的不透明性。这些复杂的算法和模型在处理数据和生成结果时，就像神秘的黑箱，我们只能看到输入和输出的内容，却难以理解其中的具体运作机制。这种不透明性在很多方面都可能导致风险。数据中的偏见或不完整性可能导致有偏差的结果，过度依赖生成式人工智能可能会使人类忽视人类洞察的独特价值。另外，生成式人工智能的安全性与数据隐私问题同样值得我们警惕，数据泄露或未经授权访问可能削弱评价的公信力。因此，行业需要平衡生成式人工智能技术创新与公平性，制定健全的监管框架与标准，以确保技术应用的透明性、公正性与安全性。

◆ **讨论**

面对商业、政治和技术压力，构建客观公正的视听传播效果评价体系是否可能？如可能，应采取哪些措施？如不可能，如何最大限度地减少负面影响？

参考文献

[1]祁林.传播学视野中视觉文化研究的谱系[J].国际新闻界，2011（6）：6-12.

[2]周勇，赵璇.跨屏时代的视听传播[M].北京：中国人民大学出版社，2021.

[3]罗莹，刘冰.网络信息传播效果研究[J].情报科学，2009（10）：1487-1491.

[4]王秀丽，赵雯雯，袁天添.社会化媒体效果测量与评估指标研究综述[J].国际新闻界，2017（4）：6-24.

[5]丹尼斯·麦奎尔，斯文·温德尔.大众传播模式论[M].祝建华，武伟，译.上海：上海译文出版社，1990.

[6]270亿次！2025年总台春晚传播数据再创新高[EB/OL].[2025-01-29].https://www.cctv.com/2025/01/29/ARTIvS7dWYLDfA8m9VfxWssN250129.shtml.

[7]周勇，陈慧茹.多级传播路径下的网络视听信息影响力评估体系建构[J].现代传播（中国传媒大学学报），2013（3）：123-128.

[8]赵彤.媒体融合传播效果评估的路径、模型与验证[J].新闻记者，2018（3）：79-82.

[9]喻国明，刘旸.媒介融合时代基于大数据的传媒生产创新[J].新闻战线，2015（9）：24-28.

[10]刘燕南.解读央视新评价体系新形势下的中国电视传播效果评估[EB/OL].[2011-12-18].https://m.fx361.cc/news/2011/1218/25080425.html.

[11]于晶，谢泽杭.政务短视频传播效果评价指标体系构建[J].华南理工大学学报（社会科学版），2020，22（6）：117-127.

[12]臧嘉诚.突发事件中微博意见领袖筛选指标体系研究[EB/OL].[2015-03-17].http://media.people.com.cn/n/2015/0317/c150621-26707454.html.

[13]向安玲，沈阳.微信公众号传播力评价指标体系（WCI）优化方法研究[J].全球传媒学刊，2019（2）：170-182.

[14]熊强，郑建华.基于机器学习的平面公益广告效果评价研究[J].包装工程，2023，44（20）：451-459.

[15]王菲，姚京宏.构建全新信任范式：论区块链对广告业的变革[J].当代传播，2021（5）：82-86.

[16]陈雪刚.基于云计算的网络舆情藤蔓式串并行聚类方法研究[J].情报杂志，2017，36（2）：122-126+107.

[17]张昆.拥抱人类传播史上的新时代——兼评《云传播时代》一书[J].新闻与写作，2019（6）：69-73.

第七章

视听产业运营与发展

视听产业是指以视听内容的制作、传播和消费为核心，涵盖广播电视、网络视听、视听电子设备及服务等多个领域的综合性产业，包括但不限于电影、电视、广播、互联网视频等领域。视听产业作为文化产业的重要组成部分，具有高增长性、高附加值、低能耗、低污染等特点，是推动经济转型升级的重要力量。

第一节　视听产业的运营现状与趋势

随着数字化、网络化、智能化技术的发展，视听产业通过提供高质量的内容和服务，满足了公众日益增长的精神文化需求。同时，视听产业的市场规模不断扩大，成为新的经济增长点。

◆ 思考

是否可以将视听产业划分为内容产业与设备产业？为什么？

一、视听产业的运营现状与面临的挑战

（一）视听产业的市场特点

当前，视听产业正处于快速变革期，其市场展现出规模化、数字化、多元化及社交化的特点。

1. 规模化

从传统的广播和电视节目，到如今的网络视频、直播、短视频等多种形式，视听产业内容丰富多样，满足了不同年龄段和具有不同消费偏好的用户的需求。在竞争者方面，除了传统的广电媒体外，互联网巨头、新兴视频平台及自媒体创作者纷纷涌入，形成了多足鼎立的竞争格局。根据《中国网络视听发展研究报告（2024）》，截至2023年12月，我国网络视听用户规模达10.74亿，网民使用率为98.3%（见图7-1）。值得注意的是，网络视听用户规模与排在第二的即时通信用户规模之间的差距进一步拉大，领先优势从2022年的184万人提升到2023年的1414万人（见图7-2）。2023年，移动端网络视听应用人均单日使用时长为187分钟，超过3小时。其中，短视频应用的用户黏性最高，人均单日使用时长为151分钟，随后依次为长视频应用（112分钟）、娱乐/游戏直播应用（63分钟）和网络音频应用（29分钟）。网络视听市场规模突破万亿，以网络视听业务为主营业务的存续企业共有66.08万家。其中，2019—2023年成立并存续企业约31.41万家，占总数约47.5%。网络视听已逐渐成为激活数字经济新质生产力的关键引擎。在以网络视听业务为主的平台上，短视频账号总数达15.5亿个。截至2023年底，我国职业网络主播数量已达1508万人。其中，全网主要视听平台拥有10万粉丝的账号数量超50万个，拥有100万粉丝的账号数量约为4万个，拥有1000万粉丝的账号数量约为1000个。腰部账号撑起网红经济生态。[①]

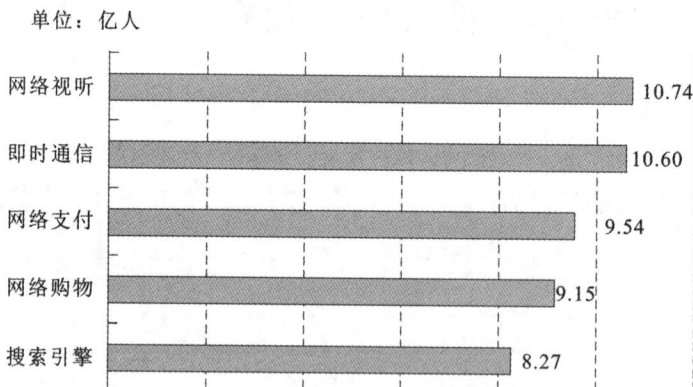

单位：亿人

应用	用户规模
网络视听	10.74
即时通信	10.60
网络支付	9.54
网络购物	9.15
搜索引擎	8.27

图7-1 主要互联网应用的用户规模

数据来源：中国互联网络信息中心。

---

① 《中国网络视听发展研究报告（2024）》在蓉发布[EB/OL]. [2024-03-28]. http://www.cnsa.cn/art/2024/3/28/art_1977_43660.html.

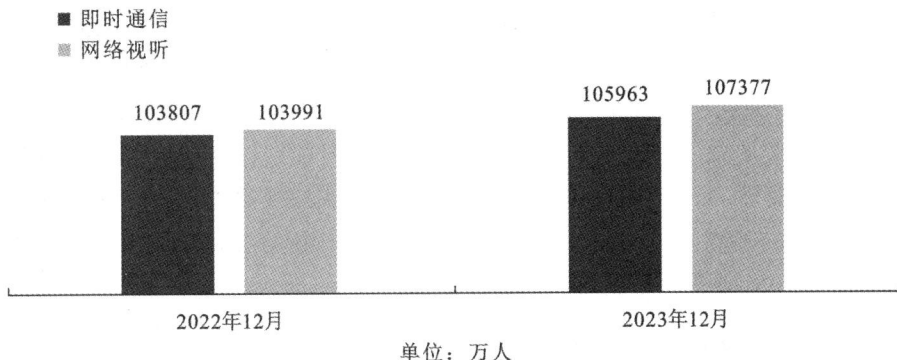

■ 即时通信
▨ 网络视听

103807　103991　　105963　107377

2022年12月　　　　2023年12月

单位：万人

图7-2　网络视听与即时通信用户规模对比

数据来源：中国互联网络信息中心。

2. 数字化

当前，视听产业正经历着从模拟到数字的转型，数字化技术为内容的生产、分发、传输和消费提供了更高效、更便捷的解决方案。通过人工智能、大数据等技术，视听产业能够实现内容的个性化推荐、智能剪辑等，提升用户体验和运营效率。5G、VR、AR等技术的发展为视听产业提供了新的内容生产和传播方式，增强了用户的沉浸感，优化了用户的互动体验。截至2023年6月底，我国5G基站累计达到293.7万个，覆盖所有地级市城区、县城城区，覆盖广度和深度持续拓展。[①]伴随我国网络基础设施全面向IPv6演进升级，以超高清视频为代表的视听产业也迈入了更高智能、更强体验、更多元应用的高质量发展新阶段。在广电行业及各大平台的加速投入和建设下，超高清视频已经逐渐融入大视听全场景产业链，内容方、服务平台、终端厂商等产业链上下游企业相继加入其中。截至2022年年底，我国超高清视频产业规模超过3万亿元，在家庭视听、网络直播、商用显示等多个重要领域具有广泛的应用需求和巨大的增长潜力。可以预见的是，伴随5G、超高清视频、虚拟现实等新一代信息技术进一步深度融合、创新发展，大量新场景、新应用、新模式会应运而生，为千行百业数字化转型贡献重要力量。

3. 多元化

视听产业涵盖了电影、电视、广播、互联网视频等多种媒体形式，内容生产呈现多样化特点。对于用户而言，随着技术的发展，视听产业不断与新技术融合，为用户提供更加丰富的视听体验。视听内容的传播速度、交互性和个性化推荐能力显著提升，进一步促进了市场的繁荣。用户对视听内容的需求日益多样化和个性化，视听产业通过内容创新和定制化服务来满足不同用户的需求。视听产业的后起之秀——短剧异常繁荣，很

---

① 工信部：5G基站累计超293万个 覆盖广度深度持续拓展[EB/OL]. [2023-07-19]. http://finance.people.com.cn/n1/2023/0719/c1004-40039127.html.

多短剧凭借精彩的剧情和卓越的制作水准赢得了用户的喜爱和关注，备受资本青睐，成为近年来视听产业最大的风口。"AI＋微短剧"为行业带来新的想象空间。《三星堆：未来启示录》（见图 7-3）、《山海奇镜之劈波斩浪》（见图 7-4）等多部 AI 短剧上线。AI 技术让科幻、玄幻、历史、神话等复杂且难以拍摄的题材能够以生动的形式呈现出来，不仅增强了作品的感染力，而且为用户创造了更加沉浸式的视觉体验。另外，版权保护的加强和付费模式的多样化促进了视听产业的健康发展。新的盈利模式，如直播带货、IP 授权等，也为视听产业提供了新的收入来源。

图 7-3 《三星堆：未来启示录》海报

图 7-4 《山海奇镜之劈波斩浪》海报

4. 社交化

用户可以通过社交媒体平台分享自己喜爱的视听内容，如短视频、音乐、短剧等，从而与朋友、家人及更广泛的用户建立联系。这种分享行为不仅丰富了社交内容，而且促进了内容的传播和影响力的扩大。在观看直播、视频等形式的视听内容时，用户可以通过弹幕、评论、点赞、送礼物等方式与主播或其他用户进行实时互动。这种互动形式增强了用户的参与感和归属感，使得视听体验更加丰富多彩。围绕特定的视听内容，用户可以自发形成社群，在社群中交流心得、分享资源、组织活动。这种社群建设加深了用户之间的联系，促进了文化的传承和创新。

（二）视听产品与用户价值认知

视听产品与用户价值认知之间存在密切的关系。

首先，视听产品的发展和普及提高了消费者对产品的价值认知，推动了视听市场的发展和视听技术的进步。就产业规模来看，视听产业已成为数字经济和国民经济发展的重要组成部分。国家广播电视总局发布的数据显示，我国网络视听市场规模增长迅猛。2023年，我国网络视听市场整体规模首次突破万亿，约为1.15万亿元；以网络视听业务为主营业务的存续企业超过66万家，涵盖长视频、短视频、直播、音频等几大领域。[①] 随着数字技术的不断进步，视听产品逐渐向高清、超高清、VR、AR等方向发展，这些高质量的数字内容显著提升了用户的观影体验。用户对视听产品的价值认知不再局限于内容本身，而是更关注其带来的沉浸式体验、社交互动。因此，如何精准把握用户需求，创新内容形式，成为提升用户黏性和品牌价值的关键。

其次，视听产品能够满足用户的个性化需求，为用户提供更加多样化的视听内容，从而提高用户对视听产品的价值认知。在视听产品的发展和普及过程中，用户可以更加便捷地获取和欣赏视听内容，如音乐、电影、电视节目等。这种便捷性优化了用户的体验，使他们更容易对产品产生价值认知。此外，随着技术的发展，数字化视听产品的出现推动了相关产业的创新，如数字内容制作、数字发行平台等。视听产品的吸引力不再局限于直接的购买决策，还涉及用户的情感体验和认知评估。视听内容能够通过新颖性、复杂性和情感表达等因素激发用户的兴趣，并通过心理和情感的双重作用影响用户对产品的认知。例如，复杂且结合正负情绪的视听内容更容易吸引用户的兴趣，激发用户的情感共鸣，从而增强用户对产品的认同感。

最后，品牌形象和个性在视听产品中扮演着重要角色。有研究表明，品牌形象和个性对用户的购买决策有显著影响，相比之下，品牌认知对用户的购买决策影响小得多。这是因为品牌形象和个性在视听产品中的作用更为突出，它们能够直接与用户的情感和认知产生共鸣，从而显著影响用户的购买决策。因此，视听产品需要通过强化品牌形象和个性来吸引用户，从而提升其市场竞争力。

（三）视听产业运营面临的挑战

随着技术的迅猛发展和市场竞争的加剧，视听产业在运营与发展中面临着来自多方面的挑战。

首先，视听企业内部加速扩展和融合，同时通过并购、战略合作等方式实现资源优化配置。一方面，大型视听企业通过收购优质内容制作公司或版权资源，增强内容供给能力；另一方面，一些优质内容创作者也积极寻求与视听企业的合作，以获得更广泛的传播渠道和收益分成。跨行业合作也成为趋势，如与电商、旅游、教育等领域的融合，为视听产业开辟了新的增长点。

其次，视听产业需要适应数字化转型的趋势。视听产业要从传统广播电视向网络视

---

① 视听新媒体产业展现勃勃生机（深观察）[EB/OL]. [2024-08-23]. https://www.nrta.gov.cn/art/2024/8/23/art_3731_68574.html.

听服务转变，这涉及技术平台的更新、生产流程的再造以及用户消费习惯的适应。人工智能、大数据、虚拟现实等新兴技术的应用为视听产业带来了新的制作和分发方式，同时要求视听产业从业者不断学习和掌握新技术。随着视听内容的数字化和网络化特征不断增强，网络安全成为重要议题。保护版权、防止数据泄露和网络攻击是视听产业必须面对的挑战。不同平台和设备的技术标准不一，也会导致内容的兼容性问题。视听产业需要制定统一的技术标准，以实现跨平台的无缝对接。

最后，相关政策法规的制定和变化对视听产业运营与发展有着重要影响。版权保护政策的完善有助于维护视听产业的创新动力和市场秩序。内容监管政策对视听内容的质量、价值观和导向具有指导作用，同时也可能限制内容创作的自由度。市场准入与退出机制的建立，有助于规范市场竞争，促进产业健康发展。政府的财政支持和税收优惠政策可以降低视听产业的运营成本，激励产业创新。国际合作政策的制定和实施，有助于视听产业的国际化发展，提升视听产业的国际竞争力。

视听产业在技术发展、市场变化和政策环境的多重影响下，既面临着挑战，也拥有巨大的发展机遇。视听产业从业者需要不断适应技术变革，把握市场机遇，同时积极响应政策，以实现产业的可持续发展。

◆ 讨论

视听产业的发展有正面效应与负面效应吗？

二、视听产业的发展趋势

◆ 思考

什么是IP矩阵化？

大数据时代，视听媒体需要积极进行思维调整，坚持创新思维、互联网思维，通过大数据开发产品，抢占新媒介，实现新突破，更好地满足用户需求。特别值得强调的是，要坚持用户思维，为不同平台的用户提供个性化内容，尊重用户需求，打造具有高附加值的视听产品。

（一）精品化

视听产业精品化是当前视听产业发展的重要趋势，其核心在于通过高质量的内容创作和生产，满足用户日益增长的精神文化消费需求，并推动行业的健康有序发展。它体现在内容创作、制作质量、技术应用以及用户体验等多个方面。精品化的视听内容往往聚焦重大主题、社会热点或具有深刻内涵的题材，通过深入挖掘和精心策划，呈现思想深刻、艺术精湛的作品。例如，近年来，围绕改革开放、中华人民共和国成立等重大事件，网络视听行业创作了大量反映时代变迁、弘扬主旋律的精品剧集和综艺节目。其中，红色爱国主义影片《建党伟业》（见图7-5）是为庆祝中国共产党建党九十周年而制作的献礼影片，讲述了从1911年辛亥革命到1921年中国共产党成立这段时间内的历史故事与风云人物，使无数人感受到了心灵的触动。该片荣获第14届中国电影华表奖优秀故事片奖。

图7-5　《建党伟业》剧照

鼓励原创是网络视听产业精品化的重要方向。原创内容能够体现创作者的独特视角和创意，满足用户对新鲜感和差异化的需求。创新性的表达方式和叙事手法也是提升内容品质的关键。在视听技术的加持下，视听产业将更加注重内容品质，通过艺术与技术的高度融合，打造具有深厚文化底蕴和高超技术水准的精品内容。这要求从业者既要具备深厚的艺术素养，又要掌握先进的数字制作技术，以满足用户日益增长的审美需求。

网络视听内容逐渐向专业化、精品化方向发展，这已成为媒体行业的共识。市场主体通过精心制作的内容来吸引用户，提升点击率和口碑。例如，荣获第29届上海电视节白玉兰奖的佳作，如《追风者》《漫长的季节》《三体》《繁花》《南来北往》等，体现了艺术与技术融合对内容创新的推动作用。其中，电视剧《三体》（见图7-6）改编自刘慈欣的同名科幻小说，原著以其宏大的宇宙视野和深刻的哲学思考著称。电视剧在改编过程中，保留了原著的精髓，通过复杂的故事情节和深刻的人物塑造，探讨了科学、哲学、人性等多个层面的主题，展现了艺术的深度和广度。电视剧在场景设计、服装设计、道具制作等方面都下足了功夫，力求还原原著中的科幻世界。例如，剧中出现的红岸基地、三体游戏场景等，都通过精细的美术设计和视觉效果呈现，营造出独特的科幻氛围。同时，电视剧还巧妙地融入了中国传统文化元素，如秦腔等音乐元素，使科幻故事更具文化厚重感。

图7-6　电视剧《三体》海报

数字技术的应用不仅增强了视听产品的艺术效果，而且提升了视听产品的开放性和自由性。VR和AR技术的应用使得艺术体验的沉浸式和互动性特征更加明显，为用户提供了更身临其境的艺术体验。新技术，如AI智能剪辑等，被广泛应用于视频平台，极大地丰富了视听内容的表现形式。智能化创作也在艺术领域崭露头角，创作者可以通过人工智能技术探索人机共同创作的可能性，使艺术作品更加智能化和个性化。

随着"新时代精品工程"的深入实施，视听内容的精品化已成为趋势。2024年7月，国家广播电视总局公布了2024年第一季度优秀网络视听作品推选名单，对一批主题鲜明、内涵丰富、制作精良的视听作品进行嘉奖，鼓励更多佳作的创作和生产，为建设文化强国、建设中华民族现代文明贡献力量。国家政策也注重文化与科技的融合，助力视听产业的发展。网络视听创作呈现出精品化和多元化趋势，网络剧已经可以在评奖中和电视剧同台竞技，显示出行业的多样性和包容性。

（二）垂直化

视听产业的垂直化是指在视听内容生产、传播和消费过程中，通过细分市场和专业化运营，实现产业链的深度整合和优化。视听产品形态将更加注重垂直领域，覆盖更多细分市场和用户群体。从长视频到短视频，从直播到点播，从娱乐到教育、健康等多个领域，视听产业将不断拓展边界，满足用户的多样化需求。

随着5G、人工智能等技术的加速发展，视听内容的生产、传播方式和体验场景发生了显著变化，智能电视的普及和技术优势使得中国在智慧视听领域拥有巨大的发展潜力。不同类型的媒体形式，如长视频、短视频、直播、音频等相互融合，形成了一个多元化的生态系统。长视频适合深度内容消费；短视频则以其短小精悍、易于传播的特点受到广大用户的喜爱；直播实现了实时互动，让用户能够参与内容生产；音频则为用户提供了在视觉受限环境下的信息获取和娱乐方式。互联网打破了传统媒体渠道的界限，使得不同类型的媒体内容可以通过多种渠道进行传播。用户可以通过智能手机、个人电脑等多种设备访问和观看各种媒体内容，实现了随时随地的信息获取和娱乐体验。

在垂直化运营中，内容始终是最核心的元素。各大平台需要加大对原创内容的投入力度，鼓励创作者创作出更多具有思想性、艺术性、观赏性的个性化、细分化内容。例如，在抖音短视频或小红书平台上，用户可以看到大量针对特定领域（如科技、教育、美食、旅行等）的垂直化内容频道和节目。

在垂直化运营的过程中，跨界合作也是不可或缺的一环。各大平台可以积极与其他行业进行合作，共同打造具有市场竞争力的细分化内容，如与电商平台合作推出剧集同款商品、与文旅机构合作推出"微短剧＋文旅"项目等。这些跨界合作可以拓宽内容的传播渠道，还可以实现互利共赢，推动整个产业链的协同发展。例如，2024年5月，迷你剧《我的阿勒泰》（见图7-7）开播，社会反响强烈，新华社等主流媒体发声，扩大了该剧的社会传播力和影响力。该剧不断登上微博热搜，引发全网关注，特别是阿勒泰景区、酒店等订单量环比均有大幅增长，实现了"一部剧带火了一座城"。同时，新疆各地举办旅游文化节、风光摄影展等活动，大力发展自驾游、特种游、探险游、沙漠古道游，推出"跟着赛事去旅行""跟着演出去旅行"等主题活动，丰富旅游体验内容。

图7-7 《我的阿勒泰》剧照

（三）IP矩阵化

视听产业的IP（intellectual property）矩阵化是指视听内容生产者围绕一个或多个核心IP，通过衍生开发、跨界合作、品牌授权等方式，打造出一系列具有连续性、关联性和互补性的IP集群，形成一个强大的IP生态系统，以实现内容的多元化、精品化和商业化运营。在未来，IP将成为视听产业的核心竞争力。通过构建IP矩阵，实现内容的系列化、品牌化运营，不仅能够延长内容的生命周期，而且能通过衍生品开发、跨界合作等方式实现商业价值最大化。

当前，视听产业积极打造核心IP，精心策划和制作具有独特魅力和市场潜力的核心IP，如热门剧集、综艺节目、动画电影等。同时，视听产业也必须注重IP的原创性和创新性，确保其在市场中具有竞争优势。基于核心IP进行衍生开发，如续集、前传、番外篇等，保持IP的持续热度和影响力，将IP延伸至电影、电视剧、网络剧、动漫、游戏等多个领域，形成多媒体互动体验。

204

矩阵打造的方式也可以是跨界合作和品牌授权，创造衍生品价值。与其他品牌或行业进行跨界合作，共同打造联名产品、举办联合活动等，能拓宽IP的传播渠道和受众范围，实现资源共享和优势互补，提升IP的商业价值。将IP的品牌形象、角色形象等授权给其他企业或产品使用，能够通过授权费用和品牌合作提升IP的经济价值。

◆ 提示

你知道哪些经典的IP矩阵化案例？

◆ 讨论

视听产业的发展需要国家政策的扶持吗？

第二节　视听产业的盈利模式

◆ 思考

如何理解盈利模式？盈利模式与营收模式有区别吗？

视听产业的盈利模式是指视听媒体通过提供内容、服务或利用相关资源，获得经济收益的方式和途径，主要包括广告经营、用户付费、节目版权等服务收入以及网络直播带货、直播打赏与衍生品开发等其他收入。随着技术的进步和市场需求的变化，这些盈利模式也在不断创新和发展。

视听产业正在向全产业链布局发展，不仅包括内容制作和分发，而且涵盖了相关的硬件设备和服务。此外，视听产业正在向城乡下沉，满足用户多样化的需求。这释放了更强大的消费势能，也促进了经济的发展。众多新业态，如短视频、网络直播等不断涌现，激活了视听消费市场，成为视听产业最重要的增长力量。这些新业态拓展了视听产品应用场景，也对新兴的盈利模式进行了探索。

一、依托产品和服务的盈利模式

依托产品和服务的盈利模式指视听媒体通过为用户提供产品和服务获得营收。这种盈利模式强调通过创新和整合产品与服务来满足市场需求，从而实现可持续发展。在这种盈利模式下，利润来源主要有以下几种。

（一）广告营收

视听产业的广告营收是指通过在各种视听媒体（如应用程序、社交媒体、广播、电视等）上展示广告而获得的收入。目前，广告营收依然是视听产业的主要收入来源之一。随着大数据和AI技术的应用，广告投放更加精准有效，能为广告主带来更高的投资回报率，也能为平台带来更加可观的广告收入。通过在视听内容中插播广告，平台可以从广告主那里获得收入。广告营收已经占据了视听市场营收的较大份额，是媒体商业化运营的重要组成部分。

视听产业的广告形式包括传统的贴片广告和植入广告。贴片广告主要应用在视频中，包括前贴、暂停、后贴三种广告模式，即在视频内容播放前、中、后插播广告。植入广告则将广告商的产品或服务融入视频内容，以台词表述、角色扮演、道具呈现、场景提供等方式植入。广告营收可以让用户免费享受视听内容，同时平台通过广告营收实现盈利。此外，网络视频广告具有交互性、精准定位、低成本等优势。

平台的广告营收依赖广告主的投放意愿和广告市场的状况，往往受到市场环境、竞争态势、用户行为等多种因素的影响。虽然平台可以让用户免费享受视听内容，但广告的植入往往会影响用户的观看体验。用户对广告的抵触情绪可能导致观看体验不佳，甚至影响用户对平台的满意度和忠诚度。

（二）版权分销和版权授权

版权分销是指视听企业通过向电视台、视频网站等渠道分销内容版权，实现内容的多次变现。版权授权是指视听产品版权拥有者将其版权授权给其他平台或机构使用，并从中获得收入。版权分销和版权授权是视听产业的重要盈利渠道。

视听企业通过与版权方合作，获得视听内容的授权，并在平台上进行播放和分发，或将自制的优质内容销售给其他平台或机构进行二次分发。版权授权是版权保护的重要手段之一，它允许版权方在保留所有权的前提下，将作品的使用权转让给他人，从而实现作品的广泛传播和商业化利用。版权授权可以针对不同的用途、地域、时间等条件进行设定，以满足不同平台的需求。

迪士尼作为全球知名的娱乐巨头，拥有大量的影视作品、动画角色、音乐等版权资源。这些资源被迪士尼通过版权分销的方式授权给全球各地的合作伙伴，从而实现作品的广泛传播和商业化利用。例如，迪士尼可能将某部热门动画片的播放权分销给多个国家和地区的电视台和网络平台，同时与玩具制造商合作推出相关的玩具产品。迪士尼的版权分销和版权授权模式为自身带来了可观的商业利润，也为合作伙伴提供了优质的版权资源和商业机会。双方通过合作实现了共赢。

（三）用户付费与增值服务

用户付费是指用户通过付费订阅或付费购买来收听、收看音视频节目。用户付费在近年来得到了广泛应用，并且随着网络视听节目质量的提高，用户对付费观看的接受度也在不断提升。流媒体播放平台 Netflix 和爱奇艺作为国内外头部视频流媒体平台，分别采用了不同的盈利模式。Netflix 主要依靠订阅费实现盈利，而爱奇艺则通过广告、会员订阅以及与电影公司合作等多种方式实现营收。

增值服务是用户通过支付一定的费用来享受高品质视听内容服务的模式，是一种用户付费模式。随着用户对高品质内容的需求增加，增值服务成为视听产业的重要收入来源。增值服务是视听产业在基础服务之外提供的附加服务，如会员特权、线下活动、衍生品销售、单点付费、包月付费等多种形式，为用户提供差异化的内容体验和服务。

用户购买的增值服务是对特定内容或服务的访问权限，这种权限通常包含无广告、高清画质、独家内容等增值服务。视听企业的收入来源主要是用户的订阅费，因此具有相对较高的稳定性和可预测性。一旦用户订阅了某项服务，平台就可以持续获得收入，直到用户取消订阅。而对于用户而言，订阅通常意味着能够获得更好的体验。由于用户支付了费用，平台通常会提供更高质量、更独特的视听内容来吸引用户。这些内容往往具有更高的制作水平和更深刻的内涵，能够满足用户对于高品质内容的需求。这适用于那些拥有高质量、独特内容且能够吸引一定数量忠实用户的平台。

网易云音乐在提供增值服务方面开创了新的盈利模式，如 VIP 会员服务、数字专辑与单曲购买、赞赏计划、广告分成与点播激励金等。用户通过付费成为 VIP 会员后，可以享受包括付费歌曲播放及下载、无损音质、免广告、专属皮肤及头像头饰、商城打折等一系列特权。这些服务显著提升了用户的使用体验，并满足了用户对高品质音乐的需求。此外，网易云音乐还推出了黑胶 SVIP 服务，进一步升级了会员服务体系，新增了有声书会员书库畅听、百张付费专辑免费听、智能硬件畅听、杜比全景声等专属权益。

（四）IP 开发

IP 开发是指通过创意、设计和保护特定主题或概念，将其转化为具有商业价值的知识产权的过程。这一过程涉及多个阶段，包括创意策划、设计制作、版权保护、市场推广和商业运营等。在 IP 开发中，创意策划是核心环节，它决定了 IP 的核心价值和发展方向。视听企业围绕热门 IP 进行全产业链开发，IP 的价值主要体现在其独特的创意内容、广泛的受众基础，以及可延伸的产业链上，包括电影、电视剧、动漫、游戏、衍生品等多个领域。一个优质的 IP 通常能够吸引大量用户，还能通过衍生产品的开发、跨界合作等方式实现价值的最大化。

作为中国动画领域最大的 IP 之一的"熊出没"，拥有巨大的号召力和影响力，连续多年在春节期间上映的电影凭借独特的故事情节和精良的制作赢得了无数观众的喜爱。

截至2025年1月底，"熊出没"系列动画电影累计总票房已突破80亿大关。IP拥有者华强方特文化科技集团股份有限公司也一直在扩展其商业版图，不仅在玩具、授权等方面上进行衍生品开发，而且全面开展主题公园和度假村项目，颇有打造"中国迪士尼"的势头。

（五）直播带货与直播打赏

直播带货是一种通过网络直播平台，由主播实时展示产品并引导用户进行购买的新型电商模式。这种模式结合了传统电视购物和网络社交的特点，具有实时性、互动性和便捷性，能够显著提升用户的购物体验和购买决策效率。直播带货的核心在于主播与用户之间的互动。主播通过展示产品特点、使用方法以及优惠信息，吸引用户下单购买。用户可以在直播过程中通过评论等方式与主播互动，增强参与感和信任感。直播带货的成功要素包括主播的专业性和个人魅力，主播需要具备一定的产品知识和话语技巧，能够吸引用户的注意力，并用专业知识推荐产品。同时，产品的高质量和独特性是成功的基础因素。近年来，直播带货在中国迅速发展，成为电商平台和内容平台的重要增长动力。例如，2024年抖音电商达人带货总销售额同比增长43%，新增带货达人528万人，同比增长74%。[①]

直播打赏是用户为主播购买虚拟礼物，平台从中抽取一定比例的分成的盈利模式。直播打赏是网络直播行业的重要盈利方式之一。例如，根据虎牙公司公布的2022年第二季度财报，其总营收中有90%来自打赏分成。直播打赏不仅为平台和主播带来了直接的经济收益，而且促进了用户与主播之间的互动，加强了用户与主播之间的情感联系，从而形成了一种可持续发展的商业模式。然而，这种模式也存在一定的局限性，如直播打赏具有不稳定性等。因此，许多直播平台也在探索多元化的盈利模式，以减少对直播打赏收入的过度依赖。

◆ 讨论

视听产业除了传统的盈利模式，还有哪些具有时代特点的盈利模式？你能找到相关案例吗？

二、依托资本市场的盈利模式

依托资本市场的盈利模式是指视听企业通过企业上市、股权置换、风险投资、私募基金，以及其他金融工具来实现盈利，利用资本市场的运作推动视听企业不断发展。

---

① 《2024抖音电商达人成长报告》：中小达人成带货中坚力量[EB/OL]. [2024-08-22]. https://cn.chinadaily.com.cn/a/202408/22/WS66c6cbcda310b35299d37ea1.html.

（一）企业上市

企业上市是指视听企业通过发行股票等，在证券交易所等公开市场上筹集资金的行为。通过上市，视听企业可以获取更多的资金支持，用于内容创作、技术创新和市场拓展等方面，从而推动企业的发展。同时，上市企业的品牌知名度和市场影响力会得到显著提升，有助于视听企业在激烈的市场竞争中脱颖而出。上市要求视听企业建立更加规范、透明的治理结构，这有助于提升企业的管理水平和运营效率。

视听产业作为新兴的文化产业，具有较显著的成长性和较大的发展潜力。随着技术的不断进步和市场的不断拓展，视听企业为了实现快速增长，就需要大量的资本投入。同时，视听企业也面临着较高的市场风险和技术风险。市场需求的波动、技术更新换代的速度等因素都可能对企业的经营产生重大影响。视听企业的生产和运营需要大量的资金投入。因此，企业上市对于视听企业而言尤为重要。

2022年至今，是中国视听企业积极谋求上市、追逐资本的阶段。

2022年8月8日，广东魅视科技股份有限公司（简称"魅视科技"）在广州民营科技园举办了上市仪式，庆祝公司成功登陆深圳证券交易所主板，成为广州市白云区第15家上市企业。魅视科技的上市不仅提升了企业自身的品牌影响力和市场竞争力，而且推动了广州市白云区数字经济产业的发展，为区域经济的转型升级注入了新的活力。2023年8月28日，专注于全球专业视听领域的北京小鸟科技股份有限公司（简称"小鸟科技"）同长江证券股份有限公司签署辅导协议，计划在创业板挂牌上市。成立于2009年的小鸟科技曾推出一系列以传输、交换、处理、控制为主的设备及音视频解决方案平台。2024年5月22日，中国证券监督管理委员会发布《关于同意河北广电无线传媒股份有限公司首次公开发行股票注册的批复》。2024年9月26日，河北广电无线传媒股份有限公司（股名简称"无线传媒"）正式完成首次公开发行股票并在深圳证券交易所举行了创业板上市仪式。该公司的上市既彰显了河北文化改革成果，又开启了河北文化发展的新征程。

（二）股权置换

视听产业的股权置换是指视听产业内的企业之间通过交换股权的方式，实现资源的重新配置和整合，以达到双方利益最大化的目的。在视听产业中，这通常发生在具有互补优势或战略协同效应的企业之间。通过股权置换，视听产业的企业可以引入具有技术、市场、渠道等优势的战略投资者或合作伙伴，共同推动企业的发展。股权置换也有助于实现资源在企业间的重新配置和优化，提高资源的利用效率。相比现金收购等方式，股权置换不需要支付大量现金，有助于降低企业的财务风险。股权置换通常伴随着交叉持股，这有助于企业之间建立长期稳定的合作关系，共同应对市场变化和挑战。通过股权置换的方式，视听企业可以实现与其他企业的战略合作和资源共享，共同开拓市场，降低成本，提升竞争力。

股权置换可以发生在内容提供商与分发渠道商之间，如某视听内容提供商（如一家拥有大量独家版权的影视制作公司）与一家拥有广泛分发渠道的平台（如流媒体平台或电信运营商）进行股权置换。内容提供商希望通过与分发渠道商的合作，扩大其内容的传播范围和影响力；而分发渠道商则希望通过引入独家内容，增强用户黏性和市场竞争力。双方可以通过纯粹的股权置换方式，各自向对方注入一定数量的股权，实现交叉持股，当然，也可以采用股权加资产、股权加现金等复合方式进行置换。

股权置换也可以发生在技术提供商与内容提供商之间，如一家在视听技术领域占有领先地位的企业（如提供 VR、AR、高清视频传输等技术的公司）与一家内容提供商进行股权置换。技术提供商希望通过与内容提供商的合作，将其技术应用于实际内容生产，提升内容质量和用户体验；而内容提供商则希望通过引入先进技术，提升其在行业内的竞争力。双方可以通过股权置换的方式，实现技术与内容的深度融合和互补。

中国视听企业的股权置换知名事件发生在 2012 年。当时，优酷（www.youku.com）和土豆（www.tudou.com）是中国网络视频行业的两大巨头，各自拥有庞大的用户群体和丰富的内容资源。然而，随着市场竞争的加剧和版权成本的上升，两家公司都面临着巨大的压力。为了共同应对这些挑战，优酷和土豆决定通过股权置换的方式实现合并。2012 年 3 月 12 日，优酷和土豆共同宣布将以 100% 换股的方式合并。根据协议条款，自合并生效日起，土豆所有已发行和流通中的 A 类普通股和 B 类普通股将退市，每股兑换成 7.177 股优酷 A 类普通股。同时，土豆的美国存托凭证（Tudou ADS）也将退市，并每股兑换成 1.595 股优酷美国存托凭证（Youku ADS）。每股 Tudou ADS 相当于 4 股土豆 B 类普通股，每股 Youku ADS 相当于 18 股优酷 A 类普通股。合并后，优酷股东及美国存托凭证持有者将拥有新公司约 71.5% 的股份，土豆股东及美国存托凭证持有者将拥有新公司约 28.5% 的股份。合并后的新公司可以共同打造更加丰富和优质的内容生态体系，为用户提供更加多样化的视频内容选择，同时也将拥有更强大的市场地位和品牌影响力，对广告投放者的议价能力也将得到提升。这有助于推动视频广告价格的上涨和企业盈利能力的提升。优酷和土豆的合并标志着中国网络视听行业进入了一个新的整合阶段。

◆ 思考

搜索并了解中国视听产业股权置换的相关政策。

（三）风险投资

风险投资是企业在初创期的重要资金来源之一。通过吸引风险投资机构的关注和支持，企业可以获得资金、管理经验和市场资源等方面的帮助，加速企业发展。对于处于初创期的视听企业而言，这是获得风险投资的机会；对于大型视听企业而言，这是自己可以成为投资方，寻找风险投资目标的机会。

风险投资方会向被投资的视听企业提供必要的资金支持，帮助其解决资金短缺问题。

同时，风险投资方还会利用其丰富的资源和经验，为被投资的视听企业提供战略规划、市场拓展、人才引进等方面的支持。大型视听企业在进行风险投资时，会进行充分的市场调研和风险评估，以了解所投资的视听项目的风险状况，通常会选择具有创新技术、市场前景广阔、团队实力强的初创型或成长型企业作为投资对象。被投资的企业可能专注于内容创作、技术研发、平台运营等领域，与视听产业紧密相关。风险投资方还会与被投资的企业建立紧密的合作关系，参与其经营管理和重大决策活动，以降低投资风险。风险投资的最终目的是实现资本增值并成功退出。因此，大型视听企业在选择投资项目时，会考虑其未来的退出渠道和方式。常见的退出方式包括首次公开募股（initial public offering，IPO）、并购、回购等。

优酷作为中国领先的在线视频平台，早期曾获得过多轮融资，其中不乏风险投资的参与。成为基金（后更名为"成为资本"）、Farallon Funds、Brookside Capital、Maverick Capital 等投资方帮助优酷在内容版权购买、技术研发、用户体验提升等方面取得了显著进展。

哔哩哔哩（也称 B 站）从一个专注于动画、漫画、游戏内容创作与分享的视频网站，发展成为涵盖 7000 多个兴趣圈层的多元文化社区，通过多轮融资获得了大量的资金支持。从 2011 年到 2021 年 3 月，哔哩哔哩一共经历了 11 次融资。投资方包括了掌趣科技、华兴资本、启明创投、CMC 资本、IDG 资本、腾讯、阿里巴巴、索尼等。尤其在 2018 年之后，哔哩哔哩获得的融资金额不断扩大。例如，2018 年 10 月，哔哩哔哩获得来自腾讯等资本投资的 3 亿美元，2020 年 4 月获得索尼 4 亿美元融资。这些投资不仅支持了哔哩哔哩的内容生态建设，而且帮助其拓展了新业务领域，如直播、电商等。

知名视听企业抖音的成长也离不开风险投资的助力。2018 年，抖音接受来自红杉资本和阿里巴巴共计约 2000 万美元的风险投资，为抖音的早期发展提供了重要的资金支持，帮助其加速产品优化和市场拓展。2019 年，京东、小米等机构共计约 3000 万美元的融资，助力抖音在全球范围内扩大用户基础和提高品牌影响力。此后，抖音又完成了多轮融资。这些融资为其在技术创新、内容生态构建和国际化战略等方面提供了有力支持，进一步巩固了抖音的市场地位。

（四）私募基金

视听产业的私募基金，是指在中华人民共和国境内，以非公开方式向特定投资者募集资金，并专门投资于视听产业（如电影、电视剧、网络视频等）的投资基金。这些基金通常由专业的基金管理人管理，通过集合投资的方式，实现风险分散和收益增长。视听产业私募基金的投资范畴广泛，包括但不限于影视项目的直接投资、影视公司股权的收购、音频内容的制作与分发，以及视听产业链上下游相关企业的投资等。私募基金为视听产业提供了更加灵活和专业的融资方式，也能实现资本增值和风险控制。

2014 年，经纬创投（北京）投资管理顾问有限公司（简称"经纬创投"）投资了电影《后会无期》（见图 7-8），制作成本 6000 万元，经过 8 个月的制作，最终实现超过 6 亿元的票房回报，成为机构投资电影的典型成功案例。经纬创投关注的投资领域主要包括移动社交、交易平台、O2O、电商、智能硬件、互联网教育、垂直社区、文化、医疗、互联网金融等。在项目筛选与评估阶段，经纬创投作为专业的投资机构，对多个影视项目进行了详细的筛选和评估。在评估过程中，经纬创投考虑了项目题材、导演团队、演员阵容、市场前景等多个因素。《后会无期》凭借其独特的创意和强大的制作团队吸引了经纬创投的注意力，投资决策团队在充分评估了《后会无期》的投资价值和风险后，做出了投资决策。团队成员认为，该项目具有较高的成长潜力和盈利能力，也与他们的投资策略和风险偏好相匹配。经纬创投将投资资金按照合同约定投放到《后会无期》项目中，支持电影的拍摄、制作和宣传等工作。在项目管理过程中，经纬创投参与了项目监督、风险控制等工作，确保项目顺利进行和投资回报的实现。

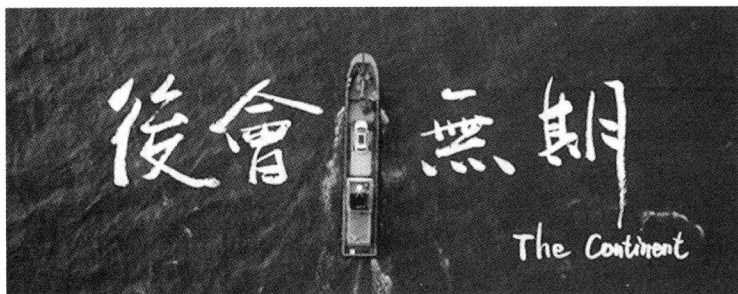

图7-8　《后会无期》海报

　　由于私募基金的具体运作细节和投资项目信息往往涉及商业机密和投资者隐私，我们无法从大量关于视听企业的私募基金投资案例中获取完整的投资过程和详细数据。不过，上述案例的发展阶段和步骤推进为我们提供了一个大致了解私募基金在视听产业中投资运作的窗口。

第三节　视听品牌价值传播

　　视听品牌是一种无形资产，既涉及视听产品品牌或视听媒体品牌在用户心目中的形象、认知，又包括视听产品品牌或视听媒体品牌与用户情感的交互作用。视听品牌不仅反映了相关产品或企业的市场地位，而且体现了品牌与用户之间的互动和信任程度。视听品牌价值的高低直接影响视听企业的市场竞争力和盈利能力。

◆ 提示

你知道哪些视听品牌？

◆ 思考

你认为应如何衡量视听品牌的价值？

一、视听品牌定位与视听品牌多样性

视听品牌是区分同类产品或服务的重要标志。视听品牌建设通过独特的品牌定位、核心价值以及差异化策略，构建起难以复制的市场优势，能有效抵御竞争对手的冲击。

（一）视听品牌定位

在商业领域，品牌定位是企业在市场定位和产品定位的基础上，对特定的品牌在文化取向及个性差异上的商业性决策。它是建立一个与目标市场有关的品牌形象的过程和结果。具体来说，视听品牌定位包含四个方面的定位信息。

1. 用户定位

视听品牌需要明确自己的目标用户的消费偏好。通过用户定位，视听品牌可以更加精准地制订营销策略和推广计划，以吸引和留住目标用户。

2. 价格定位

价格是用户选择视听产品的重要因素之一，视听品牌需要根据自身的内容质量、服务水平和目标用户的消费能力等因素来制订合理的价格策略。价格定位既要保证品牌的盈利能力，又要符合用户的心理预期和支付能力。

3. 形象定位

形象定位是视听品牌的核心竞争力之一。通过塑造独特的品牌形象和个性特征，视听品牌可以在众多竞争对手中脱颖而出，吸引用户的关注和喜爱。进行形象定位时，需要考虑品牌的名称、标志、口号、宣传片等多个方面，以形成统一、鲜明的品牌形象。

4. 差异化定位

在竞争激烈的市场环境中，视听品牌需要寻求差异化的发展路径。通过差异化定位，视听品牌可以突出自身的特色和优势，满足用户的个性化需求和偏好。差异化定位可能体现在内容创新、技术领先、服务优质等多个方面。

（二）视听品牌多样性

视听品牌是连接视听产品与用户的桥梁。视听品牌建设通过多样化的传播渠道和互动方式，加深用户对品牌的认知与理解。从主流媒体巨头到新兴自媒体品牌，从专注于某一领域的专业平台到覆盖广泛受众的综合性平台，每个视听品牌都在努力塑造独特的品牌形象和定位，以吸引和留住用户。视听品牌多样性主要体现在如下三个方面。

1. 内容多样性

随着互联网技术的发展，视听品牌（如视频网站、电视台等）提供的内容日益丰富多样。这些内容可能包括电视剧、电影、综艺节目、纪录片、短视频等多种类型，涉及不同的题材、风格和用户群体。这种内容多样性使得视听品牌能够满足不同用户的需求和偏好，从而吸引更广泛的用户。

2. 平台多样性

除了内容多样性外，视听品牌多样性还体现在平台多样性上。用户可以通过电视、电脑、智能手机等多种设备观看视听内容，这些设备为视听品牌提供了更广阔的传播渠道和更便捷的观看方式。

3. 服务多样性

视听品牌还通过提供多样化的服务来优化用户体验。例如，一些视频网站提供会员服务，会员可以享受无广告观看、高清画质、提前观看等特权；同时，这些网站还可能提供弹幕、评论、分享等互动功能，让用户能够更好地表达自己的想法。

（三）视听品牌定位与视听品牌多样性的关系

视听品牌定位与视听品牌多样性是相互依存、相互促进的关系。视听品牌定位有助于提升品牌的知名度和美誉度，增强品牌的竞争力，提升品牌的市场地位，为品牌输出多样性的内容和服务提供了条件；视听品牌多样性为品牌定位提供了丰富的素材和选择空间，使得品牌能够根据不同用户的需求和偏好进行精准定位。

二、视听品牌定位区间

根据目标用户的需求和偏好，视听产品或服务被精准地定位在不同的市场区间。高端市场注重内容品质、技术创新和个性化服务；中端市场更强调性价比和广泛受众的覆盖；低端市场则注重内容的娱乐性和易获取性。这种差异化的品牌定位区间有助于满足不同用户群体的需求，提升品牌的市场竞争力。接下来，我们对高端市场和低端市场做简要介绍。

（一）高端市场

高端市场，通常指的是在视听产品或服务中，以高品质、高附加值、高技术含量为主要特征的部分市场。高端市场面向的是对视听体验有更高要求、愿意为高品质内容和服务支付更高价格的消费群体。它强调内容的独特性和创新性，以及制作的高质量。这包括高清晰度的视频、高质量的音频、精湛的剪辑和后期制作等。除了优质的内容以外，视听企业还会为这些用户提供一系列增值服务，如个性化推荐、专属客服、会员特权等，以提升用户体验和忠诚度。视听企业往往采用最新的技术成果，如4K和8K分辨率、VR和AR技术等，为用户提供前所未有的视听体验。

以Netflix为例，作为全球领先的流媒体平台之一，Netflix投入巨资制作高品质原创内容，包括电影、电视剧、纪录片等。这些内容不仅制作精良，而且题材广泛，涵盖科幻、悬疑、喜剧、历史等多种类型，可以满足不同用户的需求。Netflix还积极购买独家版权，确保平台上有大量独家的高品质内容供用户选择。这种策略吸引了大量忠实用户，并提升了平台的竞争力。除此之外，Netflix支持4K、8K超高清画质，为用户提供极致的视听体验。这使得用户在观看过程中能够感受到更加细腻、真实的画面效果。利用先进的算法和大数据分析技术，Netflix能够为用户提供个性化的内容推荐。这种智能推荐系统能够根据用户的观看历史和偏好，精准推送符合其偏好的内容，提高用户满意度。

（二）低端市场

视听媒体的低端市场指的是提供基础、经济型视听内容，以满足对视听体验要求不高的用户群体需求的部分市场。这些用户更注重性价比，对价格较为敏感，对视听内容的深度和丰富性要求相对较低。低端市场的视听产品价格相对较低，能够覆盖更广泛的用户群体，特别是经济能力有限的用户。相较于高端市场，低端市场的内容可能更为简单、基础，缺乏一些深度分析和独特视角。这些内容可能主要满足用户的日常娱乐和信息获取需求。低端市场的目标消费群体广泛，包括经济不发达地区的用户、低收入用户，以及对视听体验要求不高的普通用户。

例如，2011年10月，在印度政府的倡导和推动下，一款名为Aakash的平板电脑凭借其低廉的价格在印度市场引起了广泛关注。Aakash平板电脑主要面向学生群体和低收入家庭，旨在通过经济实惠的电子设备来缩小数字鸿沟。Aakash于2011年10月正式发布，

12月14日开始接受网络预订，原价为2500印度卢比（约合人民币298元），扣除政府补贴后价格更为低廉和亲民。尽管在性能和用户体验方面存在一些不足，但其低廉的价格和广泛的市场覆盖使其在印度市场具有一定的竞争力。

三、视听品牌建设

视听品牌建设不仅是市场竞争的焦点，而且是塑造品牌形象、提升用户忠诚度的关键。它关乎视听企业的市场竞争力、品牌形象的塑造，还直接影响用户的认知、偏好及使用体验，进而影响企业的长期发展。因此，视听品牌建设是视听企业运营战略的重要组成部分。

（一）凝练视听品牌核心价值

视听品牌核心价值是视听品牌建设的核心，它代表了品牌的独特魅力和核心竞争力，包括理性价值、感性价值和象征性价值三个层面，分别关注功能性利益、情感体验和社会意义。视听品牌应明确其核心价值，并在所有产品和服务中始终如一地体现这一价值，以建立用户对品牌的深刻认知和忠诚度。品牌核心价值是品牌的精髓，能够驱动消费者认同、喜欢甚至爱上一个品牌，并在市场竞争中区分品牌与竞争对手。

湖南卫视坚持以"快乐中国"为品牌定位，以年轻观众为主要受众群体。这一品牌定位明确了湖南卫视的发展方向，也使其在众多省级卫视中脱颖而出，形成了独特的品牌形象。通过不断推陈出新，湖南卫视成功打造了一系列脍炙人口的综艺节目，如《天天向上》《我是歌手》等，极大地满足了年轻观众对于娱乐、音乐、生活等方面的需求，进一步巩固了其品牌定位。2021年，湖南卫视宣布口号由"快乐中国"变更为"青春中国"（见图7-9），以青春之姿引领时代风尚，汇聚青春力量。从"快乐中国"到"青春中国"，不仅是湖南卫视一次简单的频道再定位与品牌焕新，而且是基于当下推进媒体融合纵深发展和新时代中国电视行业变革的历史必然。将媒体话语权充分聚焦在青年群体身上，提升了湖南卫视的平台气质，也是电视媒体的一次创新之举，其中传递的是主流电视媒体的家国情怀和时代责任。湖南卫视在观众心目中的形象以"年轻""时尚""有活力""创新"等词汇为代表，这些形象因子进一步证明了其品牌影响力的广泛性和持久性。当下，湖南卫视创作的大量节目，向着"引领青年文化，凸显青春力量"的多元方向进行迭代升级。在"青春中国"的口号下，一大批具有青春气质的新节目呈现在观众面前。这些新节目分别涉及党史教育、乡村振兴、青年文化等当下年轻人关注的热点领域。例如，《稻花香里说丰年》（见图7-10）是湖南卫视于2021年推出的国庆特别节目，旨在带领观众一起感受新农人奋斗于新时代的喜悦之情，见证从脱贫攻坚到全面建成小康社会的幸福跨越。

图7-9　"青春中国"口号

图7-10　《稻花香里说丰年》节选

　　视听品牌通过不懈的坚持、优化与升级，能够保持与市场和用户的紧密联系，不断提升其核心价值，从而在激烈的市场竞争中立于不败之地。

（二）推出特征鲜明的视听品牌标识

　　视听品牌标识是视听品牌的重要组成部分，包括品牌名称、标志、口号等。一个独特且易于识别的品牌标识有助于提升品牌的知名度和辨识度。品牌标识是视听品牌视觉与听觉识别的核心。

　　凤凰卫视的品牌标识极具中国传统文化特色，核心是一只翱翔于云端的凤凰形象（见图7-11）。凤凰是中国传统文化中的神鸟，象征着吉祥、幸福和团结。在凤凰卫视的品牌标识中，凤凰翩翩起舞，展现出活力和生命力。金色的主色调和翱翔的凤凰形象共同展现了凤凰卫视在新闻传媒领域的卓越地位和不断进取的精神。两只凤凰首尾相连，以开放的姿态翱翔于云端，寓意着凤凰卫视以开放的心态和包容的胸怀接纳来自世界各地的信息和文化。这种开放与包容的精神也是凤凰卫视能够在国际舞台上崭露头角的重要原因之一。

图 7-11　凤凰卫视品牌标识

◆ 提示

你还知道哪些视听品牌标识？试分析它们的特点。

（三）夯实视听品牌公信力基础

视听品牌公信力是指用户对视听品牌的信任程度，是视听品牌在市场中立足的重要因素。这包括品牌的专业性、传播力、影响力、历史积淀等方面。视听品牌应通过高质量的内容制作、客观公正的报道和评论、积极的社会责任履行等方式，建立并巩固其公信力基础。优质的视听内容能够激发用户的情感共鸣，满足用户的精神需求，从而培养用户对品牌的偏好与忠诚度。用户的这种偏好与忠诚度是品牌持续发展的重要动力。

中央电视台是我国的新闻舆论机构和思想文化阵地，具有传播新闻、社会教育、文化娱乐、信息服务等多种功能。这里聚集了全国各地传媒行业的精英，拥有先进的传播设备，也拥有极高的品牌知名度、品牌理解度和品牌美誉度。其中，中央电视台的新闻节目积极发挥优势，努力拓展手段，不断提升国际传播能力和新媒体传播能力。在国际舆论场和新媒体舆论场两个领域中，新闻节目越来越多地获得了海内外观众的关注，越来越深入地赢得了海内外观众的认同。《新闻联播》《焦点访谈》《晚间新闻》《朝闻天下》等多个品牌节目到达率、收视率得到了全面提升。中央电视台在世界各地建立了众多记者站，不断拓展、延伸的新闻触角使中国的声音和视角覆盖了全球大部分国家和地区，到达了全球绝大多数的新闻现场。针对当前错综复杂的舆论形势，中央电视台在新闻节目中主动聚焦社会质疑，积极回应公众对新闻事实的高度关切，以事实为依据，有力地引导舆论，体现了国家媒体的社会责任和公信力。聚焦虚假新闻与社会质疑的《真相调查》栏目，以忠于事实的深入采访还原新闻事件的来龙去脉，以真实、客观的记录性报道回应社会舆论质疑。例如，2012年3月，《真相调查》围绕"5·12地震部分救灾物资4年未开封"的传言展开了及时、详细、说服力强的报道（见图7-12），通过现场感强、真实性强、信息丰富、逻辑清晰的新闻报道，第一时间回应了社会质疑，推动了网络舆论环境的理性回归，使国家媒体的公信力再次得到有力彰显。

图7-12　《真相调查》关于"5·12地震部分救灾物资4年未开封"谣言的报道节选

（四）塑造视听品牌性格

塑造品牌性格是品牌建设中的重要环节，它通过赋予品牌独特的人格特征，使品牌在用户心中拥有鲜明的个性形象，从而增强品牌的辨识度和吸引力。塑造品牌性格的核心在于将品牌人格化，使其具备人类的情感和行为特征，从而使品牌与用户建立更深层次的情感联系。品牌性格是视听品牌区别于其他品牌的重要特征。一个具有鲜明个性的品牌能够吸引具有相同或相似价值观的用户群体，形成独特的品牌社群和文化。视听品牌应通过独特的内容风格、表达方式、品牌形象塑造等方式，展现其独特的品牌个性和气质。

皮克斯动画工作室（Pixar Animation Studio）作为全球知名的娱乐技术品牌，以其在动画电影领域的创意和技术创新而闻名。公司不断挑战传统，通过先进的技术手段（如计算机动画技术）和独特的叙事方式，创造出令人惊叹的视觉效果和引人入胜的故事情节。这种对创新的执着追求，使得该公司的每一部作品都充满了新鲜感，体现了其品牌性格中的创意无限和技术创新等特点。此外，皮克斯动画工作室创作的动画作品往往能够深入人心，引发观众强烈的情感共鸣。其擅长从日常生活中的小事入手，通过细腻的情感刻画和深刻的主题探讨，展现人性的光辉和复杂性。这种对人文关怀的重视，使得其作品不仅具有娱乐性，而且富有教育意义和思考价值，从而拥有了广泛的观众基础。

作为中原文化的代表性媒体，河南卫视在品牌性格中融入了鲜明的地域特色。它充分利用区域文化优势，扎根于河南，节目内涵来源于中原文化。其品牌性格中蕴含着丰富的文化底蕴，体现为对中华优秀传统文化的深入挖掘和传承。无论是戏曲、文物、武术、姓氏、汉字、成语等经典文化的继承，还是中国节日系列节目的创新表达，都展现了河南卫视对传统文化的尊重和弘扬。这种深厚的文化底蕴，使得河南卫视在观众心目中形成了独特的品牌形象；这种地域特色的鲜明性，使得河南卫视在观众心目中形成了独特的品牌形象和辨识度。河南卫视的"奇妙游"系列是其近年来在文化传播和节目创新方面的一大亮点，通过融合传统文化与现代科技，为观众呈现了一系列精彩纷呈的文化盛宴。"奇妙游"系列以传统节日为主题，围绕传统节日进行内容创作，其最大特色就是传统习俗在节目中得以体现。例如，《清明时节奇妙游》（见图7-13）将清明节的两大主题"缅怀先祖"和"踏青郊游"巧妙地融入节目；《七夕奇妙游》（见图7-14）以当下年轻人的内在需求为出发点，以"相亲相爱、彼此尊重、相互理解"为精神内核，通过舞蹈、歌曲等艺术形式，向观众传递正确的婚恋观。

图7-13 《清明时节奇妙游》节选

图7-14 《七夕奇妙游》节选

◆ 讨论

河南卫视和湖南卫视的品牌性格有何差异？

◆ 讨论

视听媒体品牌性格塑造的基础是什么？

（五）满足用户的理性诉求

用户的理性需求往往能通过具体的数据、事实和逻辑论证呈现出来，一般强调产品的功能性利益，如质量、性能、价格等。满足用户的理性诉求是视听品牌满足用户实际需求的关键因素之一。这体现在视听产品的高画质、高音质、高质量、多样性、便捷性、更新速度快等硬指标方面。视听品牌应不断优化其硬性的内容和服务，以满足用户日益增长的理性需求，提升用户的满意度和忠诚度。

瑞典正版流媒体音乐播放平台Spotify作为全球领先的音乐平台，能够为用户提供海量音乐资源、个性化推荐和跨平台无缝体验。Spotify拥有超过7000万首歌曲的版权，能够根据用户的喜好和听歌习惯提供精准的个性化推荐。同时，Spotify还支持多种设备和平台的同步播放，让用户随时随地享受音乐。Spotify已经得到了华纳音乐集团、索尼音乐娱乐公司等全球知名唱片公司的授权，其所提供的音乐都是正版的。除了能享受在线收听音乐的服务外，用户还能下载音乐到本地供离线收听。这些不仅提升了用户的听歌体验，而且促进了Spotify用户数量的快速增长。据统计，截至2022年第四季度，Spotify的全球月活跃用户数已超过4亿。①

（六）满足用户的感性诉求

满足用户的感性诉求，指通过激发用户的情感和情绪，满足其心理需求和情感需求，从而激发用户做出购买行为。这种诉求强调情感的表达和体验，而非单纯的功能性或理性信息的传递。满足用户的感性诉求是视听品牌与用户建立情感联系的重要方式。通过讲述感人至深的故事、传递积极向上的价值观、营造温馨和谐的氛围等方式，视听品牌能够激发用户的情感共鸣，增强用户对品牌的情感依赖和归属感。

腾讯视频作为国内领先的在线视频平台，通过打造一系列具有温度的综艺节目和剧集，成功触动了用户的内心。热播电视剧《玫瑰的故事》《庆余年》等促使观众对成长、家庭等问题展开深刻思考；《斗罗大陆》《吞噬星空》《眷思量》《一人之下》《魔道祖师》等国产动画作品深受观众喜爱。腾讯视频坚持精品化的创作理念，通过打造头部经典与建立垂类标杆，在行业内始终处于领先地位。这些节目不仅获得了高收视率和良好的口碑评价，而且增强了用户对腾讯视频的情感依赖。近年来，腾讯视频的用户满意度和忠诚度持续上升，为平台的长期发展奠定了坚实的基础。

小宇宙作为新兴的中文播客平台，致力于打破播客市场用户覆盖面狭窄的局面，推

① Spotify 2025年统计数据：关键见解和趋势[EB/OL]. [2025-01-29]. https://affmaven.com/zh-CN/spotify-statistics/.

动中文播客文化的普及和发展。播客具有按需收听和便携性的特点，极度契合现代人的生活节奏。它允许我们在做其他事情的同时用耳朵获取信息、了解观点、消磨时间。小宇宙提供契合中文播客听众的"发现""收听"和"社区"体验。小宇宙将"促成人与人、人与世界的连接"作为自己的愿景，希望能够为用户提供一个精神栖息的场所，平等交流的平台，属于自己的独有空间。通过精准的内容定位、高质量的节目制作和个性化的推荐算法，小宇宙吸引了大量热爱播客的用户群体。同时，小宇宙平台还积极与品牌合作，推出联名节目、线下活动等多种形式的营销活动，进一步提升了品牌的知名度和影响力。小宇宙的成功表明，通过精准定位、优质内容和创新营销手段，视听品牌可以在激烈的市场竞争中脱颖而出，实现跨越式发展。

◆ 讨论

视听品牌应该如何平衡理性诉求和感性诉求之间的关系？

◆ 参考文献

[1]张宏.媒介营销管理：智能化融媒时代的理论、政策与战略实践[M].2版.北京：北京大学出版社，2013.

[2]张志安.媒介营销案例分析[M].北京：华夏出版社，2004.

[3]周蔚华.媒介经营与管理[M].北京：中国人民大学出版社，2023.

[4]胡正荣.媒介市场与资本运营[M].北京：北京广播学院出版社，2003.

[5]黄瑶，孙虹.新媒介视域下时尚媒体文化生态路径优化[J].经济研究导刊，2023（18）：40-43.

[6]《中国网络视听发展研究报告（2024）》在蓉发布[EB/OL]. [2024-03-28]. http://www.cnsa.cn/art/2024/3/28/art_1977_43660.html.

[7]工信部：5G基站累计超293万个 覆盖广度深度持续拓展[EB/OL] [2023-07-19]. http://finance.people.com.cn/n1/2023/0719/c1004-40039127.html.

[8]视听新媒体产业展现勃勃生机（深观察）[EB/OL]. [2024-08-23]. https://www.nrta.gov.cn/art/2024/8/23/art_3731_68574.html.

[9]《2024抖音电商达人成长报告》：中小达人成带货中坚力量[EB/OL]. [2024-08-22].http://cn.chinadaily.com.cn/a/202408/22/WS66c6cbcda310b35299d37ea1.html.

[10]Spotify 2025年统计数据：关键见解和趋势[EB/OL]. [2025-01-29]. https://affmaven.com/zh-CN/spotify-statistics/.

文化节目《典籍里的中国》（见图8-1）聚焦流传千古的历史文化典籍，以"文化访谈＋戏剧＋影视化"的方式，通过戏剧舞台跨时空、多舞台、多场域的创新呈现，将影视化表现与舞台表演相结合，演绎中国典籍中的历史故事，营造沉浸式体验，传达古今相通、记忆相通的文化理念与情怀，让典籍里的文字"活"起来，让一部部冷门著作"热"起来。

数字资源8-1
我们为什么
要策划《典
籍里的中国》

图8-1　《典籍里的中国》海报

第一节　视听传播与视听文化的关系

视听文化，是通过视听传播，在社会上形成的一种文化思潮，影响人们的思维方式、价值导向。视听文化与视听传播是密不可分的两个概念。视听文化是视听传播的内容，而视听传播是视听文化影响受众的手段。视听传播是指通过电视、电影、网络等渠道，将视听文化内容传递给受众的过程。在这个过程中，视听文化得以传播、推广和发挥作用。同时，视听传播还能够实现双向互动，让受众参与视听文化的创作和传播，从而进一步丰富视听文化的内涵。

◆ 思考

是否所有通过视听媒介传播的内容都属于视听文化？

一、视听文化

（一）文化与视听文化

广义的文化，指人类在社会实践过程中所获得的物质、精神的生产能力和创造的物质、精神财富的总和。狭义的文化，指精神生产能力和精神产品，包括一切社会意识形态。传统观念认为，文化是一种社会现象。它是由人类长期创造形成的产物，同时又是一种历史现象，是人类社会与历史的积淀物。确切地说，文化是凝结在物质之中，又游离于物质之外的，能够被传承和传播的国家或民族的思维方式、价值观念、生活方式、行为规范、科学技术等，它是人类相互之间进行交流的、普遍认可的、一种能够传承的意识形态。

视听文化是由视听媒介承载的、具有导向性的文化内容与意义生产的媒介文化，其中有两个重点：第一，它蕴含人类所创造的物质和精神财富的文化成果；第二，该成果需要通过视听平台进行传播。同时满足以上两点的文化形态就是视听文化。从媒介变迁的视角来看，对于文化的传播与传承，语言和文字是最基础的，也是历史最为悠久的媒介形式，但它们并非对事物的直观呈现，其传播效果与人们的表达能力和想象力高度相关。电子媒介的诞生，使得人们第一次有了呈现现实的能力。通过视觉元素与听觉元素的灵活运用，电视、电影等视听形式让文化中的丰富意象有了更加具象化的呈现，人们得以用更加生动可感的方式，近距离地感受中华优秀传统文化的魅力，无数经典作品由此诞生。数字时代，以短视频、长视频为主的视听样式正在兼容共生，视听文化的概念生成始终处于动态发展之中。在日新月异的数字时代，视听文化发展和变化的主要推力无疑来自技术与产业的变革。

（二）视听文化的特征

1. 媒介性

从传播媒介角度讲，文化通过视听媒介，以声音和图像为基础进行传播，这是视听文化的首要特征。电子产品的产生使人类进入视听时代，相较于传统的绘画、舞蹈、音乐、戏剧等活动，视听文化是依托特定的技术背景而产生的文化形态。19世纪以来，电话、广播、电影、电视的诞生使图像和声音可以精准呈现，电子视听展现出了强大的生命力，人们开始通过视听媒介创造并传承人类文明成果。今天，随着媒介技术的进一步发展和广泛运用，视听文化在整个文化格局中的份额逐渐居于主导位置，以视听为主导的文化格局已然成为当代人类文化发展的主流。

2. 泛视听性

从传播内容角度讲，由于影像冲击了传统的以文字与阅读为主的交流方式，各种传统文化形态向电子视听汇聚，以寻求新的生命力、传播力与影响力。随着视听媒介的不断发展，各类文化形态以视听化形式呈现在大众视野之中，文化格局随之发生巨大变化。随着文化泛视听性的渗透与发展，各类文化形态依托视听媒介进行传播。在生活中，我们不难发现，视听符号正在逐渐取代文字符号，成为人们的主导性认知方式。

3. 产业化

视听文化不仅在文化传播和艺术表达方面具有重要价值，而且通过创新商业模式，推动经济增长和文化消费升级。从发展方向角度讲，产业化是视听文化发展的必然要求。视听文化的传播需要生产者和传播者通过电子设备进行内容的生产、加工、集成与传输，以满足不同用户的需求，形成文化产业链条。只有受到用户和市场认可的视听文化才能实现可持续发展，所以产业化和规模化加工生产是视听文化发展的基本属性。

二、发展演进：从传统视听文化到数字视听文化

从早期的广播和电视，到社交媒体、数字流媒体，再到VR体验、互动影视，随着媒介技术的不断发展，视听文化受其影响，在不同时期也呈现出不同的文化内涵与特征。

（一）传统视听文化：从生产者到受众

传统视听文化是指通过传统视听媒介进行内容传播和意义生产的媒介文化。那么，传统视听媒介是什么？传统视听媒介是大众传播时代的广播、电视、电影等电子媒介。其中，广播是一种纯音频的视听媒介形式，通过无线电波将声音传输到广播接收器，使人们能够在不同的时间和空间内收听广播内容。电视是集视听于一体的媒介形式，能传递图像和声音，电视节目类型繁多，有新闻、综艺和电视剧等。基于视听媒介的优势，人们能够更加清晰直观地获取信息，加深对事物的理解与认识。同时，视听媒介能够将优秀的文化作品进行保存和传播，让当时及以后的人们都能够更好、更直接地了解和感受文化的魅力。

需要注意的是，此时的视听文化呈现出受众被动接收的线性传播模式，文化生产者是特定的媒介组织，而不是普罗大众；文化内容是媒介组织对于受众需求的想象性创造。受众既不能控制此刻电视的播放内容、播出时间和播放速度，又不能随意参与电视节目的制作，虽然拥有"看不看"和"看什么"的选择权，但总体而言处于被动状态。

（二）数字视听文化：从生产者到用户，再到生产者

数字视听文化是一种既有鲜明技术驱动色彩，又强调去中心化的结构组成，同时注重用户主动性和能动性，具有"共创"性质的新视听文化。数字视听文化诞生于媒介融合的阶段，就社会语境来看，数字化进程是全社会面临的共同浪潮，数字视听媒介的成长与社会的数字化过程相互协同，与其他社会领域相互渗透，这为其发展创造了更大的可能性。[①]例如，2024年春节期间，中央广播电视总台推出的春晚打造多平台播放矩阵，除电视直播外，专门为移动端用户在视频号、抖音等新媒体平台推出"竖屏看春晚"服务。相较于传统的广播和电视，时间、空间限制的打破使得用户拥有灵活的选择权。内容生产者出于收益的考量，逐渐体现出以用户为中心的生产理念。

依托互联网平等、互动、开放、共享的特性，网络视听文化强调用户的参与和互动，用户不再只是被动地接收内容。就用户而言，可以通过弹幕、二次创作等方式来获得参与感与互动体验。同时，用户作为内容生产者，个性化差异必然会在其参与行为中得到彰显。由于用户的观看与参与行为能够被量化为精准的数据，生产者通过数据分析，可以策划并生产出用户喜闻乐见的文化内容——我们可以将这一点理解为，用户的使用行为在一定程度上指导了生产者的生产实践。例如，央视春晚播出期间，部分年轻观众在新浪微博等平台自发集结，边看春晚边点评。据统计，在2024年春晚直播期间，关于春晚的热点话题占据了微博热搜榜，相关话题成为人们讨论的热点，很多人对春晚片段进行二次个性化创作，并将作品发布在社交平台上，使得春晚的一些片段一度成为"名场面"。

---

① 高贵武，何天平."数字视听文化"学术对谈：基本内涵、研究关切及发展进路[J].青年记者，2022（16）：8-13.

技术的发展改变了传播者、媒介、内容之间的互动关系，视听内容在技术赋能下，传播力、影响力大幅提升。但是，无论是广播、电视、电影、电视剧，还是短视频、直播等，内容始终是吸引用户、留住用户的核心要素，"内容为王"是视听文化发展的核心原则。只有优质的内容文化才能赢得用户的喜爱与信任，推动视听文化的繁荣发展。

◆ 讨论

视听文化传播的"爆款"案例中，用户是如何参与的？

三、激发势能：以优秀文化为资源的视听文化

文化兴则国兴，文化强则国强。根植于博大精深的中华文化，着力推动传统文化的创造性转化和创新性发展，是当代视听文化发展的重要方向。

为了实现中华优秀传统文化的创新性发展，需要从两个方面做出努力。在内容层面，从优秀传统文化的土壤中汲取现代文化养料，这是文化创新性发展理念生根发芽的必经之路。在技术层面，在视听产品的创意生产、融合传播、产业拓展中广泛应用新技术，能有效提升中华优秀传统文化的传承与转化效果。

（一）视听文化的创新路径

优秀文化的传承和创新，不仅能够增强民族认同感和文化自信心，而且能引导人们树立正确的价值观和道德观。随着全球化进程的加速，通过视听文化传播，中华优秀传统文化可以走出国门，与世界其他文化进行交流和对话，提升全球文化的多样性。目前，视听文化的创新路径主要有以下三个。

1. 物质文化与精神文化相结合

这里的物质文化，字面意思是人类创造出的物质产品所体现出的文化；在视听传播视阈下，体现为传达优秀文化内容的物质基础。例如，由中央广播电视总台与住房和城乡建设部联合推出的重磅纪录片《文脉春秋》（见图8-2），全面展现了国家历史文化名城的文化脉络、特色格局、市井生活，挖掘了中华民族独特的精神标识。《文脉春秋》聚焦发掘中国历史文化的独特魅力，以"保护好古建筑、保护好文物就是保存历史，保存城市的文脉，保存历史文化名城无形的优良传统"为指引，赋予了文化传承事业新的情怀和灵魂。

图8-2 《文脉春秋》节选

2. 传统文化与现代文化相结合

中华文明是在承前启后、继往开来中延续至今的。一成不变只能绚烂一时，唯有兼收并蓄才能欣欣向荣。优秀传统文化是民族文化的根基，将优秀传统文化与现代文化相结合，为优秀传统文化带来了新鲜的时代血液，这种创新将传统文化同现代社会的需求和审美相结合，从而创造出具有时代特色的新文化，同时有助于丰富人们的精神生活，也能为社会发展提供新的动力。例如，纪录片《鲜生史》（见图8-3），讲述了关于美食名流的趣味历史故事，以古往今来历史上为人熟知的文化大家为引，兼具演绎还原和当代视角，通过美食家们的经典"文人菜"展现我国历史悠久的饮食文化。

图8-3 纪录片《鲜生史》海报

3. 优秀文化与现代技术相结合

数字化时代迎来了文化融合发展的浪潮，"文化＋技术"的生产模式成为现代视听文化的大势所趋。这丰富了文化的表现形式、用户的接收方式，也通过数字化技术为优秀文化的传播和创新提供了可能，有利于文化产业的高质量发展，有助于加速培育文化领域的新质生产力。当前，中华优秀传统文化的故事性元素与AR、VR等技术的融合，使得影视与互联网视听节目的原创能力得到极大提升，打造了传媒艺术既古典又现代的审美新形态。例如，河南卫视于2024年端午节推出的晚会《端午奇妙游》（见图8-4），深入挖掘端午节的文化内涵，力求将传统节日与现代审美相结合，打造了一场既具有传统文化底蕴，又充满现代气息的文化盛宴。晚会共有六个节目，时长不到一个小时，强调短而精、小而特。六个节目不是简单的"拼盘"，而是用五个不同年代在端午节出生、以端阳或端午为名字的普通人将节目串联起来。每个普通人代表着一种端午精神，即家国、勇气、传播、坚守、收获，而这种精神又贯穿在紧随其后的节目中。其中，舞蹈《屈子问天》（见图8-5）以宏观的历史视角展示了屈原的中国式浪漫情怀，为使节目达到最佳视觉效果，制作团队采用了高科技的影视化手段，让屈原的问天之舞在虚拟与现实之间自由穿梭，利用先进的特效技术，将历史与神话巧妙融合，让古老的故事焕发新的生命力。

图8-4　《端午奇妙游》海报

图8-5　《屈子问天》节选

（二）技术与文化的关系

1. 技术发展推动文化传承与创新

技术为文化的传承与创新提供了全新的方式和手段。这种数字化的方式不仅使文化的传播更加便捷，而且使文化的传承不再受地域和时间的限制。VR和AR技术的发展，为文化的传承提供了更加沉浸式的体验。通过VR技术，人们可以身临其境地感受文化的魅力。AR技术则可以将虚拟的文化元素与现实世界相结合，创造出更加丰富和有趣的文化体验。例如，河南开封清明上河园景区推出的《飞越清明上河图》球幕影院项目（见图8-6）以北宋张择端的《清明上河图》为主题，利用科技呈现裸眼3D版《清明上河图》，打造沉浸式观影体验，利用数字科技，让这幅传世佳作在超大直径的IMAX巨型球形屏幕上焕发出新的生机。在体验《飞越清明上河图》球幕影院项目时，人们可以俯瞰汴河两岸风光，穿梭在车水马龙商贩云集的北宋市井，翱翔在连绵起伏的群山峻岭，看山间瀑布飞流直下，重温夺目璀璨的北宋不夜城。该项目让人们穿梭在虚拟与现实之间，领略千年经典名画的动感穿越体验，充分感受《清明上河图》与清明上河园景区的魅力。

图8-6　《飞越清明上河图》球幕影院项目节选

2. 技术发展得益于文化

价值观、审美观念和社会需求等都会影响媒介技术的创新和应用方向，媒介技术需要不断地适应和满足文化发展的需求，通过技术创新来推动文化的传播和发展。媒介技术的发展是不断契合人类观念和需求的过程，呈现出去中心化的趋势。如今，移动化、智能化的新兴网络媒介平等地连接所有用户，而"平等"观念作为一种重要的文化形态，是人类社会长期追求的目标之一，这种文化形态在一定程度上体现在媒介技术的发展上。

技术与文化之间存在相互影响、相互促进的关系。文化为技术的发展提供了指导和基础，技术的发展为文化的传承与创新提供了新的手段和途径。我们应该充分认识到两者之间的关系，并积极探索更好地利用技术促进文化传承与发展的途径。

◆ 讨论

列举你知道的"文化＋技术"视听文化传播案例，并分析其文化创新路径。

四、转化效能：作为传递意识形态途径的视听文化

意识形态最核心的内容是价值观。它主要指的是一种观念的集合，可以理解为对事物的认识和理解，它涵盖观点、概念、思想、价值观等多种要素，这些要素共同构成了人们对于世界的认识和理解。意识形态的传播途径多种多样，包括媒体、教育、文艺作品以及人际传播等，这些途径相互交织、相互影响，共同构成了意识形态在社会中的传播网络。

（一）意识形态与视听文化

意识形态的传播依托视听文化。视听文化在传播意识形态方面具有独特的优势。从媒介演进的角度来说，传播媒介经历了"视觉—听觉—视听结合"的发展过程。我们可以发现，视听实践在人们的生产、生活中占据了主导位置。在数字时代，关于视听的综合感官实践也成为人们喜闻乐见的信息接收方式。从意识形态传播角度来说，意识形态本身是无形的，是不可见的，因此我们需要找到承载意识形态的可见载体，来实现意识形态的传播。具有"可见"和"可听"特征的视听文化为传播意识形态、价值观念等提供了契机。

视听文化反映与塑造社会意识形态。影视作品、电视节目等视听产品不仅是娱乐工具，而且是意识形态的传播载体。同时，我们需要注意的是，意识形态并不是总以理论化的形态出现，大多数时候，视听文化通过叙事、主题、视听语言等手段，将理论融入具体的形象描绘和情感表达之中，潜移默化地传递和塑造特定的意识形态和价值观。例如，《感动中国》（见图8-7）作为一档人物盘点节目，每期会选择一些令人感动的故事中的普通人作为主角，通过讲述他们的真实经历，展现爱和奉献的力量，传递积极向上的价值观和精神力量。该节目准确把握当代中国精神文化需求，立足实践，顺应了人们对于美好的向往，同时把镜头对准基层，对准普通人，起到了弘扬社会正气、树立时代标杆的重要作用。

图8-7 《感动中国》节选

意识形态与视听文化是相互影响、相互塑造的。视听文化反映了社会的多样性和复杂性。在不同文化背景下孕育出的不同意识形态之间的差别，在视听文化中也有所体现。例如，在中国电影中，意识形态往往强调集体主义、家庭观念和传统价值观。电影《建国大业》（见图8-8）展现了中华人民共和国成立前后的历史变革，众多历史人物为了国家的独立和人民的幸福而共同奋斗，体现了集体主义精神。影片中，不同政治派别和军事力量最终团结一致，共同抵御外敌，这种团结合作的精神正是集体主义的核心体现。但在西方电影中，特别是美国电影，个人主义、自由意志和英雄主义的观念更为突出。

图8-8 《建国大业》海报

意识形态的不同主要体现在对于价值观、道德观念、政治态度和社会问题等方面的表达和侧重点上。这些差异不仅反映了不同国家和地区的文化传统和历史背景，而且体现了视听文化作为一种意识形态传播载体在塑造和影响社会意识形态方面的重要作用。

（二）视听文化认同的形成逻辑

意识形态的传播需要依托视听文化。接收者对于意识形态的理解与认同体现在对于视听文化的认同上，这是一个持久的、渐进的发展过程。参照视听内容生产与传播的过程，我们可以将视听文化传播的过程分为以下四个阶段。只有经过这四个阶段，意识形态认同才能最终形成。

1. 内容生产者主动引导

目前，视听文化叙事主要分为两种类型：一是改编，二是创作。改编是指将原有的视听文化作品进行涉及策划构思、角色调整、视觉效果更新等方面的二次加工。创作是指从零开始，通过画面、声音、色彩等元素和视听语言的综合运用来创作全新的叙事作品，旨在传达创作者的情感、思想和价值观。无论是改编还是创作，都需要内容生产者积极作为，主动谋划，构建意识形态的正向视听叙事，同时还需要融入对于受众的审美需求、契合社会效益等因素的考量。

2. 生产内容的象征性表意

将不可见的意识形态借助具象化的视听符号进行传播，此时，视听符号就是意义载体，就有了精神外化的作用，意识形态往往通过视觉符号和听觉符号进行象征性表意，从而形成润物细无声的意识形态认同。视觉符号的运用多体现在图像上。例如，公益广告《花开种花家，幸福中国年》（见图8-9），围绕花的意象讲述了五个感人的小故事，巧妙融入亲情、师生情、思乡情等文化情感，同时也传达了团圆、和谐、幸福的价值观。听觉符号的运用主要通过歌曲等表现出来。例如，红色歌曲作为红色文化的重要组成部分，是中国共产党带领各族人民凯歌行进的文化投射，也是开展党内教育的重要资源。《歌唱祖国》《映山红》《春天的故事》《走进新时代》等众多经典的红色歌曲，每一首都承载着深厚的历史情感和革命精神，是激发人们的共鸣、形成价值认同，以及激励人们前进的力量源泉。

图8-9 公益广告《花开种花家，幸福中国年》节选

3. 受众行为体现消费认同

相比使用价值，视听文化的符号价值和审美意义更被人们看重。[1]我们可以将这句话理解为，受众在视听消费和体验中，在潜移默化中接受某种意识形态，这种广泛意义上的"购买—使用"行为意味着对于意识形态的认同、认可。意识形态通过视听文化消费进入人们的日常生活，继而促使人们形成意识形态认同。

4. 从接收者到实践者转向

从接收到实践，实际上就是从内化认同到外化行为的过程。意识形态的隐喻意义通过人们喜闻乐见的视听产品进行具象表达，潜移默化地影响人们的思想和行动，人们将

---

[1] 罗红杰.党的意识形态视听叙事的介质生成、历史逻辑与实践机理[J].深圳大学学报（人文社会科学版），2023，40（5）：117-125.

意识形态外化为实践。这种实践主要体现在两个方面：一是对于自身行为的规范要求；二是通过文化内容生产积极传递正向价值观，这一做法有助于形成更加稳定的视听文化认同氛围。

视听文化认同对于国家团结具有重要意义。在多民族国家中，各民族通过共享和认同积极的视听文化，能够加强彼此之间的交流和融合，促进民族团结和社会稳定。同时，在这一过程中，视听文化也能够推动社会发展，有利于形成包容开放的社会氛围，为国家的繁荣和进步奠定坚实的基础。因此，我们应该重视视听文化的发展和创新，致力于传播先进思想、优秀文化，以增强社会的文化认同感和凝聚力。

◆ 思考

视听文化还有哪些功能和作用？

◆ 讨论

列举你知道的优秀视听文化传播案例，分析其内容要素、传播形式及传播效果。

第二节　视听文化的类别

人类社会进入视听世界的时间并不算长，声音、影像由最初的简单复制，到现在可以根据个人意愿进行创造，只间隔了不到两百年。但自视听媒介诞生之日起，它便承担起了展示与记录人类文明的使命。无论是被视为现代科技成就的物理产物，还是蕴含情感的社会存在，甚至是审视人类的"第三双眼睛"，视听文化都在一定程度上映射了人类社会的文明进程和文化进步。[①]视听文化作为人类精神世界的表征，映照了历史与现实，承载着情感与思想，形成了内容丰富、观点迥异的文化样态，丰富了人类的文化世界。

一、资本逻辑主宰下的媒介消费主义

媒介消费主义深植于消费主义的土壤之中。第二次世界大战之后，美国由于生产过剩，经济危机频发，成为消费主义的策源地。为避免经济衰退，英国经济学家凯恩斯（John Maynard Keynes）提出了鼓励消费和投资的解决之道，这一经济理论得到广泛认可和应用，形成了席卷全球的消费主义思潮。

---

① 郄建业，王利君，张继保.视听文化导论[M].北京：人民出版社，2012.

就消费主义的实质而言，消费的目的不是实际需求的满足，而是不断追求被制造出来、被刺激起来的欲望的满足。换句话说，人们所消费的不是商品和服务的使用价值，而是它们的符号意义。视听媒介在消费主义的影响下，不断地向市场化、自由化、商业化方向迈进，媒体开始更加注重市场定位和广告收入，从而倾向于报道和制作能够吸引受众、提高收视率的内容。这导致了媒体内容的娱乐化和商业化取向，进而强化了消费主义的价值观。尼尔·波兹曼（Neil Postman）曾对媒介内容的娱乐化倾向进行了深刻批判，并强调当娱乐成为一种文化精神，人类将变成娱乐至死的物种[①]，这会对社会产生严重的负面影响。

20世纪80年代之后，媒介消费主义的思潮开始在国内出现。国内学者纷纷对传播和宣扬消费主义的现象进行了批判和讨论。媒介消费主义实质上就是消费主义在传媒领域的体现，使得媒介传播的内容具有一定的消费主义倾向，进而推动了消费主义文化的不断发展。

在视听领域，媒介消费主义表现出了复杂性。在视听媒介消费内容方面，媒介使信息商品化，追求利益最大化，导致内容质量下降，泛化和庸俗化趋势明显。在视听媒介消费行为方面，媒介消费的"媚俗"行为使得少数媒体在内容制作和传播过程中，为了追求短期内的流量、关注度和经济效益，而牺牲内容质量，忽视社会责任，迎合低级趣味，甚至传播错误的价值观。在视听媒介消费观念方面，媒介对商业利益的追逐导致"受众决定论"和"媒介决定论"观念盛行，从而使得受众和媒介自主性削弱，工具理性不断扩张。与此同时，在媒介技术主义的影响下，消费理性与技术主义相互博弈，导致媒介消费观念向工具理性倾斜，形成极化的媒介消费环境。

当前，我们需要进一步增加高质量视听产品的有效供给，遏制消费主义在视听领域的无序扩张，促进人们的精神生活和社会文化生活的健康发展。

◆ 讨论

你认为媒介消费主义对视听媒介的发展产生了哪些影响？

二、视听主流文化

主流文化是指在一个社会中占据主导地位、得到大多数成员认同并广泛传播的文化形式。它反映了社会的主要价值观、信仰、规范和行为模式，并通过各种渠道得到广泛传播和强化。视听主流文化则是指在当代社会中，通过视觉和听觉媒介传播并得到广泛接受和认同的文化形式。它涵盖电影、电视、网络视频、音乐、广播等多种视听媒介的内容，反映了社会的主流价值观、审美趣味、生活方式等。在全球化与本土

---

① 尼尔·波兹曼.娱乐至死[M].章艳，译.北京：中信出版社，2015.

化的互动中，尽管受到媒介消费主义的冲击，国内视听主流文化仍呈现出强大的活力与生命力，通过传承和弘扬中华优秀传统文化、红色文化和社会主义先进文化，形成了独特的文化格局。

（一）中华优秀传统文化

中华优秀传统文化是指中国几千年文明发展史在特定的自然环境、经济形式、政治结构、意识形态的作用下形成、积累和流传下来，并且至今仍在影响当代文化的活的中国古代文化。中华优秀传统文化以其独特的理念、智慧、气度、神韵、品格、魅力为中华民族生生不息、绵延发展、饱受挫折又不断浴火重生，提供了有力的精神支撑。[①]视听产品通过其独特的视听语言和强大的表现力，将中华优秀传统文化生动地展现给受众，增强了文化传播的广度和深度。例如，我们熟知的、由中央电视台制作的"四大名著"的电视剧，充分还原了"四大名著"的"精气神"，引领观众读经典、看经典、品经典、懂经典，理解"四大名著"的文化内核和现实价值。同时，视听产品在传承中华优秀传统文化的过程中，也不断进行着创新和发展，为传统文化注入新的生命力。电影《哪吒之魔童降世》（见图8-10）、《白蛇：缘起》（见图8-11）等通过动画的形式，对传统神话故事进行现代化解读，使得传统文化更加贴近年轻受众。

图8-10 《哪吒之魔童降世》海报

图8-11 《白蛇：缘起》海报

（二）红色文化

红色文化是中国共产党领导中国人民在实现中华民族复兴伟业进程中锻造出的一种

---

① 梅荣政.中华优秀传统文化研究中需再深化思考的若干问题[J].世界社会主义研究，2024，9（8）：4-17.

236

特有文化形态①，它包括革命历史、英雄人物和革命精神等内容。随着时代的发展，红色文化的传播形式也在不断创新。其中，视听产品作为一种直观、生动的传播媒介，在红色文化的传播中发挥了重要作用。通过电影、电视剧、纪录片等形式，视听产品不仅能够再现历史，而且能够激发受众的情感共鸣，增强红色文化的感染力和影响力。例如，网络剧《血战松毛岭》（见图8-12）以青春视角切入，通过讲述红军战士的成长故事，构建起与年轻受众情感沟通和精神交流的桥梁，使其身临其境地感受革命时期的艰苦岁月和红军战士的无畏精神。又如，电影《特级英雄黄继光》（见图8-13），通过影像再现了抗美援朝战争中，黄继光英勇牺牲的英雄壮举，将群像式英雄颂歌与个体英雄情怀巧妙结合，以多视角和多维度的叙事手法，成功塑造了鲜活的英雄形象，深刻诠释了"谁是最可爱的人"的时代命题。

图8-12 《血战松毛岭》海报　　　　图8-13 《特级英雄黄继光》海报

（三）社会主义先进文化

社会主义先进文化是社会主义社会的重要组成部分，它是在社会主义革命、建设和改革实践探索中形成的，是马克思主义基本原理同我国具体实际相结合、同中华优秀传统文化相结合的产物。②

一方面，视听产品通过对理论的深入阐述和解读，将复杂的理念转化为易于理解和接受的内容，使其被更多人认知和接受。《思想的田野》（见图8-14）、《思想耀江山》

---

① 杨凤城，刘倩.红色文化研究的源起、进程与前瞻[J].郑州大学学报（哲学社会科学版），2024，57（5）：103-110.

② 何星亮.中华民族现代文明是什么样的文明——中华民族现代文明的基本内涵[J].人民论坛，2023（14）：8-13.

（见图8-15）等深受观众喜爱的理论节目，通过回顾历史事件、分析社会现象、展示个人故事等多种方式，使理论阐述更加丰富和立体，将习近平新时代中国特色社会主义思想的理论魅力和时代价值传递给广大人民群众，将理论语言转化为通俗易懂的大众话语，推动党的创新理论深入人心。

图8-14　《思想的田野》节选

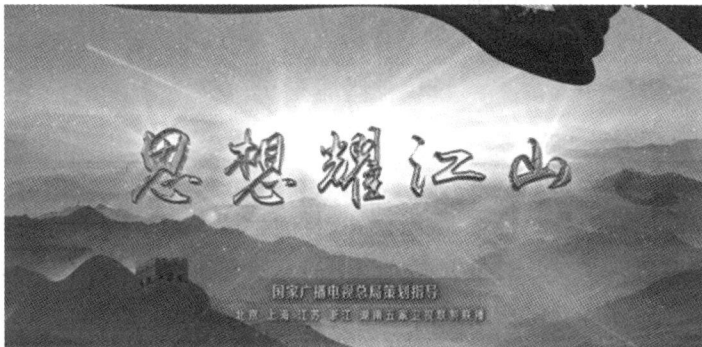

图8-15　《思想耀江山》节选

　　另一方面，视听产品通过生动形象的叙事和多样化的表达方式，将核心价值观融入大众文化，使其能够更加生动、具体地呈现在观众面前，成为推动社会进步和增强人民精神力量的重要途径。例如，2019年上映的《我和我的祖国》、2020年上映的《我和我的家乡》、2021年上映的《我和我的父辈》，合称"国庆三部曲"。三部电影均采用"主旋律＋喜剧"的类型叙事，将视角转向更加贴近观众的普通人，展现了由微小个体编织的家国情怀，让观众在欢乐中接受主流意识形态。

　　总体而言，国内视听主流文化在消费主义的影响下，既面临挑战，也迎接机遇。通过进一步提升内容质量、增强文化自信、促进文化交流与传承，国内视听主流文化才能在全球化的背景下保持其独特性，实现可持续发展。

◆ 讨论

你感兴趣的视听产品中包含哪些主流文化？达到了什么样的效果？

三、视听亚文化

亚文化又称副文化，指与主文化相对应的那些非主流的、局部的文化现象，指在主文化或综合文化的背景下，属于某一区域或某个集体所特有的观念和生活方式。一种亚文化不仅包含与主文化相通的价值与观念，而且有属于自己的独特的价值与观念。

亚文化通常与主流文化存在某种程度的差异和对抗性，但它也可能是主流文化的补充或扩展。通常，亚文化有自己独特的价值观、信仰、习惯和生活方式。亚文化源于二十世纪二三十年代芝加哥学派对于城市越轨行为及其群体的研究。文化研究代表人物斯图亚特·霍尔（Stuart Hall）认为，亚文化是对主流文化的反应和反抗，它为边缘化的群体提供了身份认同和社会表达的空间。

我们认为，视听亚文化是在大众文化中形成的，具有特定的审美、价值观和生活方式的次文化。这些次文化往往依靠特定的音乐、电影、电视节目、游戏或其他艺术形式而形成。视听亚文化与传统的主流文化有区别，通常表现为不同的风格，但是它们又产生于相通的时代背景。结合当前国内视听亚文化的发展现状，我们将常见的视听亚文化做出如下分类。

（一）土味文化

土味文化带有浓厚的乡土气息，通常与农村的生活方式和审美趣味紧密相关。它的表现形式往往非常直接，没有过多的修饰或包装。土味文化发端于短视频平台，其内容普遍带有娱乐性质，大部分是用户自主生产的，反映了乡土气息浓厚的生活方式和审美趣味。土味文化独特的语言表达风格使其深受少数受众的喜爱，但也有一些人认为它过于粗糙，甚至带有一些负面含义。

◆ 讨论

你认为应该如何引导土味文化向更加健康、积极的方向发展？

（二）二次元文化

二次元文化源自日本动漫以及相关衍生物中所展现的虚拟世界和角色，通常包含着丰富的想象力、夸张的表现形式和独特的审美标准。相关作品创造了各种各样的角色和故事情节，吸引着来自全球各地的粉丝，并形成了一种独特的文化现象。时至今日，二次元文化已经衍生出一条成熟且拥有庞大消费群体的产业链。这些产业链中，常见的有动漫以及相关衍生品，包括动画制作、漫画出版、周边商品等。

（三）表情包文化

表情包最初起源于文字聊天中的表情符号，后来逐渐发展为包含各种图像、动画的复杂形式。随着智能手机和社交媒体的普及，表情包的使用越来越广泛，成为视听亚文化的重要组成部分。表情包通常具有幽默、夸张的特点，能够迅速吸引人们的注意力。例如，2024年6月27日，"探秘古蜀文明——三星堆与金沙"展览在北京大运河博物馆开幕，众多"文物表情包"圈粉无数，吸引人们走进博物馆，深入探究文物背后的历史故事。

（四）弹幕文化

观众在观看视频或直播时，在屏幕上通过滚动方式实时发布评论，这些评论会像"弹幕"一样从屏幕上飘过，形成一种即时互动的效果，提升了观看的趣味性和社交性。2023年12月15日，哔哩哔哩与中国文物交流中心、中国文字博物馆联合发布2023年度弹幕"啊?"（见图8-16），哔哩哔哩用户2023年全年共发送"啊?"超过1320万次。弹幕"啊?"入驻中国文字博物馆的汉字民俗展厅。

图8-16　哔哩哔哩2023年度弹幕"啊?"

（五）国风文化

国风文化以中国传统文化为基础，融合了现代审美和创新元素。国风文化强调对中国传统文化的传承与发扬，同时又不失时代感，是一种既古典又现代的文化表达方式。例如，音乐节目《中国潮音》（见图8-17）将流行音乐与中国传统文化元素相结合，覆盖了民谣、流行、说唱、摇滚、戏曲等多种音乐元素。节目由年轻人喜爱的明星和国风传承艺术家担任见证人，推选国潮音乐人，展现中国潮流音乐的魅力。

图8-17　《中国潮音》海报

视听亚文化并不是对主流文化的反抗，而是对其进行补充、借鉴、创新及独特表达。它在丰富文化多样性、促进文化创新、提供个人表达平台等方面具有积极意义。然而，视听亚文化也面临与主流文化的矛盾，以及过度商业化和同质化的风险，同时还有社会接受度和认同的问题。通过理解和分析视听亚文化的类型及其与主流文化的关系，我们可以更好地认识和应对这些挑战，促进文化的健康发展。

四、新视听文化：内容品质驱动用户行为

随着互联网的飞速发展，网络视听已成为数字经济中一股不可忽视的力量。在网络视听场域，用户的声音被无限放大，他们不仅能够选择观看的内容，而且能够决定观看的方式，这催生了一种用户参与性强的新视听文化。随着视听传播的深入融合，其逐渐演变为现代大众文化的一个显著标志。

新视听文化是在数字技术和网络传播环境下诞生的新型文化形态。在新视听文化中，用户不再是被动的接受者，而是可以与内容创作者、其他用户进行互动，甚至可以参与内容的创作和传播过程。

（一）视听内容付费

在信息极度丰富的今天，人们更加关注内容的质量，包括内容的准确性、深度、独特性和个性化程度。优质的视听内容可以满足用户的知识需求，提供有价值的信息，使

知乎 Live

图8-18　知乎Live标识

得用户愿意投入资金以获取更好的体验。在一定程度上，视听内容付费能够激励创作者和生产者投入更多的时间和精力去创作高质量的内容，从而形成良性循环，推动整个视听产业的繁荣。例如，知乎Live（见图8-18）是一个提供在线课程和讲座的平台，大部分内容需要用户付费购买。这些内容通常是由行业专家、学者或者知名人士提供的，具有很强的专业性和独特性。

（二）用户沉浸式参与

这指的是通过运用先进的数字技术，如VR、AR和MR等，为用户提供具有高度沉浸感和参与感的互动体验。这种体验使得用户仿佛置身于现实环境中，能够主动参与和探索内容，更容易对内容产生情感共鸣。例如，2024年7月，电视剧《长相思（第二季）》正式开播，腾讯旗下大模型应用"腾讯元宝"与腾讯视频联合推出角色AI，引发广泛关注。观众只需要通过腾讯元宝App首页或腾讯视频《长相思（第二季）》专题页，便能参加活动，轻松体验角色对话、剧情互动等创新玩法，这让观众感觉自己仿佛成为故事的一部分。

（三）视听产品的二次创作

视听产品的二次创作，指的是用户在原有视听产品的基础上再次创作，加入个人理解和创意，形成新的作品。部分二次创作的作品不拘泥于原作，融入新的元素和想法，为原作带来新的生命力和活力。例如，2015年，动画电影《西游记之大圣归来》（见图8-19）上映，收获了观众的好评和媒体的广泛报道。在电影依靠口碑崛起的过程中，哔哩哔哩网友们自发制作的数部破百万播放量的混剪MV发挥了很大的推广作用。

图8-19　《西游记之大圣归来》海报

随着人们对视听内容需求的不断增长，二次创作的视听产品也日益增多。在利益驱动之下，部分二次创作的产品仅仅依靠搬运和拼接，导致二次创作市场鱼龙混杂。探索如何在视听产品的二次创作与原创之间建立合法合规的版权关系，已成为一个迫切需要解决的问题。

◆ 讨论

你支持还是反对二次创作？为什么？

新视听文化具有互动性、去中心化和实时性等特点，改变了传统视听文化的生产、传播和消费方式，创造了新的经济模式，同时也面临版权保护、算法推荐、平台监管等挑战。理解和把握新视听文化的发展趋势和影响，有助于我们更好地应对这些挑战，促进文化的健康发展。

第三节　视听传播中的中国元素与文化自信

在全球化的大背景下，视听传播作为文化交流与传播的重要途径，是国家文化自信的重要体现。中国元素在视听产品中的融入，不仅丰富了视听内容，而且成为展现中国文化魅力和增强民族自豪感的重要手段。

◆ 提示

列举你知道的含有中国元素的视听产品。

一、视听传播中的中国元素

（一）中国元素的含义和分类

中国元素是指被人们认同的、凝聚文化精神的、有形的物质符号，如中国的传统建筑、服饰、工艺品等，以及无形的精神内容，如中国的哲学思想、道德观念、艺术形式等。这些元素共同构成了中国文化的独特魅力，体现了中华民族的精神内核。

具体来说，我们可以将中国元素划分为三类：自然元素类、有形文化元素类和无形文化元素类。自然元素类主要包括特定地域的气候、人种、山脉、河流等，有形文化元素类和无形文化元素类主要关注人文性。有形文化元素类指向人们看得见、摸得着的文化符号，如文字、寺庙、戏曲等元素。无形文化元素类指向智慧及精神，如思想、语言、礼节、儒、释、道等。无形文化元素是积攒在中国人的潜意识之中的。总之，中国元素是涵盖物质层面和精神层面内容的中国文化的独特载体。

（二）中国元素与视听文化节目

目前，对于中国元素的讨论覆盖面较广，涉及艺术、影视、广告、游戏、音乐等领域。中国元素在不同领域的运用，有助于我们更加深刻地认识中国元素的独特性与丰富性，也有助于推动中国文化在国际上的传播与交流。

1. 中国美学类视听文化节目

我们可以将这类节目理解为在视听文化创作中，画面、色彩、声音、节奏等元素被精心设计和组合，以产生美的感受和体验。赓续中华文脉，才能让作品拥有恒久的活力；勇于创新创造，才能让文艺百花绽放出更加绚丽的光彩。习近平总书记概括提炼了中国美学精神的核心内容，即中国美学讲求托物言志、寓理于情；讲求言简意赅、凝练节制；讲求形神兼备、意境深远；强调知、情、意、行相统一。[①]因此，中国美学类视听文化节目将中国美学精神延伸为外化的美学品格和内在的精神特性，满足的是受众精神层面的需求，而审美处于人们精神追求的重要位置。

例如，由湖南卫视等单位联合出品的人文历史纪录片《中国》（见图8-20），再现华夏历史切面，挖掘古代中华文明中对今日中国社会最具深远影响的人与故事，回溯中华文化渊源，为观众呈现悠悠千年古国的精神图腾，充分展现了中国元素的渊源与魅力。该纪录片共分为三季。其中，第三季追溯上古三代，用动画技术将中国画引入视频时代，创造了一个更具时代感的影像美学共同体。《中国》不仅内容有深度，充满趣味，而且巧妙地将历史真实性、观赏性和艺术性融为一体，让观众感受中国传统文化的独特魅力。同时，在纪录片领域，《中国》敢于合理创新，开启了全新的美学方向。

图8-20 纪录片《中国》海报

视听美学规律已经成为内容生产和传播的重要资源。需要注意的是，在一部优秀的视听文化作品中，视听美学与意识形态传播的关系应该是和谐的。过度强调视听美学而忽略意识形态传播，即"徒有其表"，这种情况会折损视听文化生产的生命力，不利于视听文化长久而稳固的发展；过度强调意识形态传播而忽略视听美学体验的提升，也会损害视听文化作品的艺术价值，容易导致观众对于枯燥内容的抵触与反感。在视听传播时代，我们需要更加注重视听美学与意识形态传播间的平衡与融合，创作出既有思维深度又有艺术魅力的优秀视听文化作品。

① 习近平.在中国文联十一大、中国作协十大开幕式上的讲话[EB/OL]. [2021-12-14]. http://politics.people.com.cn/n1/2021/1215/c1024-32308070.html.

2. 中国哲学类视听文化节目

中国哲学以其独有的智慧，让我们在纷扰中找到宁静，在变幻莫测的世界中保持内心平和，在物欲横流的社会中坚守自我。我们可以将中国哲学类视听文化节目理解为富有哲理的、通俗易通的、能让大众理解哲学道理的视听文化节目。

例如，2023年12月，中央广播电视总台与国家中医药管理局联合摄制的大型文化节目《中国中医药大会》开播。节目集结近百位权威中医药专家、国医大师、文化学者，探寻跨越数千年的中华医脉，集中展现中医传世技法、创新成果、医理智慧，将中国中医药的内涵进行科技化、时尚化、生活化表达，全景式呈现中医药蕴含的中华优秀传统文化的智慧结晶。在时代的发展浪潮中，一代又一代中医人迎难而上，探寻中医之脉，求解数千年传承的内在哲思。节目中的三大舞台通过"古今廊桥"连接为一个整体，打通古今时光隧道；位于中心的旋转主舞台高效串联起节目的不同流程；依靠AR技术呈现的"宝葫芦"开启中医药宝藏世界，体现着"悬壶济世"的内涵（见图8-21）。

图8-21 《中国中医药大会》节选

3. 中国文学类视听文化节目

数字时代的文字阅读逐渐向着视觉、听觉等多个领域转化。那些能够产生持久影响力的伟大作品，具有原创性、典范性和历史穿透性，拥有巨大的阐释空间。由于时空和语言等方面的限制，当下的一些读者对于文学阅读逐渐失去兴趣和耐心，部分文学经典在生成与传承的过程中也不断面临再阐释的危机。因此，如何拉近优秀文学作品与大众之间的距离，使作品的内容在更加广阔的平台被大众接受，并在不断更新的时代语境中获得再解读和再阐释的机会，成为中国文学类视听文化节目在设计和制作中面临的主要课题。以读书类文化节目为例，当前，我国的一些读书类节目对于文学作品进行了创造性的解读。《跟着书本去旅行》是一档体验类文化教育节目，每期以一本翻开的书为片头，书中有和该期节目主题相契合的文学作品，以充满书香古韵的画面带领观众快速进入情境（见图 8-22）。作为旅行类文化节目，故事讲述并不局限于演播室，而是采用"文化＋旅行"的形式，把嘉宾互动、演绎"搬"到了故事发生地。因此，节目通过视听化的形态打造阅读的当下性与在场感，演绎文学作品的历史、当下与未来，使优秀文学作品在新的时代语境中焕发生机与活力，并记录优秀文学作品在当代的普及与传播情况，具有一定的文化价值。

图8-22　《跟着书本去旅行》片头节选

◆ 讨论

列举含有中国元素的优秀视听节目，分析其中的中国元素是如何呈现的。

二、视听传播与文化自信

（一）文化自信的内涵

文化自信是一个民族、一个国家对自身文化价值的充分肯定和积极践行。从本质上来说，文化自信是一种自觉的心理认同，具体体现为能够正确看待、理解并认同自身所属文化，同时对未来的文化发展有放眼世界的自信与担当。

党的十八大以来，习近平总书记反复强调文化自信，围绕为什么坚定文化自信、怎样坚定文化自信等问题做了一系列重要论述，深刻阐述了坚定文化自信的重大意义、科学内涵和实践要求，进一步明晰了文化自信在强国建设、民族复兴伟业中的基础性和支撑性作用，为我们坚定文化自信、建设中华民族现代文明指明了前进方向、提供了根本遵循。从国家层面来说，文化自信是中华民族伟大复兴中国梦的重要精神导引和向心力体现，拥有坚定文化自信的国家往往能够在国际舞台上展现出独特魅力和价值，对内促进社会的和谐稳定和国家的繁荣发展，对外赢得其他国家和地区的尊重和认可。从个人层面来说，文化自信是对自身精神世界的信赖和寄托。这包括对中华优秀传统文化的认同和传承，以及对中国特色社会主义的道路自信、理论自信和制度自信。只有坚定文化自信，才能提升个人的精神境界和生活质量，更好地应对生活中的挑战和困难。

在视听传播领域，文化自信能够激发文化创新活力，是推动文化创新的重要动力。只有对自身文化有充分的认识和信心，我们才能在传承中不断创新，创造出具有中国特色、时代特征、群众喜闻乐见的优秀作品。

（二）视听传播与文化自信的关系

视听传播与文化自信相辅相成，相互促进。

一方面，视听传播为中国文化的对外传播提供了强大的平台和手段，通过影视作品的国际化传播、纪录片的展示、文化交流活动的推广等方式，中国文化在全球范围内的影响力不断提升，为世界文化的多样性贡献了独特的中国智慧。

另一方面，文化自信为视听传播提供了丰富的内容和深刻的内涵。视听传播具有传递信息和表达思想的重要作用。通过深入挖掘和展现文化自信的内涵，人们能够创作出具有思想性、艺术性和观赏性的作品。例如，电视剧《觉醒年代》（见图8-23）展现了从新文化运动、五四运动到中国共产党成立这段波澜壮阔的历史，艺术地再现了一百多年前中国的先进知识分子和热血青年演绎的一段追求真理、燃烧理想的澎湃岁月，传递了中华民族自强不息、奋发向前的精神力量。

图8-23 《觉醒年代》海报

三、文化自信视阈下的视听传播创新

（一）中国元素在视听传播中的新发展

视听传播作为现代传播的重要方式，承担着传承和创新中国元素的重要使命。它能够通过视觉和听觉的双重刺激，增强文化的表现力和感染力，还能突破时间和空间的限制，使传统文化在现代社会中重新焕发生机。

1. 传统艺术的视听传播

在视听传播的语境下，视听产品巧妙地融合了传统艺术的精髓，创造出既富有文化底蕴又符合现代审美的艺术形式。这些作品通过影像、声音等多媒体手段，将传统艺术的魅力展现得淋漓尽致，为观众带来了一场场视听盛宴。传统艺术，如戏剧、音乐、绘画等，在视听产品中焕发出新的生命力。以戏剧为例，其独特的表演形式、丰富的故事情节和深刻的人物刻画，在视听产品中得到了全新的诠释。通过镜头语言、剪辑节奏、音效设计等现代技术手段，戏剧的传统艺术元素被巧妙地融入视听叙事之中，使观众能够更加直观地感受到戏剧艺术的魅力。

在湖北省，戏剧艺术有着悠久的历史和深厚的文化底蕴。湖北越调作为国家级非物质文化遗产代表性项目，就是其中的杰出代表。这种戏剧形式主要流行于鄂西北一带，以其独特的唱腔、表演风格和故事情节吸引了无数观众。湖北越调《伐子都》故事取材于《左传》。在最后一场戏中，为了表现剧中人物精神恍惚、倒地而亡的情景，演员运用了"僵尸"技巧。在戏剧舞台上，"僵尸"也称"僵身"，演员要像一块门板一样向后倒地，表现人物昏厥、死亡等情节。这个动作难度很大，要求演员全身紧绷、干脆利落。在《伐子都》演出现场（见图8-24），演员高超的技艺、用情的表演令观众拍案叫绝。观众在欣赏演出时，不仅能够感受到湖北越调的独特魅力，而且能够领略到中国传统戏剧的深厚文化底蕴。

图8-24 《伐子都》演出现场

2. 传统文化元素的现代诠释

传统文化的现代表达是指将传统文化元素与现代形式与观念相结合，创造出具有时代感和现代审美价值的作品。传统文化元素可以被融入绘画、雕塑、摄影、音乐和舞蹈中。例如，腾讯媒体研究院推出的纪录片《此画怎讲》（见图8-25）充分展现了传统元素的现代表达方式。《此画怎讲》在内容上选取了14幅在中国美术史上颇负盛名的古画，由演员"还原"古画中的人物，演绎古画中的片段，同时结合现代视角，以幽默风趣的笔调为观众普及古画中蕴含的历史知识，出现"天天上夜班""传世名画C位之争"等现代词句，通过寓教于乐的方式，使传统文化在现代社会中焕发出新的活力。

图8-25 《此画怎讲》海报

3. 传播内容的技术革新

在融合发展的背景下，中国元素与现代技术的融合传播，是提升中国元素传播效果的有力手段。中国元素与现代技术的结合在一定程度上为产生新的时代文化提供了基础。例如，杭州日报报业集团旗下的新闻网站都市快报推出的融媒体互动新闻游戏"古城夺宝"（见图8-26），是将新闻报道与游戏相结合的新尝试，让读者在享受游戏乐趣的同时，深入了解良渚文化的魅力，一经发布，便成为融媒体互动爆款产品。

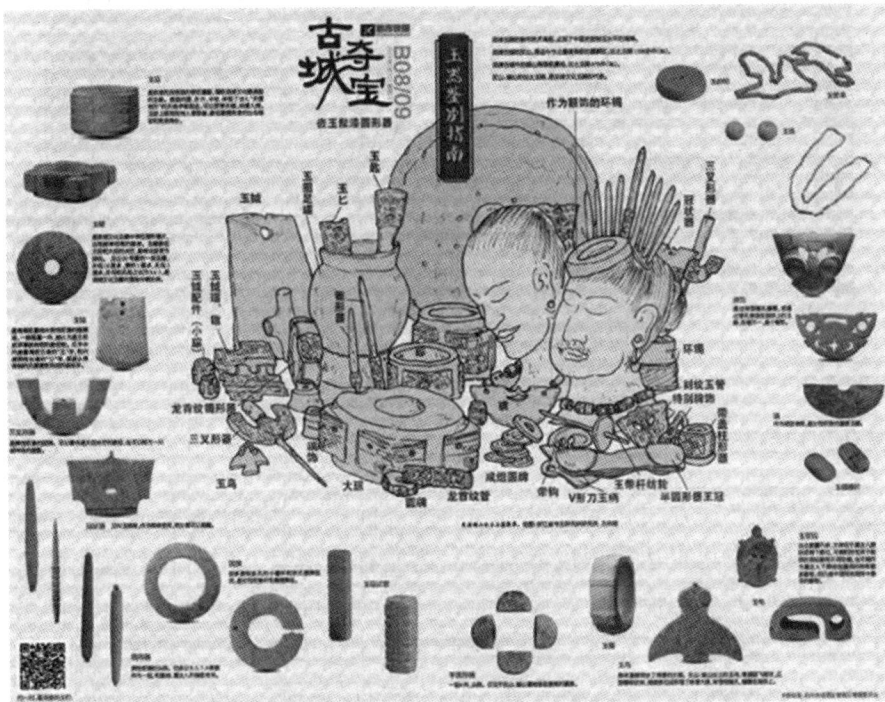

图8-26　融媒体互动新闻游戏"古城夺宝"节选

（二）视听传播与文化自信的提升

1.强化文化内容创作

　　文化自信是一个民族、一个国家对自身文化价值的充分认可和坚定信念，既是文化内容创作的源泉，也是文化作品所追求的精神内核。强化文化内容创作，实际上是挖掘和弘扬本民族的文化瑰宝，通过视听艺术的形式，将这些文化元素转化为具有感染力和影响力的作品。这些作品不仅展现了文化的多样性和丰富性，而且在潜移默化中培养了受众的文化认同感和自豪感，从而增强了文化自信。文化自信的提升，反过来又会进一步激发文化内容创作的活力。当人们对自身文化有了更深刻的理解和更高的评价时，他们会更愿意去探索、去创新，将更多的文化元素融入视听产品，形成良性循环。这样的产品在国内市场会受到热烈欢迎，更能在国际舞台上展现独特的文化魅力，提升国家的文化软实力。

　　以《"字"从遇见你》（见图8-27）纪录片为例，该纪录片融合了绘画、动画模拟等形式，生动地讲述了文字背后的故事，让观众对文字有了更加直观的认识，既有文化底蕴，又符合时代审美。《"字"从遇见你》顺应时代发展趋势，是国际汉语教育与传播的有力体现。

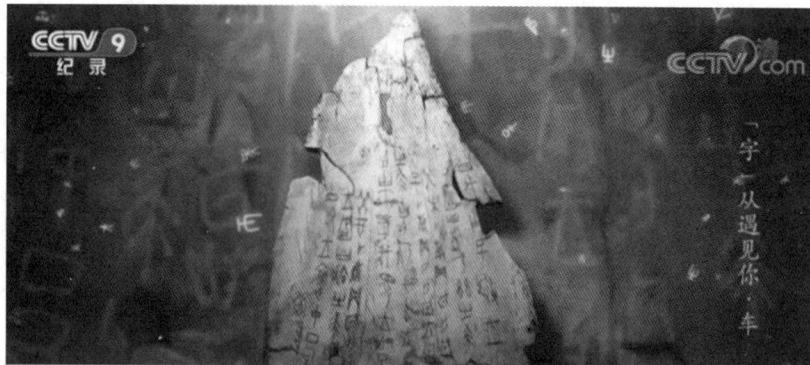

图 8-27 《"字"从遇见你》节选

2. 提升用户参与性

通过多元化的互动方式和富有吸引力的内容创作，文化内容能使受众超越信息的接收者角色，成为文化表达的积极参与者。这能有效增强人们对自身文化的认同感和自信心，形成良好的文化传承与发展氛围。一方面，可以充分利用社交媒体平台和新兴技术，如直播、短视频和 VR 等，鼓励人们参与文化内容创作与传播。例如，通过发起与地方文化相关的挑战赛或主题活动，创作者可以邀请人们分享自己的故事和创意，增强他们对本土文化的认同感。另一方面，通过展现多样化的文化内容，可以让人们在分享和互动中体会文化的深厚底蕴和当代价值。例如，在哔哩哔哩上，一些热爱传统民俗的创作者通过短视频，充分展示了雕冰龙（见图 8-28）、打铁花、舞动火壶、英歌舞等传统技艺的魅力，以及苗族银饰、马面裙的制作过程等。这些丰富多彩的"民间绝技"让观众直观地感受到传统技艺背后蕴含的智慧与情感，激发了人们对本土文化的认同感与自豪感。

图 8-28 哔哩哔哩上的创作者展示雕冰龙技艺

3. 打造多元化传播渠道

在媒体融合的大背景下，构建多元化的媒介传播矩阵能够有效满足受众日益多样化的需求。通过整合电视、互联网、社交媒体等渠道，文化内容能够在多个平台同步传播，覆盖更广泛的受众群体。同时，不同媒介之间的互动与反馈能增强受众的参与感和传播的有效性，在潜移默化中提升媒介的社会影响力和受众的文化认同感。近年来，央视网充分整合新媒体矩阵的传播优势，构建了"大屏＋中屏＋小屏＋账号"的全媒体传播体系。其平台涵盖网站、客户端、互联网电视、手机电视、移动传媒以及海内外社交媒体账号，形成了一个全方位的传播网络，确保为受众提供优质视听服务。央视网通过整合不同媒体平台的优势，充分发挥不同媒体平台的特长，实现资源的最优配置，不仅显著提升了其覆盖范围与影响力，使得国内外受众能够及时获取丰富、准确的信息，而且展现了大国的形象与责任担当。同时，央视网在全球范围内传播中国故事，展示中华文化的深厚底蕴与现代发展成就，让更多受众认识到中国在国际舞台上做出的积极贡献。

4. 促进跨文化传播

跨文化传播是指不同文化背景的人们通过视听媒介进行的信息、观念和价值观的交流与共享。进行有效的跨文化传播，关键在于精准把握文化差异、深度挖掘文化内涵以及创新传播手段。

首先，深入了解并尊重目标受众的文化背景和价值观是前提。这包括了解他们的语言习惯、宗教信仰、社会习俗以及审美偏好等，以确保传播内容不会引发误解或冒犯。同时，还需要通过细致的市场调研，了解目标受众的媒体使用习惯和信息接收方式，从而精准定位传播渠道和策略。

其次，深度挖掘文化内涵、寻找并强调文化共鸣是关键。情感是连接不同文化个体的纽带。通过分享共同的情感经历或情感体验，传播者可以与目标受众建立起情感上的联系。视听产品应深入挖掘这些共通点，通过生动的叙事、细腻的情感描绘以及引人入胜的视觉元素，搭建起不同文化间的沟通桥梁。

最后，创新传播手段是提升跨义化传播效果的重要途径。我们需要利用先进的数字技术、社交媒体平台以及国际化的合作网络，拓宽传播渠道，提高作品的国际知名度和影响力。同时，文化自信也是跨文化传播成功的关键。一个缺乏文化自信的民族或群体，在跨文化传播中往往难以形成有吸引力的文化输出，难以在国际舞台上占据一席之地。而拥有文化自信的民族或群体，则能够更自然地融入国际文化交流的浪潮，通过独特的文化视角和表达方式，赢得全球观众的认可和喜爱。

例如，李子柒作为知名的传统文化类短视频的创作者，在全球拥有庞大的受众群体。从蜀绣到漆器，从美食到生活，她将东方之美、乡村之美以一种田园牧歌的方式呈现出来。她于2024年底发布的作品《雕漆隐花，雕出紫气东来！》聚焦漆器的制作，以独特的内容呈现和传播策略，在全球范围内引发了广泛的关注，将中国文化推向世界，也将中国文化传递给年轻一代。

◆ 讨论

1. 视听传播有助于坚定文化自信，这表现在哪些方面？

2. 你还知道哪些体现文化自信的视听传播案例？它们都具备哪些特点，是如何体现文化自信的？

参考文献

[1]高贵武，何天平."数字视听文化"学术对谈：基本内涵、研究关切及发展进路[J].青年记者，2022（16）：8-13.

[2]罗红杰.党的意识形态视听叙事的介质生成、历史逻辑与实践机理[J].深圳大学学报（人文社会科学版），2023，40（5）：117-125.

[3]郏建业，王利君，张继保.视听文化导论[M].北京：人民出版社，2012.

[4]尼尔·波兹曼.娱乐至死[M].章艳，译.北京：中信出版社，2015.

[5]梅荣政.中华优秀传统文化研究中需再深化思考的若干问题[J].世界社会主义研究，2024，9（8）：4-17＋125.

[6]何星亮.中华民族现代文明是什么样的文明——中华民族现代文明的基本内涵[J].人民论坛，2023（14）：8-13.

[7]习近平.在中国文联十一大、中国作协十大开幕式上的讲话[EB/OL].[2021-12-14].http://politics.people.com.cn/n1/ 2021/1215/c1024-32308070.html.

视听传播伦理与规制

"大众媒介是一种既可以为善服务，也可以为恶服务的强大工具……如果不加以适当的控制，它为恶服务的可能性会更大。"①特别是具有强大影响力的视听媒介，人们似乎更担心它被人用来为非作歹。这种例子在传播史上屡见不鲜，最典型的，便是希特勒和纳粹党利用广播等媒体最终实现独裁统治，从而将世界带入灾难的深渊。视听传播是一把双刃剑，如何发扬它的善，限制它的恶，是社会管理的永恒课题。

◆ 提示

视听传播的扬善抑恶涉及两个层面：一个是视听传播相关方自身秉持的伦理道德规范，另一个是社会对视听传播的外在法律规制。

第一节　视听传播伦理：概念、原则与功能

一、伦理道德与视听传播伦理

在人们的印象中，伦理与道德常被视作一体。伦理的英语是moral，源于法语，具有乐观主义、愉悦等含义。"道德"源于拉丁文moralis，表示社会中人们的有代表性和适当

---

① 中国社会科学院新闻研究所世界新闻研究室.传播学（简介）[M].北京：人民日报出版社，1983.

的行为，后来引申为规范、准则、品质和善恶评价。西方的伦理与道德都是指外在的风俗、习惯，以及内在的品性、品德，即人们应当如何做的行为规范。①

在中国的文化语境中，二者有所区别。"伦理"指和谐有序的人际与社会关系。中国人常常说起"人伦物理"这个词。其中，"人伦"指人与人之间有条不紊、井然有序的关系，"物理"则是世间万物的内在秩序和条理。"伦理"一词始见于《礼记·乐记》，"乐者，通伦理者也"。"道"本意是道路，后来引申为事物的运动规律及人的行为规范。"德"与"得"相通，指内心修养、惠民施善、品德情操和精神境界等。因此，伦理是调整人伦关系的秩序原则，道德更关注内在德性，但二者从规范、法则、原则等方面来说又是一致的。

什么是传播伦理？笔者认为，传播伦理是传播领域应该遵循的道德原则和规范，是人类在传播行为及相关活动中处理各种利益关系时所遵循的行为准则。②人类在传播过程中创造了传播习俗、行为与规范，并将它们总结为原则和经验，形成传播伦理，以指导传播行为，维持传播活动的和谐有序。

了解了传播伦理的概念之后，我们再来理解视听传播伦理就显得比较容易了。视听传播伦理是指视听传播过程中应该遵循的道德规范、原则和习俗。它作为社会伦理的一部分，既有一般社会道德的属性，如利他性、自律性、理想性、时代性等，也有自身的特点。在人类的视听传播活动中，必定会形成一套保障视听活动正常开展并造福社会的习惯和规则。视听传播机构的社会化特性决定了视听传播伦理是社会伦理体系的构成部分。它以公平、正义等社会伦理的理想目标为追求，推动社会伦理进步。

总之，视听传播伦理在社会伦理框架下有着独特的地位与重要的意义，深入理解这个概念有助于我们构建良好的视听传播环境与社会伦理生态。

二、视听传播中的失德、失范现象

视听传播伦理旨在约束传播活动中的越轨与失范行为，确保其符合人与社会的利益，违反者会受到非强制性制裁。当下，视听传播中的失德、失范现象并不鲜见，主要表现在以下方面。

（一）信息真实性缺失

在互联网时代，信息传播渠道与主体呈现多元化特征，为虚假新闻的传播提供了温床。2022年3月21日，一架中国东方航空集团有限公司的波音客机在广西壮族自治区梧州市的山林坠毁，并引发山火。在客机失联事件发生初期，各种形式的消息层出不穷，其中夹杂着不少虚假新闻与谣言，如"东航客机引发山火视频""某公司7名董

① 王海明.伦理学原理[M].北京：北京大学出版社，2005.
② 陈汝东.传播伦理学[M].北京：北京大学出版社，2006.

事在失事飞机上""飞机失事原因锁定副驾驶"等虚假新闻广泛传播，严重扰乱了社会秩序。[①]

数字技术的发展也使当前的一些视听传播内容虚实难辨。2024年8月，一则"松溪县遭遇严重大风袭击，造成枣岭街一人死亡"的消息在网络上迅速传播。这则消息图文并茂，甚至还有逼真的视频片段，一时间引得大量网民关注和转发。但公安机关经过侦查发现，这竟然是用AI编造的网络谣言和视频（见图9-1）。[②]发布者为博取关注、获取流量，对图片和视频进行剪辑、拼凑，制造出了虚假信息，对社会造成了不良影响。AI具有低成本、高效率、操作简单的特点，当谣言披上AI的外衣，不仅能自动生成文本，而且能生成逼真的图片和视频，让不存在的场景变得栩栩如生，让虚构的人物仿佛真实存在一般。这就完全颠覆了我们常规认知里的"有图就有真相"，使我们对网络谣言本身难辨真假。AI谣言的影响力和传播力与日俱增，严重扰乱了社会公共秩序。

图9-1 "西藏小男孩被压在废墟下"虚假新闻节选

（二）侵犯个人隐私

一些节目以窥视心理在采访和报道中侵犯新闻当事人的隐私，有的甚至涉及未成年人。有的节目报道一些违法犯罪案件或不文明行为时，不按规定对当事人做特殊处理；有的节目以诱导、追问等方法挖掘嘉宾的个人隐私信息；还有的节目使用跟踪、偷拍等不正当手段进行报道，这些视听传播行为都属于侵犯个人隐私的行为。例如，一些调解类情感谈话节目常常将公众的情感隐私当作"商品"，公开讨论、评价隐私话题。在视听传播中，侵犯个人隐私的问题不仅损害了个人的合法权益，而且可能引发严重的社会影

① 东航坠机，这些网络谣言源头查清了！涉谣账号被处置[EB/OL]. [2022-03-27]. https://www.thepaper.cn/newsDetail_forward_17327239.

② AI造谣乱象"野蛮生长"？专家：可设置敏感关键词 禁止生成显著违法信息内容[EB/OL]. [2024-11-19]. https://apicnrapp.cnr.cn/html/share.html?id=29600887.

响和法律问题。传播者需要在报道和内容制作中严格遵守保护个人隐私的原则，维护公众的信任和法律的尊严。

（三）过分追逐商业利益

视听企业要生存和发展，离不开资金的支持。有些视听企业为获取利益而采取非道德策略。例如，少数视频平台同MCN机构合谋，制造虚假事件，诱使网友关注账号并打赏。其中比较典型的，就是"凉山孟阳"等主播的虚假人设事件。2023年，凉山公安机关通过侦查发现，自2022年起，某传媒公司通过话术，以及拍摄贫困家境、悲惨身世的短视频，刻意包装公司的"凉山孟阳"等多个主播。这些主播凭借身世悲惨、笑对生活的虚假人设，以"助农"为噱头直播带货，吸引流量，通过直播售卖假冒的原生态农产品，牟取暴利，严重扰乱了网络环境，破坏了经济秩序，抹黑了脱贫攻坚成果。

（四）"三俗"问题屡禁不止

少数低俗、庸俗、媚俗的视听内容污染了社会风气，冲击了传统道德观念，损害了视听媒介的公信力。网络视听领域是"三俗"问题的重灾区。有些MCN机构、主播、平台为追求流量刻意制造噱头，在色情边缘游走，如一些健身主播以分享健身技巧为名发布低俗内容。这背后反映的是传播者在内容创作过程中的传播伦理缺失问题。

（五）过度娱乐化

过度娱乐化指的是在严肃、正式的场合使用恶搞、嘲笑、煽情等不当的娱乐方式表达视听内容。2017年，日本东京电视台反复播放安倍晋三摔倒事件就是过度娱乐化的典型。在一次户外外交活动中，安倍晋三不小心摔倒在了沙坑里，还翻了一圈，东京电视台报道中的镜头特写被连续播放了五次。[①]新闻标题噱头化、政治节目娱乐化、娱乐节目"无操守"现象层出不穷，削弱了政治议题的严肃性，冲击了主流意识形态，损害了政府形象和公信力，误导了公众认知。

《国家广播电视总局关于进一步加强广播电视和网络视听文艺节目管理的通知》指出，各广播电视播出机构和网络视听节目服务机构要从讲政治的高度深刻认识追星炒星、泛娱乐化等问题的严重危害，坚决摒弃以明星为卖点、靠明星博眼球的错误做法，严格控制偶像养成类节目，严格控制影视明星子女参与的综艺娱乐和真人秀节目；各广播电视主管部门要进一步加强结构化管理和宏观调控，减少影视明星参与的娱乐游戏、真人秀、歌唱类选拔等节目播出量，积极扩大新闻、经济、文化、科教、生活服务、动画和少儿、纪录片、对农等公益节目播出量，制作播出更多富有时代气息、格调积极健康、

---

① 唐明月.以东京电视台反复五次播放安倍摔倒为例试析新闻报道的商业性[EB/OL]. [2017-12-06]. https://media-ethic.ccnu.edu.cn/info/1054/1545.htm.

具有文化内涵的原创节目。[①]在实际操作中，避免视听传播过度娱乐化倾向需要媒体、政府和社会各界共同努力，加强监管和引导，促进健康文化的传播。

三、视听传播伦理的基本原则

视听传播伦理是社会约定俗成的、视听传播者应该遵守的道德规范、原则和习俗。视听传播伦理和社会伦理一样，蕴含着人们对完美的传播行为和规范的理想和期待。其内容并没有成文的明确规定，但在《中国新闻工作者职业道德准则》《中国网络视听节目服务自律公约》等文件中皆有一定呈现，依据条例内容，大致可以概括为五项原则。

（一）真实性原则

视听传播者在采集、制作、传播视听信息的过程中，必须确保所报道的事实真实无误，不得虚构、夸大或歪曲事实，保证信息的客观性和公正性。真实是新闻的生命，视听传播者要做到真实、准确、全面、客观。视听媒体在使用视听素材时，要进行严格的事实核查，确保信息的真实性和准确性；在报道中，要根据实际情况描述事实，避免使用模糊、有歧义或误导性的语言和表述方式，避免误导受众；传播了失实报道之后，要勇于承担责任，及时更正，减少不良影响。

（二）公共利益优先原则

公共利益涉及社会整体利益和公众的福祉。在视听传播中，当个人利益与公共利益发生冲突时，应当以公共利益为重。视听传播作为大众传播的重要手段，承担着传递信息、引导舆论、塑造文化等重要的社会责任。传播者要坚守社会责任，坚持社会效益优先。在视听内容生产和传播中，要保证公众的知情权、参与权、表达权和监督权，维护社会公平正义，弘扬优秀文化，抵制不良文化，用高质量的视听产品提升公众的文化素养和审美水平，积极维护社会稳定和谐，提升媒体公信力，促进文化繁荣发展。

（三）保护隐私原则

隐私权，是公民享有的人格权，是指公民享有的私人生活安宁和对不愿为他人知晓的私密空间、私密活动和私密信息等私生活安全利益自主进行支配和控制，不受他人侵扰的具体人格权。它涉及个人的健康状况、财产状况、生活习惯等敏感信息。视听传播者应当注重保护受众的隐私权，不得非法收集、使用或泄露受众的个人信息，同时采取

---

① 国家广播电视总局关于进一步加强广播电视和网络视听文艺节目管理的通知[EB/OL]. [2018-10-31]. https://www.gov.cn/zhengce/zhengceku/2018-12/31/content_5426573.htm.

有效措施防止信息泄露，加强技术防护和安全管理，防止黑客攻击、病毒传播等安全风险的发生。在特定情况下，不得不公开隐私信息时，应确保合理、必要，且已获得当事人授权或符合法律规定。

（四）依法原则

遵循法律法规是视听传播活动的基本底线。《广播电视管理条例》和《互联网视听节目服务管理规定》都明确规定，视听节目的制作和传播应当符合法律、行政法规的规定。传播者应熟悉并遵守相关法律法规和政策规定，自觉抵制腐朽落后的思想文化，不传播危害未成年人身心健康、违背社会公德、损害中华优秀文化传统的内容，积极配合政府部门的监管工作，共同维护良好的视听传播秩序。

（五）人道主义原则

在视听传播活动中，传播者应当尊重人的尊严、价值和权利，避免对受众造成不必要的伤害。避免使用侮辱性、歧视性的语言和画面，平等对待拥有不同种族、宗教、文化背景的群体。在报道涉及暴力、灾难、战争等敏感话题时，应审慎处理，注意保护受害者的隐私和尊严，避免过度渲染或造成二次伤害。同时，传播者应为受众提供必要的信息支持，如心理健康咨询、法律援助等，帮助受众应对可能的心理困扰和实际问题。

四、视听传播伦理的功能

视听传播伦理用于调整视听传播活动中的各种关系和利益。传播活动涉及人与人的关系、人与媒体的关系、媒体与社会的关系等，是一个复杂的关系网络。要保证这个关系网络始终处于平衡稳定的状态，我们就需要构建一套所有人都能认可的原则和规范，并通过这套原则和规范约束彼此的行为，协调各方利益，最终实现视听传播过程的有序发展。

（一）描述功能

道德有对个人行为和社会状况做客观描述的功能。[①]人的行为是否道德，只能通过道德进行描述和分析。例如，2020年8月，广东省佛山市的一名小女孩遛狗时将一位88岁的老人绊倒，老人抢救无效去世。事发后，当地派出所介入调查。事件发生后，多家媒体转载老人摔倒时的监控视频，未对视频画面进行马赛克处理，少数媒体甚至直接播放老人倒在血泊中的图像，泄露当事人的隐私信息。这些媒体的做法是否符合视听传播伦理，是否应该受到谴责，必须依据相关的道德规范、原则和标准来判定。视听传播伦理

---

① 章海山，罗蔚.伦理学引论[M].北京：高等教育出版社，2009.

的描述功能，使社会公众能够将传播道德行为与其他行为区分开来，从而准确评价传播行为的道德性。

（二）认知功能

视听传播伦理是传播活动道德性的客观反映，是一种人类认识视听传播活动的方式。传播活动的善恶、对公共利益的维护和损害，唯有通过与传播伦理的对比和参照才能得出客观结论。例如，某电视台就某市民与儿子的房产纠纷问题制作了三期节目，节目中，主持人评论道："房产问题解决以后，依我看，这不孝子以后还是不要再来影响老人的生活了……"①节目播出后，涉事市民与儿子以主持人言论侵犯其名誉权为由向法院提起诉讼。电视台为当事人解决房产纠纷，其本意是好的，但是，主持人评价时在语言表达上表现出了对当事人的不尊重，引发了不该有的法律纠纷。这表明，人们依据视听传播伦理，可以认知传播行为的性质与可能产生的后果。

（三）调节功能

伦理道德为社会确立了理想、信念和价值观念，成为整个社会追求的终极目标。这些终极目标是整个社会最大的"善"和利益所在。视听伦理支持、激励、延续正确的行为，摒弃偏离理想信念的错误行为。2008 年 5 月 12 日，四川省汶川县发生特大地震，地动山摇之间，一座座城镇被夷为平地，成千上万的生命被废墟掩埋。无数新闻工作者奔赴一线，将相关消息第一时间传递给关心灾区和灾情的亿万观众。5 月 17 日晚上，《四川新闻》栏目的主持人在播报一则关于灾区遇难者人数的报道时，因无法控制悲伤的情绪而几度哽咽。这场真情流露的新闻播报，让不少观众陪她一起落泪。那些数字不是简单的数字，是一个又一个鲜活的生命。对于这条时长不到两分钟却戳中亿万中国人内心的新闻播报，无数观众印象深刻。有网友评论道："她哭了，我们也哭了。"这位主持人也一度成为观众喜爱的"最美主持人"。这个案例体现了视听传播伦理引导传播者遵循职业使命，调节传播行为取向，使其契合社会整体的道德追求与价值导向，促进社会和谐稳定。

（四）评价功能

履行社会责任是媒体获得社会支持的前提，是提升媒体影响力和传播价值的必由之路。科学开展媒体社会责任评价，能够帮助媒体客观审视自身发展存在的问题和不足，有效促进自我革新。2019 年 8 月，习近平总书记在全国宣传思想工作会议上发表重要讲话，指出为确保媒体能够自觉承担好"举旗帜、聚民心、育新人、兴文化、展形象"的使命任务，应坚持以考核抓落实，着力完善媒体社会责任评价，不断强化主流媒体责任担当。

---

① 国家新闻出版广电总局政策法制司.广播影视案例分析：传播内容篇[M].北京：中国广播影视出版社，2014.

判断某种视听传播行为的好坏、善恶、对错，需要有特定的标准，这实际上属于道德观念的范畴。通过一系列社会公认的道德原则、规范，运用相应的传播道德范畴，如善恶、正义、自由、责任等对传播活动做出评判，是视听传播伦理描述功能和认知功能的深化。只有进行了道德评价，我们才能为传播活动贴上是否道德的标签；只有进行了道德评价，传播者才能知道自己的传播活动是否符合道德要求或者符合哪一层次的道德要求；只有进行了道德评价，传播者才能知道传播活动存在什么问题，应该朝什么方向努力。对社会而言，道德评价是对传播者的传播行为和传播活动进行有效约束的重要手段；对公众而言，道德评价是认识传播者行为和活动道德性的重要方式；对传播者而言，道德评价是促使自身不断强化道德意识、加强道德自律的重要途径。

◆ 讨论

1.你还知道哪些视听节目中的失德失范行为？

2.视听传播伦理如何进行失德失范行为的预防与规制？

第二节　西方视听传播伦理的主流观念

西方的视听传播伦理研究起源于对电影效果的探讨。19世纪30年代，美国佩恩基金会开启了电影对儿童的影响研究（佩恩研究），这是人们首次使用科学的研究方法，对传播媒介影响特定观众群体的方式和作用机制展开研究，被誉为传播研究史上的里程碑。尽管研究主题不是对电影业行为规范的探讨，但研究结论提到，"商业电影导致了大家不愿看到的混乱，对于它们带给儿童的影响，制片人应该留点神"[①]，这引发了人们对视听传播伦理的思考。

一、公共利益——西方视听传播伦理的理论源头

尽管"公共利益"的概念并没有出现在佩恩研究中，但其内涵却是该研究的本意。佩恩研究的出发点是关注电影对儿童的影响，而儿童成长属于公共利益的范畴。

公共利益的概念最早起源于20世纪20年代美国社会对新兴的无线电事业的监管。当时，美国相关监管部门认为，广播电台的持照人仅仅是无线电频率的受托人，无线电频率由公众所有，所以持照人必须使用受托的频率为公共利益服务。公共利益的概念首先在美国于1927年通过的《广播法》中得到阐述，并在后来通过的《通讯法》中得到强

---

① 希伦·A.洛厄里，梅尔文·L.德弗勒.大众传播效果研究的里程碑[M].北京：中国人民大学出版社，2004.

化。按照这些法律的规定，广播和电视机构必须承担维护公共利益的义务，以换取使用无线电频率的排他权。这样的见解逐步在西方世界得到认同，并成为西方视听传播伦理的核心范畴。

何谓公共利益？传播学者丹尼斯·麦奎尔认为，媒介执行当代社会重要的、根本性的任务，符合大众利益，就体现了公共利益。[①]这表明，公共利益代表社会的根本利益，如政治开明、市场公平、法治正义等，同时与个人的合法权益密切相关，如自由、平等。

二、规范理论——西方视听传播伦理的内容

广播影视等视听媒介在西方的迅猛发展带来了诸多负面影响。为了重塑视听媒介的形象，研究者构建了一系列新理论。

（一）社会责任理论

针对商业化视听媒介的市场垄断对言论自由带来的威胁和其为追逐利益而采取的有损公共利益的行为，20世纪40年代，美国的一些研究者提出了"媒介新自由主义"主张，即社会责任理论。社会责任理论主张自由伴随着责任，拥有特权的媒介应该承担相应的社会责任；它承认传媒具有为政治制度服务的功能，但认为传媒对这些功能的履行还很不到位；承认传媒具有为经济制度服务的功能，但不能将此项功能置于推动民主进程或启发民智的功能之上；承认传媒具有娱乐功能，但规定这种娱乐必须是"好"的娱乐。[②]丹尼斯·麦奎尔概述了社会责任理论的基本原则：媒介应该接受并履行对社会的特定义务，在法律和规章制度的框架内进行自我规范，主要通过制定关于信息性、真实性、准确性、客观性和平衡性的高度或专业化标准而实现。社会和公众有权期盼媒介的表现符合高标准，而干涉是为了保障公共利益。新闻记者和媒介专业人士应对社会和市场负有责任。[③]社会责任理论很快得到了欧美发达资本主义国家传媒界的认同，成为西方的主流媒介伦理理论，深刻影响了西方媒介的道德体系和规范的建设。

基于社会责任理论，西方传播伦理注重道德原则的设定和道德行为的可实践性。西方传播伦理在对传播行为的道德规范上突出针对性和实用价值，强化对传播者的传播行为进行可操作化的调节。因而，在西方的传播伦理规范中，出现了大量的禁止性行为。例如，英国的管理部门规定，未经当事人同意，新闻记者或摄影记者不得使用长焦镜头私自拍摄他人的照片；不得使用威逼、骚扰或长时间跟踪的方式获得或试图获得信息和照片；在没有得到许可时，新闻记者和摄影记者不得私自拍摄他人照片。

---

① 丹尼斯·麦奎尔.麦奎尔大众传播理论[M].北京：清华大学出版社，2006.
② 弗雷德里克·S.西伯特，西奥多·彼得森，威尔伯·施拉姆.传媒的四种理论[M].北京：中国人民大学出版社，2008.
③ 斯坦利·巴兰，丹尼斯·戴维斯.大众传播理论：基础、争鸣与未来[M].5版.北京：清华大学出版社，2014.

（二）公共新闻理论

20世纪90年代，公共新闻理论在西方传媒界悄然兴起。公共新闻是"积极地让受众参与报道重要公民事件的新闻实践"[①]，是"纸质媒体和广播媒体记者的一种努力：在报道过程中更积极地接触公众，聆听公众怎样表达他们的问题以及公众认为问题的解决办法是什么，然后用这些信息丰富报纸和广播报道"。研究者们引入了政治哲学的"协商民主""协商公众"等概念，提出了新的媒体伦理价值观："视人们为公民、公共事务的潜在参与者，而不是受害者和旁观者；帮助政治共同体解决问题，而不只是了解问题；改善公共讨论的环境，而不是看它恶化；帮助改善公共生活。"[②]

（三）民主参与理论

20世纪70年代以来，在美国和欧洲发达国家，视听媒体行业显现出高度集中化、过度商业化的特征，传统的地方性和社区性的广播电视媒体受到媒体巨头的打压和排挤。公众运用媒介的机会被剥夺，社会呼唤重建"小媒体"。与此同时，BBS、博客等新兴电子媒介提供了高度差异性的传播方式，为利益团体的发展以及意见的形成提供了平台。

美国和欧洲发达国家的研究者提出了民主参与理论，号召发展能够由成员直接控制的社区型或网络型"小媒介"，实现政治人物和公民之间的直接对话。它提倡媒介在草根层面上实现文化多元化。"小媒介"在保持文化的多样性上比"大媒介"更具有灵活性，政府应对现有的"小媒介"给予认可和支持，同时赋予更多的团体和个人以媒体"接近权"，实现媒体的共享、共有和共治。

◆ 讨论

1.西方视听传播伦理的主流观念有哪些？

2.举例说明视听传播机构为什么会有遵守和不遵守传播伦理的情况。

第三节　中国特色视听传播伦理

当代中国的视听传播伦理是建立在马克思主义新闻观基础上的。中国新闻传播实践活动与社会主义核心价值观的相互作用构建了中国特色视听传播伦理的核心内容，在整个视听传播领域起着根本性的规范与引领作用。

---

① 斯坦利·巴兰，丹尼斯·戴维斯.大众传播理论：基础、争鸣与未来[M].5版.北京：清华大学出版社，2014.

② 西奥多·格拉瑟.公共新闻事业的理念[M].北京：华夏出版社，2009.

一、人民性——视听传播伦理的根本宗旨

中国特色视听传播伦理要求视听传播者坚持以人民为中心的工作导向，把满足人民的精神文化需求作为出发点和落脚点。

从历史渊源来看，马克思主义理论就强调了报刊和新闻事业的人民性。1842年4月，马克思在《莱茵报》编辑部工作时，提出了报刊人民性的概念。他认为，报刊应该生活在人民当中，它真诚地和人民共患难、同甘苦、齐爱憎。①这一观点在中国特色社会主义建设过程中得到了深化。习近平文化思想是新时代党团结带领人民进行文化建设的理论升华，是来自人民、为了人民、造福人民的文化理论，生动回答了文化发展为了谁、依靠谁、发展成果由谁共享的问题，体现出鲜明的人民立场，彰显着深厚的人民情怀。习近平总书记强调："文学艺术创造、哲学社会科学研究首先要搞清楚为谁创作、为谁立言的问题，这是一个根本问题。"源于人民、为了人民、属于人民，是我国文化建设的根本立场，也是推动社会主义文化繁荣发展的价值指针。党的二十届三中全会提出，"坚持马克思主义在意识形态领域指导地位的根本制度，健全文化事业、文化产业发展体制机制，推动文化繁荣，丰富人民精神文化生活，提升国家文化软实力和中华文化影响力"，"坚持以人民为中心，尊重人民主体地位和首创精神"。②这意味着在视听内容的制作和传播过程中，要充分考虑人民群众的需求和利益，确保传播内容能够反映人民的思想、感情、愿望和利益。

中国特色视听传播伦理的人民性还表现在重视公众的参与和互动。《互联网视听节目服务管理规定》第二十一条指出：广播电影电视和电信主管部门应建立公众监督举报制度；公众有权举报视听节目服务单位的违法违规行为，有关主管部门应当及时处理，不得推诿。视听传播者需要通过多种渠道积极拓宽人民群众知情、参与和反馈的路径，强化人民群众的主体意识和参与感。视听传播作为社会公器，肩负着保障人民群众知情权、表达权、监督权的神圣使命，要积极搭建人民群众表达意见和诉求的平台，推动社会进步。

中国特色视听传播伦理中的人民性要求在视听传播中坚持党性原则。回望中国共产党的历史，为中国人民谋幸福、为中华民族谋复兴始终是中国共产党人坚守的初心、肩负的使命。这个初心和使命决定了党性和人民性的高度统一；同时，践行初心和使命必须坚持党性和人民性高度统一。全党要始终做到不忘初心、牢记使命，始终坚持党性和人民性高度统一。习近平总书记曾强调："为中国人民谋幸福，为中华民族谋复兴，是中国共产党人的初心和使命，是激励一代代中国共产党人前赴后继、英勇奋斗的根本动力。"践行初心和使命，必须坚持党性和人民性高度统一。我们党来自于人民，为人民而

①　人民性是马克思主义最鲜明的品格[EB/OL]. [2019-05-22]. http://www.qstheory.cn/zdwz/2019-05/22/c_1124525797. htm.

②　坚持以人民为中心推动文化建设[EB/OL]. [2024-07-25]. https://www.xinhuanet.com/politics/20240725/3b64e20a29a74a8cbfc378f8510a649a/c.html.

生，因人民而兴，必须始终与人民心心相印、与人民同甘共苦、与人民团结奋斗。①党性为传播指明方向，人民性确保传播内容和形式贴近人民、服务人民。

二、导向性——视听传播伦理的价值原则

中国特色视听传播伦理中的导向性，是确保视听媒体在传播过程中始终保持正确方向、传递积极价值观的关键所在。舆论导向正确，就是能凝聚人心、汇聚力量，推动事业发展；舆论导向错误，就会动摇人心、瓦解斗志，危害党和人民事业。《中国新闻工作者职业道德准则》强调，把坚持正确舆论导向与通达社情民意统一起来，把坚持正面宣传为主与正确开展舆论监督统一起来，发挥党和政府联系人民群众的桥梁纽带作用。《关于推动广播电视和网络视听产业高质量发展的意见》指出，坚持正确导向，牢牢把握正确政治方向、舆论导向、价值取向，坚守主流文化责任担当；视听媒体作为党和政府的喉舌，必须坚持党性原则，确保舆论导向的正确性；要紧紧围绕党和国家工作大局，积极宣传党的路线方针政策，巩固党的执政地位；要及时回应社会关切，加强权威信息发布，着力解疑释惑、理顺情绪、化解矛盾。

坚持正确的舆论导向，还必须贯彻团结稳定鼓劲、正面宣传为主的方针，强调科学性、民族性、时代性、开放性。团结稳定鼓劲、正面宣传为主，是党的新闻舆论工作必须遵循的基本方针。在视听传播中，应始终发挥社会主义核心价值观的引领作用，通过制作和传播优秀视听产品，展现中华民族优秀传统文化和社会主义先进文化，弘扬主旋律，激发人民群众的爱国热情和文化自信。通过报道先进人物和事迹、宣传社会正能量事件，引导人民群众树立正确的世界观、人生观和价值观，推动社会文明进步和和谐发展。当然，坚持正面报道为主并不是要削减舆论监督或批评报道，而是要从总体上把握好平衡。舆论监督和正面宣传是统一的，而非对立的。正面宣传为主的方针，主要指报道的内容和作用，对于批评报道，要以建设性的态度去进行舆论监督。

三、真实性——视听传播伦理的基本要求

真实性是视听传播的生命线，也是伦理要求的基本准则。真实性是新闻的生命，事实是新闻的本源。《广播电视管理条例》规定，广播电视新闻应当真实、公正。中国特色视听传播伦理中的真实性原则不仅体现了辩证唯物主义的科学态度，而且是新闻事业的生命所在和取信于民的力量所在。

中国特色视听传播伦理中的真实性强调新闻报道必须以事实为依据，确保报道的准确性和客观性。具体而言，不仅要求报道的各个要素精准无误，而且要从整体上做

---

① 初心和使命彰显党性和人民性的高度统一[EB/OL]. [2019-08-06]. http://www.qstheory.cn/llwx/2019-08/06/c_1124842531.htm.

到真实、客观、全面。视听传播主体在开展传播活动前，需严谨核实信息来源与内容的准确性；在报道过程中，要始终坚守真实客观的立场，杜绝夸大、虚构与歪曲事实的行为。

中国特色视听传播伦理中的真实性强调大局意识和全局意识。报道要准确描述个别事实，还要从宏观上把握和反映事件或事物的全貌。视听传播者不仅要关注具体的事实细节，而且要理解这些事实在整个社会背景下的意义和影响。在报道社会事件时，不仅要报道事件的具体情况，而且要分析其背后的社会原因、发展趋势及其对社会的影响，从而提供全面、深入的视角。

中国特色视听传播伦理中的真实性接纳报道的倾向性，注重真实性和倾向性的统一。这种倾向性并不是主观臆断，而是基于对事实的深刻理解和对社会现实的科学判断。视听传播者可以有自己的情感倾向和立场态度，但必须在不违背事实的前提下进行表达；应保持客观公正，既不盲目追求所谓的"中立"，也不完全受制于个人情感和主观意愿。

四、文化性——视听传播伦理的重要目标

视听传播在传承和弘扬中华优秀传统文化、推动文化交流互鉴方面具有重要作用。中国特色视听传播伦理中的文化性要求视听传播者深入挖掘和展现中华优秀传统文化的精髓和魅力，增强民族自信心和自豪感。宣传阐释中国特色，要讲清楚每个国家和民族的历史传统、文化积淀、基本国情不同，其发展道路必然有着自己的特色；讲清楚中华文化积淀着中华民族最深沉的精神追求，是中华民族生生不息、发展壮大的丰厚滋养；讲清楚中华优秀传统文化是中华民族的突出优势，是我们最深厚的文化软实力；讲清楚中国特色社会主义植根于中华文化沃土、反映中国人民意愿、适应中国和时代发展进步要求，有着深厚历史渊源和广泛现实基础。中华民族创造了源远流长的中华文化，中华民族也一定能够创造出中华文化新的辉煌。独特的文化传统，独特的历史命运，独特的基本国情，注定了我们必然要走适合自己特点的发展道路。对我国传统文化，对国外的东西，要坚持古为今用、洋为中用，去粗取精、去伪存真，经过科学的扬弃后使之为我所用。[①]在视听传播中，有立场的民族文化自信和有设置的真实中国叙事有助于塑造积极的国家形象，增强国家文化软实力。

中国特色视听传播伦理中的文化性要求视听传播者推动不同文化之间的交流和互鉴。视听传播要坚持古为今用、洋为中用、去粗取精、去伪存真。例如，纪录片《我在故宫修文物》（见图9-2）通过细腻的镜头和生动的故事，展现了中国传统文物修复技艺与传承者的匠心，在海外播出后，激发了外国观众对中国传统文化的浓厚兴趣，促进了中西文化的交流与互鉴，充分彰显了视听传播在推动文化多样性方面的积极效能。

---

① 加强文化遗产保护传承 弘扬中华优秀传统文化[EB/OL]. [2024-04-15]. https://www.gov.cn/yaowen/liebiao/202404/content_6945341.htm?id=10374.

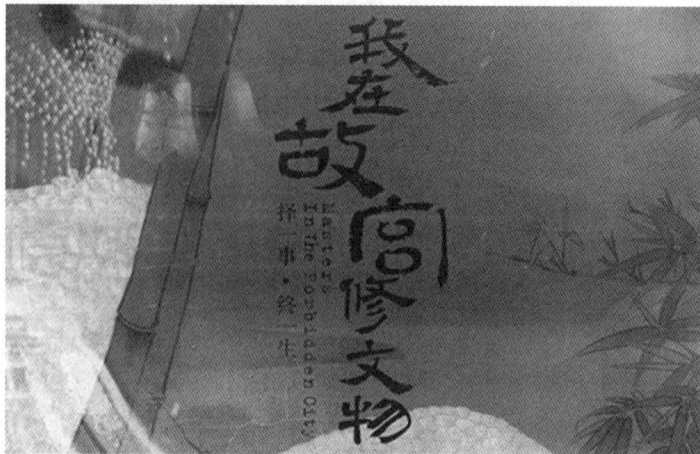

图9-2 《我在故宫修文物》海报

中国特色视听传播伦理中的文化性还要求视听传播者勇于创新，提升传统文化的当代价值。中华民族创造了源远流长的中华文化，中华民族也一定能够创造出中华文化新的辉煌。要坚持走中国特色社会主义文化发展道路，弘扬社会主义先进文化，推动社会主义文化大发展大繁荣，不断丰富人民精神世界，增强人民精神力量，努力建设社会主义文化强国。例如，河南卫视推出的《唐宫夜宴》（见图9-3），以唐朝宫廷宴会为蓝本，结合现代舞蹈技巧和服化设计，运用先进的拍摄技术和后期制作技术，优化了观众的观赏体验，实现了文化的有效传播。在视听传播中，传统文化不仅仅是被简单地复制和展示，而是需要在新的媒介环境下进行创新性的解读和呈现。在数字化时代，中华优秀传统文化的视听传播面临着文化误读、产品同质化等困境，这要求视听传播者深挖文化内涵、强化数字赋能，以把握机遇、应对挑战，丰富大众的精神文化生活。

图9-3 《唐宫夜宴》节选

五、创新性——视听传播伦理的动力源泉

中国特色视听传播伦理鼓励借助先进的信息技术和新兴传播渠道创作出更具创意和品质的视听产品，实现信息的快速广泛传播。

《关于促进智慧广电发展的指导意见》指出，要坚持创新驱动发展战略，主动适应广播电视高清化、移动化、泛在化、分众化、差异化、智慧化的发展新趋势、新需求，持续推进理念创新、管理创新、科技创新、传播创新、业态创新、服务创新和体制机制创新，加快形成以创新为引领和支撑的广播电视发展模式。《中国新闻工作者职业道德准则》也指出，要坚持改进创新；遵循新闻传播规律和新兴媒体发展规律，创新理念、内容、体裁、形式、方法、手段、业态等，做到体现时代性、把握规律性、富于创造性；适应分众化、差异化传播趋势，深入研究不同传播对象的接受习惯和信息需求，主动设置议题，善于因势利导，不断提高传播力、引导力、影响力、公信力；强化互联网思维，顺应全媒体发展要求，积极探索网络信息生产和传播的特点规律，深刻把握传统媒体和新兴媒体融合发展的趋势，善于运用网络新技术新应用，不断提高网上正面宣传和网络舆论引导水平；保持思维的敏锐性和开放性，认识新事物、把握新规律，敢于打破思维定势和路径依赖，认真研究传播艺术，采用受众听得懂、易接受的方式，增强新闻报道的亲和力、吸引力、感染力，采写更多有思想、有温度、有品质的精品佳作。

AI、大数据、5G等新一代信息技术在视听行业的广泛应用，大幅提升了视听内容的生产效率和质量。例如，北京冬奥会期间，利用AR等技术制作的节目为观众带来了身临其境的体验。同时，文化与科技的深度融合也是视听传播创新的一个重要方向。《中国诗词大会》（见图9-4）、《经典咏流传》（见图9-5）等节目，通过高科技手段打造沉浸式观感，提升了传播效果。这类节目不仅传承了中华优秀传统文化，而且通过现代科技手段使其焕发新的生命力，深受年轻观众的喜爱。

图9-4　《中国诗词大会》节选

图9-5　《经典咏流传》海报

当代中国视听传播伦理的人民性、导向性、真实性、文化性与创新性相互关联、相辅相成，共同构建起一个完整的价值体系，为中国视听传播事业的健康、可持续发展提供了坚实的伦理支撑与规范指引，在促进社会和谐、文化繁荣、国家形象塑造等多方面发挥着不可替代的重要作用。

◆ 讨论

1. 中国特色视听传播伦理还有哪些原则？

2. 中西方视听传播伦理的内容和原则有哪些异同？

第四节　视听传播的法治

◆ 提示

我们已经厘清了视听传播伦理的基本内容和原则。想要规范视听传播机构的视听传播活动，构筑清朗和谐的视听传播环境，仅仅靠伦理道德层面的"自律"是远远不够的，法律法规层面的"他律"也不可或缺。

在世界范围内，人们在通过伦理规范引导、约束视听媒介传播活动的同时，也积极通过法治手段对视听媒介进行规制。接下来，笔者将对我国视听传播的法治建设情况做简要介绍。

中国视听传播的法治建设在摸索中不断前行，旨在构建一个适应新时代的大视听全链条制度体系和治理体系，总体上呈现出价值导向更加鲜明、治理责任更加明晰、治理层次更加精细、治理业务更加拓展、治理规则更加规范等特点，为行业高质量发展提供了坚实的法治保障。

一、基本规定

我国运用宪法监督、鼓励、促进广播电视等视听媒介的发展。《中华人民共和国宪法》明确规定，国家发展为人民服务、为社会主义服务的文学艺术事业、新闻广播电视事业、出版发行事业、图书馆博物馆文化馆和其他文化事业，开展群众性的文化活动。这项规定明确了我国广播电视事业的人民性和社会主义属性，也为国家管理、发展广播电视事业筑牢了坚实的法律根基。《广播电视管理条例》指出，要加强广播电视管理，发展广播电视事业，促进社会主义精神文明和物质文明建设。《电影管理条例》强调，要加强对电影行业的管理，发展和繁荣电影事业，满足人民群众文化生活需要，促进社会主义物质文明和精神文明建设。《互联网视听节目服务管理规定》也指出，要维护国家利益和公共利益，保护公众和互联网视听节目服务单位的合法权益，规范互联网视听节目服务秩序。

二、传播主体

与西方视听媒介的私有财产权和经营自由权不同，我国规定了视听媒介的国有属性。

《广播电视管理条例》规定，广播电台、电视台由县、不设区的市以上人民政府广播电视行政部门设立，其中教育电视台可以由设区的市、自治州以上人民政府教育行政部门设立，其他任何单位和个人不得设立广播电台、电视台；国家禁止设立外资经营、中外合资经营和中外合作经营的广播电台、电视台；中央的广播电台、电视台由国务院广播电视行政部门设立；地方设立广播电台、电视台的，由县、不设区的市以上地方人民政府广播电视行政部门提出申请，本级人民政府审查同意后，逐级上报，经国务院广播电视行政部门审查批准后，方可筹建；中央的教育电视台由国务院教育行政部门设立，报国务院广播电视行政部门审查批准；地方设立教育电视台的，由设区的市、自治州以上地方人民政府教育行政部门提出申请，征得同级广播电视行政部门同意并经本级人民政府审查同意后，逐级上报，经国务院教育行政部门审核，由国务院广播电视行政部门审查批准后，方可筹建。

影视行业和互联网行业市场化程度高，所有权性质比较多元化，既有国家所有制，也有合资、股份制等所有制形式。电影制片单位的设立除了符合规定的人员、资金、场所要求外，还需要有符合广播影视行政部门认定的主办单位及其主管机关。从事经营性互联网信息服务的企业除满足《中华人民共和国电信条例》的规定外，还需要有业务发展计划及相关技术方案，有健全的网络与信息安全保障措施。

我国的视听媒介享有的最基本、最重要的权利是表达自由权。《中华人民共和国宪法》规定，中华人民共和国公民有言论、出版、集会、结社、游行、示威的自由。由此引申的知情权，还包含批评权、建议权、检举权、申诉权、控告权等在内的监督权。

三、传播内容

我国法律规定，视听媒介在进行视听传播时，需要承担内容审核、真实公正的义务。在内容审查方面，《广播电视管理条例》规定，广播电台、电视台对其播放的广播电视节目内容，应当进行播前审查，重播重审。《电影管理条例》规定，国家实行电影审查制度；电影制片单位应当负责电影剧本投拍和电影片出厂前的审查；电影制片单位应当在电影片摄制完成后，报请电影审查机构审查；电影进口经营单位应当在办理电影片临时进口手续后，报请电影审查机构审查。从事互联网信息服务的机构需要建立信息管理责任制度，保证提供的信息合法。《互联网新闻信息服务管理规定》指出，互联网新闻信息服务单位应当建立新闻信息内容管理责任制度。在真实公正方面，《广播电视管理条例》规定，广播电视新闻应当真实、公正。

我国还在法律规定中体现了视听传播内容的公共性和导向性。

在公共性层面，《互联网视听节目服务管理规定》指出，发展互联网视听节目服务要有益于传播社会主义先进文化，推动社会全面进步和人的全面发展、促进社会和谐；从事互联网视听节目服务，应当坚持为人民服务、为社会主义服务，坚持正确导向，把社会效益放在首位，建设社会主义核心价值体系，遵守社会主义道德规范，大力弘扬体现时代发展和社会进步的思想文化，大力弘扬民族优秀文化传统，提供更多更好的互联网视听节目服务，满足人民群众日益增长的需求，不断丰富人民群众的精神文化生活，充分发挥文化滋润心灵、陶冶情操、愉悦身心的作用，为青少年成长创造良好的网上空间，形成共建共享的精神家园。

在导向性层面，《互联网新闻信息服务管理规定》强调，提供互联网新闻信息服务，应当遵守宪法、法律和行政法规，坚持为人民服务、为社会主义服务的方向，坚持正确舆论导向，发挥舆论监督作用，促进形成积极健康、向上向善的网络文化，维护国家利益和公共利益。

还有部分规定通过禁止传播负面内容的方式规范视听传播的导向性。《广播电视管理条例》指出，广播电台、电视台应当提高广播电视节目质量，增加国产优秀节目数量，禁止制作、播放载有下列内容的节目：危害国家的统一、主权和领土完整的；危害国家的安全、荣誉和利益的；煽动民族分裂，破坏民族团结的；泄露国家秘密的；诽谤、侮辱他人的；宣扬淫秽、迷信或者渲染暴力的；法律、行政法规规定禁止的其他内容。由于视听内容具有跨媒体、跨平台传播的特性，为避免由此带来的法律冲突，保持禁载事项一致性非常重要。因此，不同规定在禁载事项上基本保持一致，如《电影管理条例》《互联网信息服务管理办法》均有类似规定。

四、传播方式

法律法规还从传播方式层面保障视听节目传输的安全性。《专网及定向传播视听节目服务管理规定》指出，从事内容提供、集成播控、传输分发等专网及定向传播视听节目服务，应当取得《信息网络传播视听节目许可证》；《信息网络传播视听节目许可证》由国家广播电视总局根据专网及定向传播视听节目服务的业务类别、服务内容、传输网络、覆盖范围等事项分类核发；传输分发服务单位应当遵守广播电视行政部门有关安全传输的管理规定，建立健全安全传输管理制度，保障网络传输安全。《互联网视听节目服务管理规定》指出，互联网视听节目服务单位应当选择依法取得互联网接入服务电信业务经营许可证或广播电视节目传送业务经营许可证的网络运营单位提供服务。

五、侵权责任

我国明确规定了视听传播违法行为的责任界定和罚则。《广播电视法》对广播电视机构和广播电视从业个人违反《广播电视法》规定的不同情形进行了责任界定和处罚规定。《广播电视管理条例》确定了多种传播主体违法行为的罚则，包括取缔、没收从事违法活动的设备、罚款、吊销许可证、给予治安管理处罚、追究刑事责任等。《专网及定向传播视听节目服务管理规定》也明确了不同传播主体违规行为的处罚标准。

总体来看，我国视听播法治依旧处于起步阶段，在实践中不断补充完善。视听传播法规数量多，但具有分散化、碎片化特征。为了更好地适应行业发展需求，未来在视听传播法治领域确立一部综合性的法律规范可能是我国视听传播立法的发展方向，这能促进视听传播领域在法治轨道上健康有序发展，进一步提升视听传播的质量与影响力，保障国家文化安全与社会公共利益，推动视听行业在新时代背景下迈向新的高度。

◆ 讨论

1. 中西方视听传播法治有哪些异同？

2. 视听传播伦理与视听传播法治有何区别与联系？

参考文献

[1]中国社会科学院新闻研究所世界新闻研究室.传播学（简介）[M].北京：人民日报出版社，1983.

[2]王海明.伦理学原理[M].北京：北京大学出版社，2005.

[3]陈汝东.传播伦理学[M].北京：北京大学出版社，2006.

[4]东航坠机，这些网络谣言源头查清了！涉谣账号被处置[EB/OL]. [2022-03-27]. https://www.thepaper.cn/newsDetail_forward_17327239.

[5]唐明月.以东京电视台反复五次播放安倍摔倒为例试析新闻报道的商业性[EB/OL]. [2017-12-06]. https://media-ethic.ccnu.edu.cn/info/1054/1545.htm.

[6]国家广播电视总局关于进一步加强广播电视和网络视听文艺节目管理的通知[EB/OL]. [2018-10-31]. https://www.gov.cn/zhengce/zhengceku/2018-12/31/content_5426573.htm.

[7]章海山，罗蔚.伦理学引论[M].北京：高等教育出版社，2009.

[8]国家新闻出版广电总局政策法制司.广播影视案例分析：传播内容篇[M].北京：中国广播影视出版社，2014.

[9]希伦·A.洛厄里，梅尔文·L.德弗勒.大众传播效果研究的里程碑[M].北京：中国人民大学出版社，2004.

[10]丹尼斯·麦奎尔.麦奎尔大众传播理论[M].北京：清华大学出版社，2006.

[11]弗雷德里克·S.西伯特，西奥多·彼得森，威尔伯·施拉姆.传媒的四种理论[M].北京：中国人民大学出版社，2008.

[12]斯坦利·巴兰，丹尼斯·戴维斯.大众传播理论：基础、争鸣与未来[M].5版.北京：清华大学出版社，2014.

[13]西奥多·格拉瑟.公共新闻事业的理念[M].北京：华夏出版社，2009.

[14]人民性是马克思主义最鲜明的品格[EB/OL]. [2019-05-22]. http://www.qstheory.cn/zdwz/2019-05/22/c_1124525797.htm.

[15]坚持以人民为中心推动文化建设[EB/OL]. [2024-07-25]. https://www.xinhuanet.com/politics/20240725/3b64e20a29a74a8cbfc378f8510a649a/c.html.

[16]初心和使命彰显党性和人民性的高度统一[EB/OL]. [2019-08-06]. http://www.qstheory.cn/llwx/2019-08/06/c_1124842531.htm.

[17]加强文化遗产保护传承 弘扬中华优秀传统文化[EB/OL]. [2024-04-15]. https://www.gov.cn/yaowen/liebiao/202404/content_6945341.htm?id=10374.

[18]AI造谣乱象"野蛮生长"？专家：可设置敏感关键词 禁止生成显著违法信息内容[EB/OL]. [2024-11-19]. https://apicnrapp.cnr.cn/html/share.html?id=29600887.

后记

本书经过了二十多轮的讨论、撰写与修改，历时两年得以定稿，应该说是编写团队的倾心之作。编写团队由来自中南财经政法大学、武汉大学、长江大学、黄冈师范学院、重庆外语外事学院、郑州财经学院等六所高校的专业教师组成，各位教师都拥有丰富的视听传播业务实践经验及教学科研经验。但是，书稿编写工作时间紧、任务重，书中难免会有不足和疏漏，期待读者不吝指出，编写团队将在以后再版时进行修改和优化。读者可将意见发送至以下邮箱：1486166588@qq.com。

感谢华中科技大学石长顺教授和郭小平教授推荐本人作为本书的主编。感谢华中科技大学出版社策划编辑庹北麟老师、杨玲老师，责任编辑江旭玉老师为本书顺利出版付出的辛勤劳动。特别感谢《视听传播》编写团队的教师和研究生，是你们的积极参与和热忱付出，使本书最终得以和读者见面。

本人负责书稿的总体框架设计、稿件统筹和审定工作。来自六所高校的九位专业教师和本人的研究生参与了各章的撰写。具体分工如下。

前言：石永军（中南财经政法大学）、许倩

第一章：石永军（中南财经政法大学）、张心宇

第二章：黄进（中南财经政法大学）、王子健

第三章：丁敏玲（黄冈师范学院）

第四章：赫爽（武汉大学）、石永军（中南财经政法大学）、王玉珏

第五章：张琼心（重庆外语外事学院）

第六章：肖迪（中南财经政法大学）

第七章：苏新力（中南财经政法大学）

第八章：陈儒（长江大学）、丁文娟（郑州财经学院）

第九章：黄进（中南财经政法大学）、胡雅璇

庄园通、苏童、刘凝霏、汪婧童参与了本书的资料搜集和文字修订工作。

2025 年 3 月 18 日于武汉

与本书配套的二维码资源使用说明

　　本书部分课程及与纸质教材配套数字资源以二维码链接的形式呈现。利用手机微信扫码成功后提示微信登录，授权后进入注册页面，填写注册信息。按照提示输入手机号码，点击获取手机验证码，稍等片刻收到4位数的验证码短信，在提示位置输入验证码成功，再设置密码，选择相应专业，点击"立即注册"，注册成功。（若手机已经注册，则在"注册"页面底部选择"已有账号，立即登录"，进入"账号绑定"页面，直接输入手机号和密码登录。）接着提示输入学习码，须刮开教材封底防伪涂层，输入13位学习码（正版图书拥有的一次性使用学习码），输入正确后提示绑定成功，即可查看二维码数字资源。手机第一次登录查看资源成功以后，再次使用二维码资源时，在微信端扫码即可登录进入查看。